Roland Baader

Die belogene Generation

politisch manipuliert statt zukunftsfähig informiert

Für Gabi und Fritz

Roland Baader

Die belogene Generation

politisch manipuliert
statt zukunftsfähig informiert

RESCH VERLAG

Bibliografische Information der Deutschen Bibliothek:
Die Deutsche Bibliothek verzeichnet diese
Publikation in der Deutschen Nationalbibliografie;
detaillierte bibliografische Daten sind im Internet
über http://dnb.ddb.de abrufbar

4. Auflage 2005

Umschlag: Grafikdesign Krön, Puchheim
Herstellung: Fischer's DTP-Studio, München
Druck, Bindung: RMO-Druck, München
Printed in Germany
ISBN 3-930039-67-2

Inhalt

Die einzige Waffe gegen die Lügen: Wissen!

Die gängigen Lügen über den Markt und die Freiheit

Wir sind die informierteste und gleichzeitig ahnungsloseste Gesellschaft, die je existiert hat. *Peter Turrini, österr. Dramatiker*

Die Leute lassen sich so lange am besten manipulieren, wie sie am wenigsten wissen. *Edward O. Wilson, amerik. Soziobiologe*

Wird die Wahrheit mißachtet, dann verschwindet alsbald auch die Freiheit. *Gerard Radnitzky, Wissenschaftstheoretiker*

Es gibt kein gutmütigeres, aber auch kein leichtgläubigeres Volk als das deutsche... Keine Lüge kann grob genug ersonnen werden, die Deutschen glauben sie. Um eine Parole, die man ihnen gab, verfolgten sie ihre Landsleute mit größerer Erbitterung als ihre wirklichen Feinde. *Napoleon Bonaparte*

Eines der schwersten Gebrechen unserer Zeit besteht darin, daß das Problem der wirtschaftlichen Ordnung... ebensowenig verstanden wird, wie die besondere Art, in der die Marktwirtschaft es löst. Die Menschen unserer Zeit werden mit Wissen aller Art vollgestopft, aber etwas Wesentliches lernen sie nicht: die Wirkungsweise und den Sinn des eigenen Gesellschafts- und Wirtschaftssystems zu verstehen, dessen Glieder sie sind und von dessen Funktion ihr Lebensschicksal abhängt. Keine Kultur aber hat jemals lange bestehen können, wenn ihre inneren Gesetze und der Sinn ihrer Einrichtungen nicht mehr begriffen wurden. *Wilhelm Röpke, Nationalölkonom*

Man kann es den deutschen (und europäischen) Jugendlichen und Jungen Leuten nicht klar und oft genug sagen:

Das Gegenteil von (politisch) „links“ ist nicht „rechts“ – und das Gegenteil von rechts ist nicht links. Der braune Sozialismus war und ist nur eine Variante des roten Sozialismus. Das Gegenteil von „links“ (und von „rechts“) ist: ›freiheitlich‹ und ›offen‹, sowie ›rechtsstaatlich‹ im ursprünglichen Sinn des Wortes. Und freiheitlich, offen und rechtsstaatlich bedeutet zugleich: So viel persönliche und private Entscheidungsautonomie des Bürgers – und so wenig Kollektiv- oder hoheitliche Entscheidungen als möglich. Und das wiederum heißt zugleich: So wenig Staat und Politik als überhaupt möglich, und so wenig Parteien- und Funktionärskompetenzen als gerade noch denkbar.

Roland Baader, Waghäusel, Mai 1999

Einführende Hinweise

Warum wendet sich dieses Buch vorwiegend (aber hoffentlich nicht ausschließlich) an Jugendliche und Junge Leute?

Kurze Antwort: Weil in wirtschafts- und gesellschaftspolitischen Fragen bei den heute erwachsenen oder älteren Generationen „Hopfen und Malz verloren ist". Sie haben, wie niemals andere Menschen und Völker zuvor, die einzigartige Gelegenheit gehabt, bestimmte existentielle Einsichten zu gewinnen – und haben diese Chance in einem erschütternden Ausmaß ungenutzt gelassen. Sie haben aus jenen Vorgängen nichts gelernt und nichts davon verstanden. Was ist damit gemeint?

Die Deutschen haben im Zwanzigsten Jahrhundert – hautnah und oft unter unsäglichen persönlichen Schmerzen und Verlusten – ein sozio-ökonomisches „Großexperiment" erlebt, wie es sonst nur die Naturwissenschaftler unter reinen Laborbedingungen (und eben nur auf dem Gebiet der Naturwissenschaften) vollziehen können. Sie waren zunächst Zeugen und millionenfach Selbstbetroffene zweier sozialistischer „Realexperimente", nämlich des roten Sozialismus in der Sowjetunion nach der Oktoberrevolution – und später im gesamten sogenannten Ostblock, sowie des braunen Sozialismus auf ihrem eigenen Boden. Nachdem diese beiden Sozialismus-Varianten den halben Globus vernichtet und viele Hundert Millionen Menschen in Tod, Verstümmelung, Elend, Hunger und Vertreibung gestürzt hatten, bot sich den Deutschen ein bis anhin wiederum einzigartiges „Anschlußexperiment“, nämlich die Teilung ihres vom Krieg verwüsteten Landes und seiner Bewohner (wohlgemerkt Bewohner desselben Kulturkreises und derselben Sprache!) in zwei Hälften: in einen sozialistischen Ostteil und einen marktwirtschaftlichen Westteil. Schon nach kurzer Zeit stellte sich heraus, daß die sozialistische Hälfte zu einem Gebiet der Knechtschaft, des Mangels und der tristen Uniformität wurde, die marktwirtschaftliche Hälfte aber zu einem „Wunderland“ mit bislang unbekanntem Überfluß, mit Freiheit, Vielfalt, Offenheit und überschäumender Lebensfreude.

Trotz dieser überwältigenden Erfahrungen gewann der Sozialismus – wenn auch in seiner „weichen“, „rosaroten“ Form – in eben diesem freien Westen erneut eine so große Anhängerschaft, daß es der CDU opportun erschien, die Parole „Freiheit oder Sozialismus“ zum Wahlkampfslogan zu küren. Vierzig Jahre nach Beginn des „Experiments“ brach der sozialistische Ostteil schließlich vollständig bankrott zusammen (und mit ihm auch der gesamte Ostblock inklusive des Riesenreiches Sowjetunion). Was vorher schon jeder hätte sehen können, der dazu willens gewesen wäre, lag nun offen vor den Augen der Welt: Eine vollständig verkommene Bausubstanz und tristeste Wohnverhältnisse, schrottreife Unternehmen und maschinelle Anlagen, leere Läden und alltägliche Warteschlangen, eine marode Infrastruktur, zerstörte Natur und vergiftete Böden und Flüsse, armseligste Energie- und Kommunikationstechnik, verlotterte Straßen mit ein paar stinkenden Einheitsautos, ein parteizensiertes und spärliches Medienangebot, eine fern jeden Rechtsempfindens agierende und politisierte Justiz, ein unabsehbares Heer von Spitzeln und Häschern, ein bis hinunter zu den „Betriebskampftruppen“ militarisiertes und ideologisch verhetztes Volk, und Menschen, die trotz der jahrzehntelangen Anfeuerung zu „Helden der Arbeit“ und „Planerfüllern“ arm waren wie die Kirchenmäuse. Der Westteil hingegen präsentierte sich – trotz der vom halbsozialistischen Sozialdemokratismus sämtlicher Bonner Parteien fast erwürgten Effizienz und schrankenlos verplemperter Milliarden – noch immer als eines der reichsten Länder der Erde, friedlich und offen, hochproduktiv und mit modernster Technik und Infrastruktur, im vielfältigen und hochqualitativen Angebot seiner Waren und Dienste fast ertrinkend, und mit den im weltweiten Vergleich höchsten Umweltstandards.

Doch welche Lehren zogen und ziehen nun die Deutschen in Ost und West aus diesem gigantischen „Experiment"? Sie reden – mehrheitlich! – davon, „nicht alles am Sozialismus sei schlecht gewesen" und man müsse nicht nur für die Opfer des SED-Totalitarismus, sondern auch für dessen Täter – als „Menschen mit anderer Biographie" Verständnis aufbringen. Sie wählten – nunmehr gemeinsam – eine neue, diesmal rotgrüne Sozialismus-Variante, eine Volksvertretung und Länderparlamente, in denen sogar Marxisten und Leninisten Sitz und Amt innehaben, und sie reden vom „Voneinanderlernen der unterschiedlichen Systeme". Kurz: Sie verwandeln das ganze Land – inklusive des Westteils – in eine „DDR light". Das also ist die Lehre, welche die weit überwiegende Mehrheit der Erwachsenen-Generationen in Deutschland aus dem besagten Großlehrstück ihrer Geschichte gezogen haben. Das Bemühen, sich in gemahnender und aufklärerischer Absicht an diese Mehrheit zu wenden, entspricht dem sprichwörtlichen Versuch, „einen Ochsen ins Horn zu pfetzen". Schon im Jahr 1983 hat der große Ökonom und Nobelpreisträger *Friedrich A. von Hayek* resignierend festgestellt: „Der Liberalismus [der kurzen Ludwig Erhard-Jahre, R.B.] ist den Deutschen nur hauchdünn unter die Haut gegangen", was den Trierer Wissenschaftstheoretiker und Sozialphilosophen *Gerard Radnitzky* zu dem Kommentar veranlaßt hat: „Hier irrte Hayek. Der Liberalismus ist an der Haut der Deutschen abgeperlt als hätte man eine Gans mit Wasser begossen."

Deshalb also mein Entschluß und das Wagnis, hier ausdrücklich die jüngeren Deutschen anzusprechen.

Warum ist das vorliegende Buch teilweise (ab Kap. IV) im „Interviewstil" geschrieben?

Wissenschaftler und Studenten der Politischen Ökonomie (oder ganz generell der Gesellschaftswissenschaften) haben jederzeit die Möglichkeit zur vielfältigen und kontroversen Diskussion und Information. Nicht so der interessierte Laie, der ein Buch oder einen Aufsatz aus diesem Bereich liest. Ein großer Nachteil der „Nicht-Insider" (also der weit überwiegenden Zahl aller Leser) ist es, daß sie zu vielen Thesen nicht ihre ›wenn und aber‹ anbringen und keine kritischen Fragen stellen können. Mit der Interviewmethode will ich versuchen, diesen Nachteil wenigstens teilweise auszugleichen oder zu beseitigen. Bei unzähligen Vorträgen und Diskussionen haben sich bestimmte Fragen und Einwände herausgestellt, die immer wiederkehren und offensichtlich einem weitverbreiteten Meinungsbild entsprechen. Es war mir also möglich, einen Katalog von rund fünfundsechzig der meistgestellten Fragen und der häufigsten kritischen oder scharf ablehnenden Einwendungen gegen meine Thesen zu erstellen. Diese will ich in meine Darstellung sukzessive einfließen lassen, manchmal auch – wie es in der Realität der Fall war – in wiederholter Weise bei jeweils verschiedenen Aussagen oder unterschiedlichen Themen. Der Leser wird deshalb seine eigenen drängenden Fragen oder kritischen Einwände an vielen Stellen dieses Buches als „Interviewfrage" oder als „Gegenargument des Interviewers" wiederfinden und damit – hoffentlich – das Gefühl verlieren, den Argumenten des Autors „ausgeliefert" zu sein. Jedenfalls ist zu hoffen, daß mit der Darstellungsmethode des „fiktiven Großinterviews" eine so große Zahl von Fragen und Entgegnungen zur Sprache kommt, daß beim Leser nicht mehr allzuviele offen und unartikuliert bleiben.

Für den eiligen Leser:

Um dem eiligen Leser Zeit zu sparen, werden Textpassagen, die zwar der besseren Untermauerung des Ausgeführten dienen sollen, aber zum Verständnis des Gesagten *nicht unbedingt erforderlich* sind, in verkleinerter Schrift gedruckt. Der ungeduldige Leser kann also diese kleingedruckten Passagen gegebenenfalls überspringen.

Zur Zitierweise:

Der in Klammern genannte Name und das Jahr, z. B. (Hayek 1996) weisen darauf hin, daß die Publikation, aus welcher zitiert wurde, in der Bibliographie am Ende des vorliegenden Buches ausführlich benannt wird. Werden zwei Jahreszahlen angeführt, z. B. (Hayek 1988, 1996), so handelt es sich bei der ersten um das Jahr des Ersterscheinens der Originalausgabe, bei der zweiten um das Erscheinungsjahr der Ausgabe, aus welcher zitiert wurde. Wird nicht wörtlich, sondern nur sinngemäß zitiert, so steht vor dem betreffenden Namen ein s. (Abkürzung für „siehe"), also bspw. (s. Hayek 1988, 1996). Steht statt des s. ein vgl. („vergleiche") vor dem Namen, so bedeutet das, daß an der betreffenden Hinweisstelle ähnliche Gedanken zu finden sind, welche zur weiteren Stützung des behandelten Arguments oder zur Vertiefung mit dem speziellen Thema herangezogen werden können. Meistens ist der Jahreszahl noch die Seite hinzugefügt, auf welcher das Zitat zu finden ist, also bspw. (Hayek 1988, 1996, S. 34). Ist in einem zusammenhängenden Abschnitt eine Publikation bereits benannt worden – und wird im selben Abschnitt ein weiteres Mal daraus zitiert, so erfolgt im Wiederholungsfall lediglich ein Seitenhinweis, also z. B.. (S. 97). Ein f. hinter der Seitenzahl (für „folgende") bedeutet, daß sich das betreffende Zitat über die benannte und die darauffolgende Seite hinzieht, ein ff. besagt, daß sich Zitate oder Inhalte, auf welche Bezug genommen wird, über mehrere Seiten hinziehen.

Warum niemand die Wahrheit sagt

Die Pilatus-Frage

Die Behauptung ›Niemand sagt die Wahrheit‹ ist starker Tobak. Es wird nicht einfach sein, sie umfassend zu belegen. Sie klingt schnodderig und leicht dahergesagt, ist aber von tiefem Ernst und – leider – von umfassendem Wahrheitsgehalt. Womit wir beim zeitlosen Thema ›Wahrheit‹ wären. Hier geht es jedoch nicht (bzw. nur in eingeschränktem Maße) um die große erkenntnistheoretische, wissenschaftliche oder metaphysische *Pilatus*-Frage „Was ist Wahrheit?" Über sie haben sich seit Jahrhunderten die Philosophen aller Kulturen den Kopf zerbrochen, und auch die besten Antworten deuten auf eine gewisse Unlösbarkeit der Frage hin. Am kürzesten hat das wohl der Philosoph *Günter Rohrmoser* mit dem Satz artikuliert: „Die Wahrheit ist göttlich." (Rohrmoser 1986).

Das bedeutet aber keinesfalls, daß die Wahrheit „relativ" wäre. Auch in der irdischen Sphäre gibt es für alle denkbaren Thesen nur *eine* Wahrheit. *Karl Popper* hat uns zwar gelehrt, daß wir niemals sicher wissen können, ob und wann wir ›die Wahrheit‹ gefunden haben, daß wir uns aber sehr wohl durch den unermüdlichen Versuch zur Falsifizierung (Beweis der Fehlerhaftigkeit) einer These immer weiter von der Unwahrheit entfernen – und somit der Wahrheit immer näherrücken können. Die alten Marxisten hingegen wußten sehr wohl – und die neue Linke weiß es noch immer, daß sie mit der Verbreitung ihrer Grundannahme vom Polylogismus (der Mehrfachmöglichkeit der Logik oder der Vernunft – und somit der angeblichen

Relativität der Wahrheit) eine jede Gesellschaft zerstören und beliebig für ihre Zwecke manipulierbar machen können.

Es führt zwar von unserem Thema weg, ist aber zu bedeutsam, um übergangen zu werden: In seinem Buch ›Theory and History‹ (1957) hat *Ludwig von Mises* eine zentrale Annahme der marxistischen Gesellschaftslehre und eine Grundannahme der europäischen und amerikanischen Linken entlarvt: den Polylogismus. Dabei handelt es sich um die Ansicht, daß die Maßstäbe der Vernunft abhängig seien von Person und Ort. Damit wäre jede Aussage über die Gültigkeit eines Arguments notwendigerweise entweder willkürlich oder Ausdruck von Gruppeninteressen. In der politisch-philosophischen und pädagogischen Praxis führt das zum Irrationalismus und zur Forderung, man müsse das gesamte westliche Denken aufgeben, weil es von der Universalität (Allgemeingültigkeit) der Logik und der Wahrheit ausgeht. Diese marxistische Theorie ist mit der sog. 68er-Revolution verstärkt in die Universitäten der westlichen Welt eingezogen. Es herrscht dort seitdem in den Fakultäten der politischen und pädagogischen Wissenschaften die Lehre vor, daß es viele Formen der Urteilsbildung gebe, aber nur eine wertlose und falsche, nämlich die Welt mit westlichen Augen und mit westlichen Begriffen wie ‚Wahrheit' und ‚Vernunft' zu betrachten. (Vgl. Rockwell, Jr. 1997). Die Bevölkerung hat bislang noch gar nicht wahrgenommen, in welch unheimlichem Gewand und in welcher neuen Verkleidung dieses Denken neuerdings in die Schulen in Form des „Pädagogischen Konstruktivismus" Einzug hält. Eine Zeitbombe in den Köpfen und Seelen unserer Kinder und Jugendlichen zur Zerstörung der Zivilisation.

Wahrheit und Lüge

Es soll hier jedoch weniger um dieses „große" (erkenntnistheoretische oder philosophische) Wahrheitsthema mit seinen beiden Polen ‚Wahrheit' und ‚Irrtum' gehen, sondern vielmehr um das „kleine" (aber nicht weniger folgenreiche) Thema des Alltagsbegriffs von ‚Wahrheit' mit seinen beiden Polen ‚Wahrheit' und ‚Lüge'. Gegenstand der Betrachtung soll also nicht die Frage sein: ‚Was ist die Wahrheit?', sondern: ‚Sagt jemand das, was er wirklich meint oder was seinen wirklichen Motiven und Absichten entspricht?‘ Die Antwort hierauf ist weit bedeutsamer als es auf den ersten Blick scheinen mag; geht es doch auch um die Feststellung, ob und wie weit alle jene Personen und Institutionen, die uns tagtäglich und manchmal ein Leben lang informieren, bilden, erziehen, führen, motivieren und in jeder nur denkbaren Art „beglücken“, dies auch nach bestem Wissen und Gewissen tun und es ehrlich mit uns meinen – oder ob sie uns belügen. (Wobei die Formel ‚nach bestem Wissen‘ auf die Komplikation hinweist, daß unter anderem auch ein subtiler Zusammenhang zwischen Lüge und mangelhaftem Wissen bestehen kann. „In unserem vermeintlich besonders aufgeklärten Zeitalter“, schreibt der Hohenheimer Soziologe *Franz Kromka*, gehen Halbwissen und Meinung eine feste und von wissenschaftlicher Seite kaum beeinflußbare Verbindung ein. Und es ist davon auszugehen, daß gute Absichten im Verein mit dieser ‚Dummheit‘ die Menschheit mehr in Gefahr bringen als ‚intelligente‘ böse Absichten.“) (Kromka 1997, S. 24)

Auf den Alltagsgebrauch beschränkt, scheint die Wahrheitsfrage einfach zu sein: Entweder es sagt einer die Wahrheit – oder er lügt. Aber so einfach liegen die Dinge nicht. Leider gibt es unzählige verschiedene Arten, zu lügen oder belogen zu werden. Beispielsweise kann jemand lügen,

- indem er etwas sagt, was nicht seiner tatsächlichen Meinung oder Absicht entspricht,
- indem er zwar das sagt, was er wirklich glaubt oder beabsichtigt, aber verschweigt, daß er mit der Aussage zugleich noch ganz andere, ihm wichtigere Zwecke verfolgt,
- indem er etwas sagt, was den Tatsachen entspricht, es aber unterläßt, das Faktum in den notwendigen Zusammenhang zu stellen,
- indem er ein (wahres) Ausnahmeereignis schildert und damit den Eindruck erweckt als handele es sich dabei um einen Regelfall,

– indem er etwas Zutreffendes sagt, dafür aber absichtlich Begriffe verwendet, welche die Zuhörer anders auslegen,
– indem er eine Tatsache im Kontext mit einer anderen Tatsache erwähnt, obwohl zwischen beiden Fakten nur ein scheinbarer Zusammenhang besteht,

undsoweiter undsofort; die Zahl und Art der Möglichkeiten, zu lügen und belogen zu werden, ist nahezu unendlich.

Wahrheit, Schweigen, Nichtwissen

Doch mit der Lüge ist das Potential, Menschen in die Irre zu führen, falsch zu informieren, zu täuschen und zu blenden, zu verführen und zu instrumentalisieren, noch lange nicht erschöpft. Auch das Nichtssagen kann diesem Zweck dienen, und auch das mangelnde Wissen meinungsbildender Akteure. Das Schweigen ist sogar ein besonders wirksames Mittel der Desinformation und der Irreleitung. „Die Wahrheit wird durch die Lüge verletzt", schreibt die amerikanische Professorin für Recht und Ethik *Marianne M. Jennings*, „aber geschändet wird sie durch das Schweigen." Und mit Blick auf die Jugend, die sie als ‚Generation X' bezeichnet, fügt sie hinzu: „Die Generation X hat niemals in einer Zeit der Wahrheit gelebt, weil wir geschwiegen haben als unsere ganze [ältere] Generation gesehen hat, wie die Wahrheit verletzt wurde." (Jennings 1998)

Jennings beklagt vor allem die moralische Kluft, die sich zwischen der alten und der jungen Generation auftut. Ihre Erfahrungen und Beispiele beziehen sich zwar auf die USA, aber die Unterschiede zwischen der amerikanischen und der europäischen Jugend sind erfahrungsgemäß nicht allzu groß. In einer Umfrage innerhalb der Altersgruppe der 18- bis 34Jährigen, so ein Jennings-Beispiel, wurde gefragt: „Gibt es absolute Standards für Moral oder hängt alles von der jeweiligen Situation ab?" 79% der Antworten lauteten, es gebe keine feststehenden, allgemeingültigen Moralregeln, sondern die jeweilige Situation sei maßgeblich für die Art des angemessenen Verhaltens. Weitere drei Prozent waren sich nicht sicher. Über 80% aller Schüler und Studenten sind also der Überzeugung. daß richtig und falsch relative Begriffe seien und daß es sich bei der Moral um ein lächerliches Prinzip handele. Hauptverantwortlich für diese Entwicklung sind nach Meinung der Professorin die für die besagten Jugendlichen verantwortlichen Eltern und Erzieher, die zwar selber von moralischen Standards überzeugt sind, diese aber nicht mit Mut verteidigen. „Es ist an der Zeit", schreibt sie, „unser Schweigen zu brechen und gegen diejenigen anzutreten, die so viele Mythen und so viele Lügen verbreitet – und die so lange Zeit so wenig Substanz vermittelt haben."

Das Falsche wird eingetrichtert

Die Saat der Lüge, will uns *Jennings* damit sagen, kann nur auf dem Humus des Schweigens aufgehen und prächtig gedeihen, und zwar des Schweigens derjenigen, welche die Lüge erkennen ohne ihr mutig entgegenzutreten. Das ist gewiß zutreffend, doch scheint mir das weit größere Problem darin zu liegen, daß es kaum noch jemanden gibt, der die allgegenwärtigen Lügen erkennen kann, weil zum Erkennen falscher Informationen aller Art ein erheblicher Fundus an Wissen und an Kenntnis *des Richtigen* gehört. Und wie soll dieses Wissen erworben und gesammelt werden können, wenn *nahezu alle* verbreiteten Informationen falsch sind?! Daß dem so ist, soll mit vorliegender Publikation bewiesen werden.

Meine Grundthese: Was in den Medien (Fernsehen, Rundfunk, Zeitungen, Zeitschriften) von Politikern, Medienschaffenden, Interessenvertretern, Verbands- und Syndikatsfunktionären und von „Prominenten" aller Art hinsichtlich ökonomischer und gesellschaftspolitischer Phänomene gesagt wird, sowie was (diesbezüglich) von Pädagogen aller Art den Kindern und Jugendlichen eingetrichtert wird, ist manchmal Lüge und manchmal Irrtum, fast immer aber ist es falsch. Ob wissentlich oder unwissentlich, Tatsache ist: So gut wie niemand dieser Gruppen vertritt in der Öffentlichkeit auf diesem so umfassenden und wichtigen Gebiet die Wahrheit; entweder weil er sie nicht sagen will – oder weil er sie aufgrund mangelhafter

Kenntnisse oder opportunistischem Anpassen nicht sagen kann.

Überlegen wir: „Öffentliches Gehör“ zu gesellschafts- und wirtschaftspolitischen Fragen – also Gehör bei den Medien aller Art – finden nicht Individuen des privaten Bereichs, sondern neben den Prominenten der Unterhaltungsbranchen (die in sozioökonomischen Belangen ebenso geschwätzig wie schimmerlos sind) nur politische Vereinigungen, deren Existenz einen Machtfaktor oder ein nennenswertes Wählerpotential darstellt. Solche politischen Vereinigungen werden aber niemals öffentlich zugeben, daß es der Hauptzweck ihrer Politik ist, sich auf Kosten anderer besser zu stellen. Ihre Forderungen und Argumente werden sie stets so verkleiden, daß der Eindruck entsteht, das Geforderte sei ein Segen für das ganze Land oder zumindest für eine Mehrheit der Bevölkerung (manchmal auch für eine bestimmte Minderheit, die gerade die Gunst der Mehrheit genießt).

So werden bspw. Industrieverbände niemals offen sagen, daß sie bei der einen oder anderen Ware für Einfuhrbeschränkungen sind, weil ausländische Produzenten effizienter oder kostengünstiger produzieren und ihnen das Geschäft verderben; und Gewerkschaften werden niemals zugeben, daß sie gegen ausländische Niedriglohn-Arbeiter sind, weil ihnen bei sinkendem Lohnniveau die Mitglieder davonlaufen – oder weil sie dann nicht mehr die Inlandslöhne (zum Nutzen ihrer Mitgliederzahl) in schwindelnde Höhen treiben können. Die Vertreter beider Verbandsarten werden vielmehr argumentieren, die ausländischen Angebote, Güter oder Löhne, seien „unfaires Dumping“ und würden „inländische Arbeitsplätze gefährden“. In Wirklichkeit handelt es sich bei ausländischen Preisunterbietungen in den seltensten Fällen um „Dumping“ (also nicht um Angebote *unter* den Kosten des ausländischen Anbieters, sondern *zu dessen niedrigeren* Kosten), und auch der verbohrteste Verbandsfunktionär weiß, daß das künstliche Aussperren des ausländischen Wettbewerbs auf längere Sicht viel mehr inländische Arbeitsplätze vernichten (oder nicht neu entstehen lassen) wird, als bei freiem Marktzugang – vielleicht! und wenn überhaupt, dann nur vorübergehend – verloren gehen würden.

Die Argumente von Interessenverbänden bestehen immer oder weit überwiegend aus handfesten Lügen und Täuschungen. Das ist nicht generell und nicht in jedem Fall moralisch zu verurteilen, denn viele Verbände betreiben das für ihre Mitglieder überlebensnotwendige Geschäft, sich gegen die Knebelungen und irrwitzigen Maßnahmen der staatlichen Politik oder anderer Verbände zur Wehr zu setzen. Würde der Staat sich vollständig aus dem wirtschaftlichen Leben eines Landes heraushalten, so wären nahezu sämtliche Interessenverbände überflüssig bzw. überhaupt nicht existent. Weder der Kampf um die Gunst der (Sondervorteile gewährenden) Politik noch der Kampf gegen den Regulierungswahn und den kleptokratischen Zugriff der Politik oder gegen deren (wahltaktisch und machtpolitisch motivierten) diskriminierenden Sonderlasten für bestimmte Gruppen wäre dann noch notwendig oder lohnend. Weil die Realität jedoch ganz anders aussieht, bleibt gleichwohl die Tatsache bestehen, daß Interessenverbände in aller Regel nicht die Wahrheit sagen.

Abhängigkeiten

Wie sieht die Sache von Wahrheit und Lüge nun bei den Medien selbst aus, also in den Redaktionen der Fernseh- und Rundfunkanstalten, der Zeitungen und Zeitschriften? Soweit sie parteipolitisch unabhängig sind (und ob das noch viele sind, darf bezweifelt werden), sind sie doch abhängig von der parteipolitischen Zugehörigkeit des Publikums oder – anders gesagt – von der politischen und weltanschaulichen Zugehörigkeit ihrer wichtigsten Abonnenten- und Lesergruppen. Ja, sie sind sogar abhängig von der Berufs- und Standeszugehörigkeit ihrer Klientel. Ein Beispiel: Eine Redaktion, die weiß, daß ein nennenswerter Teil der Abonnenten und Leser ihrer Zeitung aus Beamten besteht, wird niemals in entschiedener Form für die Abschaffung des Berufsbeamtentums eintreten, auch wenn die maßgeblichen Köpfe des betreffenden Blattes von der Notwendigkeit einer solchen Änderung überzeugt sein sollten. Entsprechendes gilt für die parteipolitischen oder gewerkschaftlichen Zugehörigkeiten, welche den Redaktionen natürlich durch Umfragen und statistische Erhebungen bekannt sind.

Politisch korrekt

Bei Zeitungen und Magazinen mit großen Auflagen liegt es natürlich nahe, daß sich fast alle wichtigen Schichtungen und Gruppierungen politischer, weltanschaulicher und beruflicher Art in ihrer Leserschaft finden – und entsprechend vorsichtig müssen sie agieren. Das ist, neben dem Zeitgeist, eine der Hauptursachen für die beispiellose Verbreitung der sogenannten ‚political correctness' in Deutschland und vielen anderen Ländern, eines Signums der Feigheit und charakterschwachen Beliebigkeitshaltung, die im edlen Gewand der Toleranz und des Respekts vor allem und jedem daherkommen.

Welche abstrusen Formen die heute allgegenwärtige ‚Politische Korrektheit' in den Medien annehmen kann, hat der französische Philosophieprofessor und Direktor der Zeitung *L'Express, Jean-Francois Revel*, 1988 in seinem Buch ›Die Herrschaft der Lüge‹ eindringlich geschildert. Eines seiner Beispiele: Im Dezember 1987 wurde in Paris der geheimnisvolle ‚Alte-Damen-Mörder' entdeckt und verhaftet, der bis dahin mindestens dreißig alleinlebende alte Menschen getötet und ihrer Ersparnisse beraubt hatte. Wer nun erwartet hatte, daß die Schlagzeilen von der Verhaftung und das Bild des Mörders am nächsten Tag die Titelseiten der französischen Zeitungen schmücken würden, sah sich gründlich getäuscht. Eine ganze Woche lang versuchten die linkslastigen Blätter L*e Monde, Le*

Matin, Libération, la Croix und L'Humanité, das Ereignis unter den Teppich zu kehren. Der Grund: Bei dem Mörder handelte es sich um einen homosexuellen und drogensüchtigen Schwarzen.

Revel beweist auch, daß diese und andere Formen der Lüge hauptsächlich im linken Spektrum von Presse und Rundfunk angesiedelt sind. Auch die Methode, alles, was nicht links ist, als faschistisch zu diffamieren, ist nicht nur eine deutsche Spezialität. „In Frankreich [ist man] ein Nazi", schreibt *Revel* auf Seite 162, „wenn man in irgendeinem Punkt anderer Meinung ist als ein ›Mann der Linken‹." Dort wie hier wird auch die viel realere Gefahr des Linksextremismus verschwiegen und stattdessen jede Versammlung einer Handvoll Neonazis irgendwo in Frankreichs Provinz groß herausgestellt. Auch die Spezialität der (bei unseren Nachbarn ebenso wie bei uns vorherrschend linksgewirkten) Medien, den Rassismus nur in nichtsozialistischen Ländern anzuprangern – wie z.B. jahrelang in Südafrika –, aber den schwarzen Rassismus gegen Schwarze und die millionenfachen Morde im übrigen Afrika buchstäblich „links liegen" zu lassen (weil fast ausschließlich von sozialistischen oder marxistischen Regimes verübt), ist bei unseren französischen Nachbarn ebenso beliebt wie hierzulande. Aber das alles aufzudecken und anzuprangern, kann kein Journalist mehr wagen, ohne sofort als „Rechtsextremer" diffamiert und kaltgestellt zu werden. „Der Aufdeckungsjournalismus", schreibt *Revel*, „hört plötzlich auf, geheiligt zu sein [wie ansonsten überall im linken Blätterwald üblich], wenn er den Journalismus selbst zum Thema macht." (S. 281)

Fazit: Kaum eine Person, kaum eine Personengruppe und kaum eines jener Organe, die im Massengeschäft der Informations- und Unterhaltungsindustrie tätig sind, ist wirklich unabhängig, schon gar nicht so unabhängig, um immer – oder wenigstens oft oder auch nur gelegentlich – „die Wahrheit sagen" zu können, wenn das Meinungsbild wesentlicher Lesergruppen dieser Wahrheit entgegensteht. (Das Wörtchen

„kaum“ rechtfertigt sich aufgrund weniger löblicher Ausnahmen, welche an späterer Stelle noch genannt werden.)

Mehrheit und Tabu

Besagter Umstand ist bei nahezu jedem behandelten Thema relevant. Deshalb ist auch – gerade in den großen Massenorganen des Informationsgewerbes – keine wirklich scharfe und durchgängige Kritik an der jeweiligen Mehrheitspartei oder der jeweiligen Regierungskoalition – ja an keiner Partei und schon gar nicht an der Parteienherrschaft insgesamt und an der schrankenlosen Staatshörigkeit der Deutschen – zu erwarten. Die Überlegung der Redaktionen lautet verständlicherweise: Da die Mehrheit der Bevölkerung diese Partei oder diese Parteien gewählt hat, stellen die entsprechenden Wähler auch eine Mehrheit unserer Leser dar. Also dürfen sie auch nicht allzusehr vergrault werden. Kritik muß sein, denn das Publikum ist kritisch und kritikwillig, aber keine wirklich ins Mark treffenden Angriffe gegen die politische Kaste als solche, und keine allzu lauten Töne, denn laute Töne sind unfein, polemisch, unprofessionell und pöbelhaft. Auf diese Weise geht es mit der Freiheit in Deutschland und andernorts seit Jahrzehnten abwärts, aber unter ständiger „kritischer Begleitung“ der Medien und der herausragenden Journalistenköpfe. Ein ausländischer Diplomat hat diese einhellige Tabu-Haltung der deutschen Presse kürzlich so kommentiert: „Auch Stimmvieh gibt eben Mist.“

Hinzu kommt, daß die Journalisten des Fachbereichs ‚Politische Ökonomie‘ in den weitaus seltensten Fällen mehr als eine Halbbildung bezüglich dieses Fach vorzuweisen haben. Und analog zum *Lichtenberg*-Satz: „Die gefährlichsten Unwahrheiten sind die Wahrheiten, mäßig entstellt“, ist auch besagte Halbbildung oft der Wahrheit eines behandelten Sujets noch abträglicher als es völlige Unkenntnis wäre. Das sollte keinesfalls als genereller Vorwurf an die Journalistenzunft aufgefaßt werden (allenfalls als Kritik an einigen diesbezüglich besonders fahrlässigen Exemplaren), denn während die Vollblut-Wissenschaftler jahre- und jahrzehntelang ihr Wissen komplettieren können, müssen die Presseredakteure tagein tagaus die Seiten ihrer Zeitungen und Zeitschriften füllen. Es geht hier also nicht um Schuldzuweisungen oder gar Verunglimpfungen eines überaus wichtigen Berufsstandes, sondern um die Darlegung der Umstände, die zu mangelhafter und falscher Information des Publikums führen. (Natürlich gibt es auch unter den Journalisten und Redaktionen des Fachs ‚Politische Ökonomie' herausragende und umfassend (fach-)gebildete Köpfe, wie bspw. Dr. *Gerhard Schwarz* von der Neuen Zürcher Zeitung, Dr. *Hans D. Barbier* von der Frankfurter Allgemeinen Zeitung und *Patrick Welter* vom Handelsblatt, um nur drei von ein paar Dutzend im deutschsprachigen Raum herauszugreifen; aber das sind und bleiben leider Ausnahmen, welche die Regel bestätigen).

Daneben existieren weitere Abhängigkeiten, welche zur Desinformation des Publikums beitragen. Hier sei nur der Zwang erwähnt, dem überwiegenden Publikumsgeschmack folgend, nahezu alle Informationen in Unterhaltungsformen einzupacken. Im Zeitalter der uferlosen Informationsflut ist die Übermittlung von Information überhaupt nur noch dann möglich, wenn sie in unterhaltender oder amüsanter Art und Weise dargeboten wird. Das hat unter anderem auch zur Folge, daß die TalkShows sogar bei ernsthaften wissenschaftlichen oder gesellschaftspolitischen und ökonomischen Themen mit Prominenz aus dem Showgewerbe und mit Prominenz aus Parteien und Interessenverbänden bestückt werden. Nur durch die Schimmerlosigkeit der Prominenz in solchen Fragen und deren Unterhaltungswert, sowie durch das interessenpolitisch gefärbte Kampfhähnegebaren der Partei- und Verbandsfunktionäre lassen sich solche Veranstaltungen über Stunden hinziehen ohne daß dem Publikum wirklich entscheidendes Wissen vermittelt oder das betreffende Thema auf seinen wahren

Kern hingeführt werden würde. So manches Talk-Spektakel wäre mit wenigen Sätzen beendet, wenn man unabhängige und fachlich hochkompetente Experten in die Runde einbinden – und dann auch zu Wort kommen ließe, ohne sie permanent zu unterbrechen.

Intellektuelle und Sozialismus

Der Antagonismus ‚wahre oder korrekte Information versus verlogene oder falsche Information' soll in vorliegender Publikation schwergewichtig hinsichtlich der Thematik ›Kapitalismus oder Sozialismus‹, ›Staatsallmacht oder Freie Bürgergesellschaft‹, ›Politik oder Markt‹ vorgestellt werden. Deshalb müssen wir noch einen Blick auf die generelle und prinzipielle Neigung der Kultur- und Medienschaffenden – kurz: der Intellektuellen – zum linken Spektrum oder zum Sozialismus und Etatismus werfen (als Etatismus wird üblicherweise eine ausschließlich auf das Staatsinteresse ausgerichtete Denkweise verstanden, die vielen Potentaten der Feudalzeit eigen war. Ich verwende den Begriff für die nachfeudale Zeit zur Bezeichnung einer staatsgläubigen Haltung jener Mehrheit der Bürger, die vom Staat und von der Politik die Lösung der meisten Lebensprobleme erwarten).

Der Sozialismus hat nie und nirgends seinen Ursprung bei den Arbeiterschichten gehabt – und ist nie und nirgendwo von diesen ausgegangen. Stets waren es Intellektuelle, welche die Ideen hervorgebracht und propagiert, sowie deren Umsetzung in die Realität organisiert haben, bevor die Massen darauf „angesprungen" sind. Die meisten Intellektuellen unseres Landes hängen noch immer dieser Idee nach, welche im 20. Jahrhundert fast den gesamten Globus in ein Schlachtfeld verwandelt hat, in eine Welt der Genozide und Massengräber, der KZs und Gulags, der Armut und des Elends, der Gefängnismauern und Folterkammern. Die meisten jedoch hängen nach dem Zweiten Weltkrieg – und auch nach dem weltweiten Zusammenbruch des real existierenden Sozialismus in allen nur denkbaren Variationen – seiner verführerischen Weichspüler-Version an, die sich nicht prinzipiell sondern nur graduell vom „harten“ Original unterscheidet und welche die Völker ebenso sicher – aber langsamer und schleichender in den Niedergang führt: dem Sozial- oder Umverteilungsstaat. Die denkende, schreibende, die Fernseh- und Printmedien beherrschende, die Universitäten und Lehrerkollegien bevölkernde Schicht ist von den Ideen der sozialdemokratischen (sozialsozialistischen) zweiten Hälfte des 20. Jahrhunderts so tief geprägt, daß wohl keine Chance besteht, sie eines besseren zu belehren und sie für die Idee der Freiheit und eines Lebens der Bürger in Selbstbestimmung und Eigenverantwortung zurückzugewinnen. Es liegt deshalb fast ganz in der Hand der neu heranwachsenden Intellektuellengeneration – also der heute noch die Schul- und Hochschulbänke drückenden Jugend -, sich diesem erbärmlichen Zeitgeist der Hörigkeit zu verweigern und statt dessen jener Schicht eine neue Prägung zu geben, die der weltbekannte Ökonom und Nobelpreisträger *Friedrich A. von Hayek* als „Gebrauchtwarenhändler in Ideen“ (professional secondhand dealers in ideas) bezeichnet hat. (Hayek 1949).

Schon 1949 hat *Hayek* in seinem brillanten Essay ›The Intellectuals and Socialism‹ (reprint: IEA, London 1998) darauf hingewiesen, daß man den Begriff des Intellektuellen nicht zu eng sehen darf. Es handelt sich bei den Massenverbreitern von Ideen eben nicht notwendigerweise, ja sogar in den seltensten Fällen um Wissenschaftler oder Experten bestimmter Gebiete. „Der typische Intellektuelle“, schrieb *Hayek*, „braucht kein spezielles Wissen von irgendeinem speziellen Gebiet, noch muß er besonders intelligent sein, um seine Rolle als Mittler bei der Verbreitung von Ideen spielen zu können. Was ihn zu seiner Tätigkeit befähigt, ist die große Zahl von Leuten, die er redend oder schreibend ohne besondere Schwierigkeiten erreichen kann.“ (S. 10) Zur Zeit der Niederschrift des Essays handelte es sich bei dieser Kategorie von ‚Gebrauchtideen-Händlern‘

hauptsächlich um Journalisten, Politiker, Lehrer und Radiokommentatoren; heute kommt die Riesenkaste der Fernsehschaffenden und der im Fernsehen auftretenden Schauspieler, Künstler und Prominenten aller Art hinzu – und das bei einer Verhundertfachung, ja oft Vertausendfachung der erreichten Publikumszahlen.

Es gibt kein einziges politisches oder ökonomisches Thema, zu dem sich diese Herrschaften nicht als „Experten qua Prominenz" äußern würden, sei es gefragt oder ungefragt. Die wirklichen Experten und deren Meinungen lernt das Publikum niemals kennen. Wer hätte beispielsweise zu den seit vielen Jahren tausend- und abertausendfach beschwätzten Fragen der Arbeitslosigkeit jemals einen der wirklichen Experten auf dem Bildschirm gesehen – wie beispielsweise die Professoren *Herbert Giersch, Horst Siebert, Ulrich von Suntum und Johann von Eekhoff*, um nur einige zu nennen. Die betreffenden Wissenschaftler oder auch Männer und Frauen der Praxis haben viel zu wenig „Unterhaltungswert" und sind deshalb für die „Schaumacher" wertlos und störend. Echte Experten müßten sich entweder zu langatmig, zu gründlich und zu „trocken" zum jeweiligen Thema äußern, oder aber sie würden der „Schau" mit wenigen fachlich-qualifizierten Sätzen ein blamables Ende setzen. Da läßt man lieber einen Gewerkschafts-Boss, einen Betriebsrat, eine prominente Feministin, einen Sozialarbeiter und einen prominenten Grünen über das Thema ‚Arbeitslosigkeit' reden, die eine Stunde lang medienwirksam ‚talken' ohne auch nur ein einziges Mal das Wort ‚Preis der Arbeit' in den Mund zu nehmen, als daß man einen Ökonomen hinzuziehen würde. Der könnte ja (sofern es sich nicht um einen partei- und gewerkschafts"nahen" handelt) die Schau möglicherweise mit einem einzigen Satz platzen lassen – wie beispielsweise mit der Aussage: „Arbeitslosigkeit hat in einer entwickelten Industriegesellschaft nur *eine* eindeutige Ursache, nämlich einen zu hohen Preis der Arbeit, beziehe sich dieses ›zu hoch‹ nun auf die Direktentgelte oder auf die sogenannten Zusatz- und Nebenkosten des Lohnes oder auf arbeitsrechtliche Hürden – oder auf alles zusammen.“

Kompetenz und Prominenz schließen sich eben in aller Regel aus – jedenfalls auf dem Gebiet der Gesellschaftswissenschaften (und so auch der Ökonomie). Der einzige deutsche Gelehrte, bei dem das in den letzten zwei Jahrzehnten nicht zutraf, war Professor *Wolfram Engels,* bei dem umfassende Fachkenntnis mit einem für einen Wissenschaftler der Politischen Ökonomie ungewöhnlichen Bekanntheitsgrad einhergingen; letzteres war aber nicht nur seiner glänzenden Formulierungskunst zu verdanken, sondern auch dem glücklichen Umstand, daß er zugleich die Qualifikation besaß, über lange Jahre hinweg als Herausgeber eines bekannten Wirtschaftsmagazins zu fungieren – so daß er dort Woche für Woche seine hinreißend mutigen Kommentare publizieren konnte.

Professoren im Zwielicht

Dieses „Professorenlob“ sollte aber nicht zu dem Glauben verleiten, die Zunft der akademischen Lehrer sei eine völlig unabhängige, unverdächtige und in jedem Fall glaubwürdige Informationsquelle, gewissermaßen eine „Insel der Wahrheit“. Auch Professoren sind letztlich (in Deutschland jedenfalls, und hier mit wenigen Ausnahmen) Staatsangestellte, was zu gewissen „Rücksichten“ führt. Außerdem ist auch bei ihnen der Geist überwiegend links angesiedelt, was tiefenpsychologisch wohl u. a. auf den Neid der mäßig bezahlten „geistigen Elite“ auf die höheren Einkommen der „dummen Unternehmer“ zurückzuführen ist. Gottseidank trifft dieser Umstand heute nicht mehr – oder nur noch in wenigen Fällen – auf die Gilde der Ökonomen zu. Umfassende Kenntnisse auf dem Gebiet der Ökonomie stehen nämlich den sozialistischen Wahn- und Traumvorstellungen so massiv entgegen, daß ein „linker Ökonom“ derzeit etwas genauso Befremdliches darstellt wie ein Voodoo-Medizinmann als Chefarzt eines deutschen Krankenhauses. Schon in den gesellschaftswissenschaftlichen Fakultäten Soziologie und Politologie sieht es jedoch ganz anders aus. Dort ist ‚links' die bevorzugte Wenderichtung für Hirn und Hals; gottlob natürlich auch hier mit rühmlichen Ausnahmen, wie bspw. – und ganz besonders – der Ordinarius für Soziologie an der Universität Köln, *Erich Weede* (s. bes. Weede 1990 und 1992). Entsprechend angefeindet ist dieser kenntnisreiche und mutige Wissenschaftler, auch in Kollegenkreisen.

Daß die Zahl stringent marktwirtschaftlicher Ökonomen zunimmt, war aber nicht immer – und ist noch nicht lange so. Es bedurfte des weltweiten Zusammenbruchs sämtlicher Arten und Varianten des „real existierenden Sozialismus", sowie des weltweiten und jahrzehntelangen Scheiterns sämtlicher „real existierenden" Rezepte des Keynesianismus und sämtlicher Formen staatlicher Sozialpolitik, um die Lehrstuhlgrößen der Politischen Ökonomie mehrheitlich ins Lager der (möglichst freien) Marktwirtschaft zu führen. Vorher galten sogar die größten Köpfe des Klassischen Liberalismus und der freien Marktwirtschaft, wie bspw. *Ludwig von Mises und Friedrich A. von Hayek*, als Exoten, Sektierer und „Steinzeit-Liberale" – auch unter ihren Kollegen, und zwar ein halbes Jahrhundert lang. Bereits die Gründung der ›Mont Pèlerin Society‹, einer weltweiten Vereinigung liberaler Ökonomen und Gesellschaftswissenschaftler, im Jahr 1947 (in der Nähe von Genf in der Schweiz) – mit Gelehrten wie *Friedrich A. von Hayek, Karl R. Popper, Milton Friedman, George Stigler, Ludwig von Mises, Walter Eucken, Ludwig Erhard und Luigi Einaudi* – war ein geradezu verzweifelter Akt, ein damals noch viel Mut erfordernder Versuch zur Wiederbelebung des Klassischen Liberalismus in einem ansonsten weltumspannenden Meer des kollektivistischen, sozialistischen, etatistischen und dirigistischen Zeitgeistes – auch der Ökonomie und der Ökonomen. Außerdem gibt es auch heute noch – wie in allen Berufen – genügend Vertreter der polit-ökonomischen Zunft, die sich prostituieren – also von Posten-, Karriere-, Einkommens- und Geltungschancen korrumpieren lassen. „Wissenschaftshuren“ können beiderlei Geschlechts sein. Doch das sind im Fach der Politischen Ökonomie – heute!, wie gesagt – gottlob die Ausnahmen.

Hinsichtlich unseres Themas ‚Wahrheit und Lüge‘ trifft die universitäre Elite aber leider ein anderer Fluch. Die ‚Wahrheit‘ nützt nämlich nichts, wenn sie der Lüge das Feld überläßt oder überlassen muß. Professoren schreiben zwar Bücher, aber diese sind in aller Regel weder für ein breites Publikum gedacht noch für den Normalbürger verständlich. (Das gilt jedenfalls für Deutschland und Kontinentaleuropa. In den angelsächsischen Ländern liegen die Dinge völlig anders). Ihre Auflagen überschreiten selten die Dreitausend-Stück-Grenze und landen weitgehend ungelesen in den Haupt- und Seminarbibliotheken der Universitäten. Man muß sich die Dimension des folgenden Mißverhältnisses einmal plastisch vorstellen: Da schreibt ein hochgelehrter Mann (oder eine ebensolche Frau) ein, zwei oder drei Jahre lang an einem Buch, das anschließend von vielleicht fünfhundert Studenten und Kollegen gelesen wird. Andererseits erreicht irgendein Zampano der Unterhaltungsbranche mit seinen ökonomischen oder politischen Blechweisheiten (oder ein Parteipolitiker mit seiner zirzensischen Vulgärökonomie) innerhalb weniger Minuten ein Millionenpublikum vor den Bildschirmen; und das Tag für Tag, jahrein jahraus. Nur wenn man sich die astronomische Dimension dieses Gefälles einmal ganz klar macht, und wenn man die beschriebene Tatsache der massiven Linkslastigkeit der Kultur- und Televisions-Eliten in das Bild einbezieht, gewinnt man eine Ahnung davon, wie winzig die Chancen der Freiheit – die Chancen für eine dauerhafte Perspektive von freien Menschen auf freien Märkten – in Wirklichkeit sind.

Im Dunstkreis der Politik

Sogar wenn den akademischen Fachexperten der Gesellschaftswissenschaften einmal die Gelegenheit gewährt wird, sich an ein größeres Publikum zu wenden, wie das seit einigen Jahren dankenswerterweise im ›Handelsblatt‹ mit Kommentaren zu aktuellen wirtschafts- und sozialpolitischen Kontroversen geschieht, führt die Überlegung, wer das ›Handelsblatt‹ denn liest (nämlich bestimmt nicht das sog. „breite Publikum") und welche Auflagenziffer diese Zeitung hat (nämlich gewiß nicht die eines der üblichen Rock-hoch-Magazine), auf den Boden der traurigen Realität zurück. Dies schmälert natürlich die entsprechenden Verdienste des ›Handelsblatts‹ nicht, sondern macht es um so wertvoller. Und was, nebenbei bemerkt, aus der Wahrheit im Sinne der Unabhängigkeit der Wissenschaft wird, wenn solche nicht-korrumpierbaren Ökonomen auch nur in den entfernten Dunstkreis der Politik geraten, konnte man jüngst am „Fall Franz" verfolgen.

> Der „Fall Franz": Nachdem Finanzminister *Lafontaine* den Ökonomieprofessor *Wolfgang Franz* nicht mehr für eine weitere Amtsperiode im *Sachverständigenrat zur Begutachtung der gesamtwirtschaftlichen Entwicklung* verpflichten wollte, weil er den Kurs der „Nachfragestützung" nicht ausdrücklich genug unterstützt habe, forderten im Januar 1999 rund 180 Hochschulprofessoren den Minister auf, diesen Entschluß zu revidieren. *Franz*, so die Protestler, gehöre zu den herausragenden Kollegen und sei ein national wie international anerkannter Arbeitsmarktexperte. Doch half das nichts. Am 28. Februar 1999 lief die fünfjährige (jedoch erneuerbare) Amtszeit eines der fünf Mitglieder des Sachverständigenrats aus – und dieser „Auslaufer" hatte *Franz* zu sein. *Lafontaine* schätzte nun mal „Beratung", die ihm in den Kram paßte. Außerdem ist *Franz* beim DGB (auf dessen Vorschlag er einst berufen worden war) in Ungnade gefallen. Schon der leise Widerspruch (gegen den *Lafontaine*-Wahn von der „Stärkung der Massenkaufkraft") und die differenzierte und ausgewogene Betrachtung im Jahresgutachten 1997/98 war den Genossen zuviel. Ihr Vorwurf: *Franz* habe nicht eindeutig genug für die Stärkung der Massenkaufkraft durch hohe Lohnabschlüsse votiert und sich nicht für die flächendeckende Verkürzung der Arbeitszeit ausgesprochen. Er habe im letzten Gutachten kein Minderheitsvotum abgegeben, sondern der angebotsorientierten Linie des Gutachtens beigepflichtet.

Kurze Zeit später war als neuer fünfter Mann ein (wie hätte man anderes erwarten können) Keynesianer alter Schule gefunden: der Berliner Ökonom *Jürgen Kromphardt*, der den *Lafontaine*-Vorstellungen näher steht als fast sämtliche anderen Ökonomen Deutschlands. *Kromphardt* beeilte sich denn auch – noch vor seiner offiziellen Ernennung -, öffentlich kundzutun, daß sich „die Politik der Lohnzurückhaltung seit 1982 als falsch erwiesen" habe. Es bleibt jedoch eine Hoffnung: Bislang hat es noch kein auf Wunsch der Gewerkschaften berufener Weiser geschafft, zwei volle Amtsperioden im Sachverständigenrat zu verweilen. Das ist ein Zeichen dafür, daß sogar „gelegene" Ökonomen ihren Sachverstand auf Dauer nicht bis auf Gewerkschaftsniveau verkommen lassen.

Fürs Leben verdorben

Noch weit finsterer für das Schicksal der Wahrheit in Belangen der politischen Ökonomie sieht es an den Schulen aus; dort also, wo einhundert Prozent unserer Kinder und Jugendlichen „gebildet" und angeblich „fürs Leben" ausgebildet werden. Man muß kein Zyniker sein, um die Feststellung zu treffen, daß sie dort „fürs Leben verdorben" werden (mit löblichen Ausnahmen natürlich). Im unkündbaren Staatsdienst fällt es der pädagogischen Kulturelite um so leichter, ihre linksverträumte Realitätsferne auszuleben; und Konkurrenzdruck von Seiten der Wirklichkeit kann dort nicht stattfinden, weil die Zuhörerschaft – ihre ganze Kindheit und Jugendzeit lang – den Lehrenden per Schulpflicht unentrinnbar ausgeliefert bleibt. Die Verbindung der grundsätzlich begrüßungswerten Schulpflicht mit der Tatsache, daß in Deutschland 94% aller Schulen staatliche Anstalten sind und der Rest von 6% ebenfalls staatlichen Vorgaben verpflichtet bleibt, macht die Kinder und Jugendlichen jeweils halbtägig zu Staatseigentum. Eltern und Kinder werden ihrer Rechte enteignet, über den Inhalt und die Qualität des vielleicht wichtigsten Elements ihres Lebens, nämlich der persönlichen Bildung, selbst bestimmen und entscheiden zu können; das würde ein reichhaltiges und vielfältiges Privatschulangebot jedoch bieten.

In Deutschland sind nur 6% der Schulen Privateinrichtungen – und auch diese unterliegen staatlichen Auflagen und weitestgehenden lehrinhaltlichen Zwängen. In Frankreich besuchen rund 14% aller Kinder im Primarschulbereich und fast 25% der Schüler im Sekundarbereich Privatschulen. In England sind fast sämtliche Eliteschulen private Einrichtungen (ohne staatliche Zuschüsse). In den Niederlanden und Belgien sind staatliche und freie Schulen finanziell gleichgestellt, und mehr als 70% der Schüler im Sekundarbereich besuchen nichtstaatliche Schulen (mit besten Erfolgen, wie entsprechende Untersuchungen zeigen).

Im Grunde handelt es sich bei der Verbindung zwischen staatlichem Schulzwang und fast ausschließlich staatlichen Schulen und Lehrplänen um – zumindest was das polit-ökonomische Wissen angeht – das Kidnapping unserer Kinder zum Zwecke der hoheitlichen und seitens der Betroffenen unabwendbaren Indoktrination. Welcher Unrat hierbei auf dem Gebiet der sozioökonomischen Bildung in die Köpfe (und Herzen) der Schüler gesenkt wird, hat kürzlich eine Publikation mit dem Titel ›Eingetrichtert – Die täglich Manipulation unserer Kinder im Klassenzimmer‹ untersucht (Groth/Schäfer 1999); natürlich nicht ohne daß die Autoren unverzüglich nach dem Erscheinen des Buches in der Presse dem „braunen Sumpf" zugeordnet wurden. Jedenfalls hätten *Marx* und *Lenin* ihre Freude an den heutigen Texten so mancher Lehrbücher zur Staatsbürgerkunde.

Das öffentliche Bildungswesen der Nach-68er-Zeit rühmt sich, nicht mehr verstaubte „moralische Anstalt" zu sein, sondern zum „kritischen, selbstbestimmten Denken" zu erziehen. Zunächst muß man sich fragen, wieso diese „Selbstbestimmung" nicht damit beginnt, daß Kinder und ihre Eltern selbst bestimmen können, wo und von wem sie sich bilden lassen – und welchen Inhalt diese Bildung haben soll (was, um es zu wiederholen, nur in einem vielfältig aufgegliederten privaten Schulsystem möglich wäre). Außerdem kann „kritisch" nur urteilen, wer selber ein bestimmtes Wertesystem kennengelernt und verinnerlicht hat. Es stimmt ja gar nicht, daß man den Schülern und Studenten – wie es heißt – „keine vorgegebene Moral aufzwingen will." Was die öffentlichen Bildungsanstalten mit ihren politisierten Pädagogenriegen wirklich machen, ist etwas ganz anderes: Den in ihre Indoktrinationsanstalten hineingezwungenen Jugendlichen treiben sie die sogenannte „traditionelle Moral" (die angeblich „veralteten, repressiven Verhaltensmuster") aus – also vor allem religiösen Glauben, sexuelle Zurückhaltung, Arbeitsdisziplin, Höflichkeit, Umgangsformen, Eigenverantwortung – und impfen ihnen stattdessen die „neue Moral" ein, bestehend aus Umwelthysterie, Zukunftspessimismus, Unternehmer- und Marktfeindschaft, wohlfahrtsstaatlichem Anspruchsdenken, Multikulturalismus, Tugendverachtung, Feminismus, sexueller Unbeschränktheit, Elternfeindschaft und Werte-Beliebigkeit – sprich: Nihilismus. Kein „Moraldiktat"? Von wegen! In Wahrheit ist dies das Diktat einer vollständig pervertierten „Moral". Früher nannte man das ‚Unmoral'.

Autorität oder Herrschaft

Was vordergründig nach mehr Freiheit und nach Stärkung der Persönlichkeit aussieht, nämlich das Ablehnen („Hinterfragen") aller gewachsenen und traditionellen Autoritäten, ist in Wirklichkeit ein Weg in die Hörigkeit, zur Staatshörigkeit nämlich und zum Stallfrieden an den Futterkrippen des Wohlfahrtsstaates. Wo gewachsene private Autorität schwindet, wird das Vakuum unvermeidlich durch wachsende politische Macht gefüllt. Die Autorität persönlich bekannter Vorbilder und geachteter Respektspersonen einerseits und die Macht oder Herrschaft anonymer politischer Organisationen andererseits sind stets die beiden gegenüberliegenden Schalen ein und derselben Waage. So stark die eine sich senkt, so stark steigt die andere. Das öffentliche – und somit fast das gesamte Bildungswesen in Deutschland ist via Kultusministerien parteipolitisch geprägt. Lehrinhalte und personelle Staffage (staatsbesoldete Beamte!) sind im Sinne der Staatspatronage ausgerichtet. Erziehung zu Freiheit und Unabhängigkeit, die immer auch persönliche Freiheit und Unabhängigkeit *vom* Staat sein müssen, kann hier nicht stattfinden. Eine Nation aber, die ihre Jugend nicht zur Freiheit (sprich: Eigenverantwortlichkeit) erzieht, kann niemals dauerhaft frei bleiben. Sie wird sukzessive in immer größere Staatshörigkeit und Abhängigkeit vom Kollektiv und von politischen Parteien abgleiten – und sich dessen noch nicht einmal bewußt werden.

Gemeinwohl oder Macht

Womit wir bei der fast humoristischen Frage angelangt wären, ob die Bürger und somit auch die jungen Leute wenigstens von den politischen Repräsentanten – also aus den endlosen Pro- und Contra-Argumenten der Partei- und Regierungspolitiker „die Wahrheit“ erfahren und kennenlernen können. Der alte Diplomatenspruch: „Wenn ein Diplomat das sagt, was er für die Wahrheit hält, ist er als Diplomat untragbar“, gilt natürlich auch für alle anderen Politikbereiche. Der Konflikt zwischen Parteidisziplin, Fraktionszwang, Wählerwirkung und Machtgewinn einerseits – und dem persönlichen Gewissen oder der persönlichen Überzeugung der Akteure des politischen Theaters andererseits, ist allenfalls für Neulinge auf der Bühne eine Belastung. Die Alltäglichkeit und Permanenz des inneren Widerspruchs stumpft ab, und eine diesbezügliche Wahrheits-Stringenz kann sich ein Politiker auch gar nicht leisten. Er müßte sonst sehr schnell das Feld räumen und nach Hause gehen.

Den „typischen Politiker“ hat der wohl berühmteste Journalist der Vor-Fernsehwelt (20er und 30er Jahre) in den USA, *H. L. Mencken*, wie folgt beschrieben: „Er ist gewillt, jedes Thema – egal wie idiotisch es auch sein mag – an sich zu reißen, das ihm Stimmengewinn verspricht; und er ist bereit, jedes

Prinzip – so wertvoll es auch sein mag – zu opfern, das ihn Stimmen kosten könnte. Damit beschreibe ich nicht etwa einen außergewöhnlich schlechten demokratischen Politiker, sondern den ganz und gar normalen." (s. Boudreaux 1998). Und was die angebliche Gemeinwohlleidenschaft der politischen Kaste angeht, hat der englische Politiker und Nationalökonom *Sir Alan Walters* deren wahre Motive auf den kürzesten Nenner gebracht, als er sagte: „Macht! Lesen Sie *Shakespeare*, und vergessen Sie alles über das Allgemeinwohl als Motiv für Politiker. Ich war lange genug in der Politik." (Walters 1993)

Warum das zwangsläufig so ist, wird an einigen späteren Stellen im Buchtext kurz erklärt (ausführlicher: s. meine Publikation ›Fauler Zauber‹). Politiker sind nicht etwa die „schlechteren Menschen" (obgleich man einen ziemlich „dehnbaren" Charakter haben muß, um dieser Profession dauerhaft anhängen zu können); entscheidend sind die Zwänge und inneren Mechanismen des politischen Geschäfts. Diese aber, wir sollten es inzwischen gelernt haben, können durchaus verheerend für viele Menschen – oder gar tödlich für ganze Völker sein. Die Wahrheit hat in der Politik jedenfalls so gut wie keine Chance.

„Quantitätstheorie" der Wahrheit

Leo Tolstoi hatte recht mit seinem Satz, daß die Lüge als systematische Erscheinung an dem Tag begonnen habe, an dem man „die Entscheidungen von Menschen, die in Räten [Entscheidungsgremien, Kommissionen, Politbüros, Fraktionen, Ausschüssen etc., R.B.] zusammengeschlossen sind, für wichtiger und heiliger hielt als den individuellen Verstand und das persönliche Bewußtsein." Der Gründer einer der wichtigsten freiheitlichen „Denkfabriken" der USA (der ‚Foundation for Economic Education' in der Nähe von New York), *Leonard E. Read*, hat über diesen Satz einen eindrucksvollen Essay verfaßt, dessen Grundzüge hier – ihrer immensen Bedeutung wegen – nachgezeichnet werden sollen (s. Read 1998):

Der Mechanismus kollektiver Entscheidungen in Räten, Komitees usw. hat etwas ganz und gar Destruktives, das systematisch Lügen erzeugt. Die Irrtümer oder Bosheiten, um die es dabei geht, finden sich wohl tief im Denken und Verhalten der Menschen verborgen – auch in dem der wohlgesinnten, und haben mit dem personalen Charakter der Wahrheit zu tun (der ‚Wahrheit' um es nochmals zu betonen, als Gegensatz zur Lüge). Diese Wahrheit hängt im Leben eines jeden Menschen nicht nur von der Kenntnis richtiger Prinzipien ab, sondern auch davon, ob die Handlungen einer jeden Person mit den von ihr als richtig erkannten Prinzipien in Einklang stehen. Die größtmögliche Annäherung eines Menschen an die richtigen Prinzipien (also an die Wahrheit) kann sich durch Befolgung dessen vollziehen, was das jeweils höchste (gewissenhafteste und wichtigste) persönliche Urteil als richtig vorgibt. Darüber hinaus kann man nicht gelangen. Die Wahrheit, soweit sie ein Individuum zum Ausdruck bringen kann, ist deckungsgleich mit diesem inneren persönlichen Diktat von ‚richtig'. Die akkurate Manifestation dieses inneren persönlichen Diktats ist die intellektuelle Integrität, denn ‚intellektuelle Integrität' ist das Ausdrücken, Leben und Handeln nach dieser Wahrheit, über die eine jede Person als ihren ureigensten Besitz verfügt. Die unkorrekte Wiedergabe dessen, was man – am besagten höchsten Maßstab gemessen – für richtig hält, ist Unwahrheit, also Lüge. (Das Erlangen der Kenntnis richtiger Prinzipien ist – wohlgemerkt – ein endloser und niemals abgeschlossener Prozeß). „Das beste, was wir mit uns selbst tun können", schreibt *Leonard Read*, „ist, uns in der besten Weise wiederzugeben. Anders zu handeln, ist Lüge. Lügen bedeutet, die uns bekannte Wahrheit zu zerstören, und die Wahrheit zu leugnen, bedeutet uns selbst zu zerstören."

Nun werden in der (heutigen, nachfeudalistischen) Politik fast alle Entscheidungen – auf nationaler wie auf internationaler Ebene (s. z.B. den Europäischen Rat und die Europäische Kommission) – von Leuten getroffen, die in Räten (Entscheidungsgremien) zusammengeschlossen sind. Und die solchen Gruppierungen entstammenden Entscheidungen tendieren dazu, allesamt Lügen zu sein oder Lügen zu erzeugen. Die Ursachen hierfür liegen zum einen im „Geist der Masse" und zum anderen im „Geist des Komitees" (besser: im unumgänglichen Entscheidungsmechanismus des Komitees). Spätestens seit dem 1930 erstmals erschienenen Bestseller ›Der Aufstand der Massen‹ des großen spanischen Denkers *Ortega Y Gasset* wissen wir, daß Massen auch dann plündern, niederbrennen, lynchen und töten können, wenn jede einzelne beteiligte Person eigentlich keiner Fliege etwas zuleide tun kann. In der Masse, und meist noch von Haßparolen wahnwitziger Führer aufgehetzt, verschwindet bei den Beteiligten die Selbstdisziplin, die sie sonst bei individuellen Handlungen zu leiten pflegt. Auf diese Weise wird also das Böse, das zweifellos in jedem Menschen steckt, freigesetzt, und bei der „kollektiven Aktion" hat niemand mehr ein persönliches Schuldgefühl. Die Verantwortlichkeit wird auf das Abstraktum „alle" oder „die Gesamtheit" übertragen.

Nun ist natürlich ein Gremium, ein Rat oder ein mehrköpfiger Parteivorstand keine „Masse" und kein „Straßenmob". Aber eindeutige Parallelen gibt es doch: In Gruppen oder Vereinigungen, die unter Entscheidungszwang stehen, befürworten die Mitglieder auch solche Forderungen, die sie bei ihren individuellen Handlungen keinesfalls vertreten würden. So treten z.B. auch ehrliche Personen, die niemals stehlen würden, für den „legalen Diebstahl" ein, sobald sie einer politischen Vereinigung angehören, also für die Anwendung politischen Zwangs, um anderen Leuten Geld zum Nutzen der eigenen Gruppe oder zum Nutzen des Klientels der Gruppe entziehen zu können. Keiner der Beteiligten betrachtet das als persönlichen Raub, denn die Verantwortung dafür hat ja „die Partei" oder „das Führungsgremium" übernommen.

Außerdem führt der Zwang der Gruppe, mit einem einheitlichen Statement an die Öffentlichkeit zu treten, ohnehin dazu, daß man sich angesichts der Unterschiedlichkeit der individuellen Meinungen auf den kleinsten gemeinsamen Nenner einigen muß, das heißt: auf Entscheidungen, die wohl wiederum keiner der Beteiligten in dieser Form getroffen hätte, wenn er sie für sich allein hätte treffen müssen. Da fast jeder von uns einer (freiwilligen oder erzwungenen) Vereinigung berufsständischer, parteiorientierter, kirchlicher, sportlicher oder sonstiger Art angehört, haben wir uns an die Vorstellung gewöhnt, es gäbe so etwas wie eine Durchschnittsmeinung – oder etwas, das *Leonard Read* die „Quantitätstheorie der Wahrheit" nennt. Beides ist Illusion, und damit wird auch keineswegs das jeweils bestmögliche Urteil der involvierten Personen hinsichtlich des richtigen Prinzips wiedergegeben. Auch (und gerade) unter der Domäne des im 20. Jahrhundert völlig mißverstandenen und mißbrauchten demokratischen Prinzips herrscht inzwischen ein fast blinder Glaube an die Problemlösungskraft und Richtigkeit von Mehrheitsentscheidungen, so als könne man durch das Abzählen von Köpfen herausfinden, was richtig oder falsch, was gut oder böse ist.

Wir können jedenfalls gewiß sein: Auch von Seiten der Politik, der Parteien, der Parlamente und Regierungen, werden wir kaum jemals zu irgendeiner Frage die Wahrheit erfahren.

Fazit: Auf dem weiten Feld der wirtschafts- und gesellschaftspolitischen Einwirkungen auf das Leben der Bürger (und das ist wirklich ein „weites Feld", denn es geht dabei um fast sämtliche Lebensumstände der Menschen) hat kaum jemand die Chance, in wirklich unabhängiger, nicht-interessengefärbter, nicht-gesteuerter und nicht-minderqualifizierter Weise informiert zu werden – also zu tausend Fragen jeweils wahre Antworten zu hören. Schon gar nicht junge Menschen, die noch über wenig diesbezügliche schlechte Erfahrung verfügen und allzuleicht allen möglichen Sirenenklängen und wohlklingenden Verlockungen auf den Leim gehen.

Leben in Lüge

Die Betrachtung bliebe aber lückenhaft, würde man sie abschließen, ohne zu erwähnen, daß die Bürger nur deshalb dauerhaft betrogen werden können, weil sie sich mit diesem Umstand zufrieden geben oder ihn sogar bequem finden. Die Bereitschaft der Menschen, sich mit der Unwahrheit zu arrangieren, ist offensichtlich so ausgeprägt, daß der amerikanische Ökonom *Timur Kuran* darüber ein dickes wissenschaftliches Buch schreiben konnte. Der Titel: ›Leben in Lüge‹ (Kuran 1997), *Kuran* stellt sich Fragen wie: Warum dauerte es viele Jahrzehnte, bis die sozialistische Elendsherrschaft im Ostblock zusammenbrach? Warum revoltierten auch die Deutschen im freien Teil ihres Landes – und nunmehr alle gemeinsam – nicht gegen das offensichtlich untaugliche Rentensystem? Warum nicht gegen die uferlose Staatsverschuldung und den zerstörerischen Parteien- und Wohlfahrtsstaat, etc. etc.? Die Antwort: Weil sie sich für ein Leben in Lüge entschieden haben. Und deswegen, also weil sie sich nicht gegen unsinnige Normen und Regeln aufgelehnt haben, tragen die Geschädigten selber einen Großteil der Verantwortung für die jeweiligen Miseren.

Kuran stellt nüchtern fest: Jeder von uns führt ein Leben in Lüge, jeder will vermeiden, der Diktatur der herrschenden öffentlichen Meinung zu widersprechen. Und warum das? Weil es bequem ist, und weil sonst „Strafe" droht. In Diktaturen kann die Strafe drastisch und lebensbedrohend sein, so daß berechtigte Angst dort eine größere Rolle als die Bequemlichkeit spielen mag. Aber auch die weit weniger schmerzliche „Bestrafung" in einem freien Land läßt die Bürger bereits vor Meinungsäußerungen zurückschrecken, mit denen sie sich außerhalb des Gesinnungsklimas des herrschenden Zeitgeistes stellen würden. Als abschreckende „Strafe" genügt also schon das Risiko, verlacht oder gemieden oder als Kauz und Dauernörgler betrachtet zu werden. Fast alle verbergen deshalb ihre wahren Präferenzen und stimmen der gängigen Meinung zu.

Das hat zwar eine gewisse friedenstiftende Wirkung und erleichtert das alltägliche Zusammenleben, aber es verschiebt auch die notwendige Reformfähigkeit einer Gesellschaft auf den Sankt-Nimmerleins-Tag. Diese Schwelle zum öffentlichen Protest ist offenbar so hoch, daß die Herrschenden ein leichtes Spiel haben – und seien sie noch so unbeliebt und ihre Maßnahmen noch so unsinnig und verhaßt. Dieses Verhalten der Beherrschten ist also die passive Ergänzung zur aktiven Zwangsausübung der Herrschenden. Anders gesagt: Die Bereitschaft zu einem Leben in Lüge bei den Belogenen ist die ideale Ergänzung zur Lüge und Täuschung in der Politik. *Kuran* ergänzt seine Argumente, indem er auf weitere ‚Kosten' einer vom mainstream abweichenden Urteilsbildung hinweist: Sich ein eigenes, fundiertes Urteil zu bilden, kosten Zeit, Geld und Mühe, ist also „teuer". Es ist eben „billiger", sich mit der herrschenden Meinung abzufinden. Weil das aber alle tun, gewöhnen sich die Bürger an dieses Meinungsbild und halten es im Lauf der Zeit sogar für richtig.

Aus alledem können wir schließen: In längerfristiger Sicht bestimmt die herrschende öffentliche Meinung tatsächlich, wie und was die Menschen denken. Das führt dazu, daß die politischen, rechtlichen und wirtschaftlichen Zustände in einem Land unablässig schlimmer und schlechter werden können, ohne daß die Bürger dagegen in entschiedener Weise aufbegehren. Sogar dem Übergang ihrer gesellschaftlichen Ordnung von einem freiheitlichen in ein totalitäres System schauen sie auf diese Weise zu, ohne zu revoltieren, solange sie das noch ohne Gefahr für Leib und Leben tun könnten.

Die schlimmsten Feinde der Freiheit sind deshalb nicht ihre erklärten Gegner, sondern die vielen Lauen und Laschen unter ihren angeblichen Freunden, die Gleichgültigen und Bequemen, die Gutmütigen und Gutgläubigen, sowie die Vulgärpoeten mit ihren Parolen, daß es „sooo schlimm ja nicht sei" oder daß man nicht „immer alles so negativ sehen" sollte. Diese nützlichen Idioten der Knechtschaft würden auch einem Menschen, der von Kannibalen gekocht werden soll, erklären, er möge sich beruhigen, weil „nichts so heiß gegessen wie gekocht“ werde.

Wir sollten wissen, was wir tun

Wer sich aber mit mangelhaften oder falschen Informationen zufrieden gibt, wird beliebig manipulierbar, denn weil wir nicht als Robinson Crusoes einsam auf Inseln leben, werden wir ständig vor unzählige Entscheidungen gestellt, die fast alle auch eine politische Dimension haben. Auch eine Nichtentscheidung oder ein Schweigen ist hierbei eine Wahl – und von der Summe dieser Wahlvorgänge hängt die Gestaltung, die Qualität und der Verlauf unseres eigenen Lebens und das unserer Lieben ab. Also sollten wir wissen, was wir tun! Wir müssen wissen, was bei sozioökonomischen Belangen wahr oder verlogen, was richtig oder falsch ist, sonst können die Polit- und Kultureliten endlos fortfahren, mit ihren Desinformazia-Strategien überall mehr materiellen, geistigen und moralischen Schaden anzurichten als die marktwirtschaftlichen Leistungseliten mit ihren produktiven Tätigkeiten wieder wettmachen können – mit entsprechend üblen Folgen für jeden von uns. Noch schlimmere Freiheitsfeinde als die Lauen und Laschen sind deshalb die Nichtwisser. Wer zu wenig weiß, um bei der überwiegenden Zahl der Informationen die Lüge von der Wahrheit unterscheiden zu können, *bleibt auf jeden Fall (ob er will oder nicht)* der Lüge ausgeliefert – und damit willfähriges und willkommenes Werkzeug der macht- und interessenpolitischen Lug- und Trugspezialisten.

Die einzige Waffe gegen die Lüge: Wissen!

Kinderverlust gebührenfrei

Wo immer man sich umhört bei Müttern oder Vätern, stößt man auf eine mehr oder weniger große Unzufriedenheit hinsichtlich der schulischen Bildung und Erziehung der Kinder, besonders was die Einstellung zu traditionellen Werten und zu gesellschaftspolitischen Fragen angeht. Man fragt sich, wieso es die Eltern seit Jahrzehnten widerstandslos zulassen, daß ihren Kindern in den Schulen „Werte" vermittelt werden, die ihren (der Eltern) eigenen diametral entgegenstehen und ihre Autorität untergraben. Die kurze Anwort darauf lautet: Weil die öffentlichen Schulen kein Schulgeld verlangen, weil also die Schulbildung der Kinder (scheinbar) nichts kostet. Das verschiebt die „Schmerzgrenze" offenbar weit nach oben. Doch wird auch auf diesem Feld der sogenannten öffentlichen Leistungen der Tag kommen, an dem die Eltern feststellen werden, daß der Verlust ihrer Kinder das (für die meisten nur scheinbar) ersparte Schulgeld nicht wert war.

In Wahrheit werden durch die „Kostenlosigkeit" des staatlichen Bildungswesens dessen tatsächliche Kosten ins Maßlose hochgetrieben, während die Qualität der Bildung zugleich immer weiter zerfällt. Der Egalitarismus fordert auch hier Millionen Opfer. Daß bspw. der politische Druck in Richtung Gesamtschule dem Zweck dient, das Anspruchsniveau des Unterrichts zu senken, ist inzwischen jedermann bekannt. Es hat zwar noch keinen Dummen klüger gemacht, daß man die Gescheiten über ein egalitaristisches Schulsystem dümmer gehalten hat, aber den permanent geschürten Neidkomplexen ist damit Genüge getan. Besonders seit die 68er-Generation in den öffentlichen Schulen in Lehramtswürden steht, wurde die Jugend des „Landes der Dichter und Denker" von der geistesgeschichtlichen Tradition eben dieser Dichter und Denker radikal abgeschnitten. Die diesbezügliche Bildung versteht sich nunmehr – konsequent nach marxistisch-kollektivistischem Strickmuster – vorwiegend als „Gesellschaftskritik" und als „Emanzipationsübung" mit marxistisch-feministisch geprägtem Soziologenvokabular.

Was vormals der Marxismus-Leninismus, der Stalinismus, der Hitlerismus, der Ulbricht-Honneckerismus, der Maoismus, Pol-Potismus, Hodschaismus, Cschaucheskuismus etc. besorgt hat, nämlich die Vernichtung des in Jahrtausenden gewachsenen Wertegefüges der menschlichen Zivilisation, das vollbringen hierzulande und heute die linksbeflissenen Lehrer an den Schulen und Hochschulen auf die sanftere Tour durch das „Hinterfragen" und „Entlarven" der sogenannten „bürgerlich-kapitalistischen" und „paternalistisch-autoritären" Strukturen der westlichen Gesellschaften. Doch so wie die Überlebenden der Zerstörungswerke in den vormals sozialistischen und kommunistischen Ländern derzeit lernen müssen, wie schwer das Wiedererlernen der alten ausgemerzten Regeln der Freiheit ist, wie schnell man also das moralische Gefüge einer Gesellschaft zerschlagen kann und wie mühsam und schmerzlich sich der Wiederaufbau desselben gestaltet, so werden auch die Opfer der kognitiven Moralwüste des Westens (die heutigen Schüler und Studenten) noch erfahren, was es bedeutet, neu aus einer moralischen Steinzeit aufbrechen zu müssen. Sie werden eines Tages erkennen müssen, daß ihnen durch das moralische Ozonloch, in das sie geführt wurden, weit größere Gefahren erwachsen sind als durch das stratosphärische, mit dem man sie im Zustand der dauerpubertären Öko-Hysterie gehalten hat.

Natürlich gibt es auch Eltern und Erzieher, die den programmierten Wertezerfall in den Lehrbüchern nicht wahrnehmen oder eine solche Diagnose als übertrieben betrachten. Die Barbarei war schon immer dann perfekt, wenn sie nicht mehr als solche erkannt wurde. Was sich dann ‚Kultur' nennt, hat nur noch die Mechanismen und die verschiedenen Arten der Auflösung von Kultur zum Inhalt.

Hochqualifiziert und inkompetent

Nicht weniger kläglich präsentiert sich die berufsspezifische Praxisferne des staatlichen Bildungswesens in Deutschland. Nur ganz wenige Experten wagen es, die dramatischen Fehlentwicklungen in der Bildungs- und Ausbildungspolitik der Bonner Spätsozialisten schonungslos zu benennen. Einer der Mutigen ist der Professor für Arbeitsökonomik an der Universität Bochum, *Erich Staudt*. „Wir hatten ein ausgezeichnetes Gymnasialsystem", so *Staudt*, „das einer kleinen Elite höhere Bildung erlaubte. Heute ist es ein realitätsferner Aufenthaltsort für immer mehr junge Leute. Im Ergebnis verlassen sie diese Anstalten mit 19 oder 20 Jahren, ohne etwas vom Arbeitsalltag erfahren zu haben, und drängen... an die Hochschulen... Viele von ihnen verbringen die besten Jahre ihres Lebens hochfrustriert in Hörsälen, und erst der Praxisschock macht ihnen die Realitätsferne dieser Ausbildung bewußt. Nicht nur die Lehrer oder Sozialwissenschaftler und Ingenieure stehen heute in Deutschland hochqualifiziert aber inkompetent auf der Straße, sind unfähig, ihr Wissen zur Anwendung zu bringen." Und zum beruflichen Bildungssystem führt *Staudt* aus: „Unbestritten ist eine berufliche Ausbildung dann am effektivsten, wenn sie sich rentiert, und das ist dann der Fall, wenn die Entwicklungsabsichten eines Betriebes und eines sogenannten ‚Auszubildenden' zusammenkommen. Kein Mensch betreibt

Ausbildung der Ausbildung wegen, jeder will den Verwertungszusammenhang sehen, wenn er motiviert daran teilnehmen soll... Für Bildungsideologen dagegen ist es ein Greuel, wenn man die Worte Bildung und Rendite zusammenbringt." (Staudt 1997).

Solch triste Ergebnisse einer Politik, die – auch hier – Umverteilungspolitik statt Bildungspolitik ist, kommen den Bildungstechnokraten in den Fachministerien jedoch gar nicht so ungelegen, wie man annehmen könnte. Lassen sich doch anschließend zur vermeintlichen Schadensbegrenzung ein Dutzend weitere Politikfelder (meist „Reformen" genannt) eröffnen, die zwar wiederum kontraproduktiv ausfallen, aber gleichwohl den Zuständigkeitsbereich der eigenen Behörde ausdehnen. Es geht also, auch hier bei der Bildungspolitik – wie bei aller und jeglicher Politik – letztlich nur um eines: um Macht. Und bei diesem Phänomen (Macht) ist auch das tiefste Geheimnis des staatlichen Bildungssystems angesiedelt. Die eingesessenen Machteliten (Parteien, Regierungen, Behörden, Gewerkschaften, öffentliche Ämter und Dienste aller Art) können nämlich ihren Herrschafts-, Zuständigkeits- und Einflußbereich (also Macht, Pfründe, Einkommen und Karrieren) nur dann aufrechterhalten und ständig ausweiten, wenn die Bürger vom selbständigen Denken, von Eigenverantwortlichkeit und Eigenvorsorge abgehalten und statt dessen in Infantilität und Abhängigkeit gefangen gehalten werden.

Verteidigtes Bankrottsystem

Deshalb hat sich die politische Kaste und ihre Vollzugsklientel in den Verwaltungen schon immer mit Zähnen und Klauen gegen eine weitergehende – oder gar weitestgehende Privatisierung des Schul- und Hochschulsystems gewehrt, und sie werden das auch künftig mit wütender Entschlossenheit tun. Dabei handelt es sich nicht etwa um eine „Verschwörung" der Macht- und Amtsinhaber oder um eine abgestimmte Aktion bösartiger Menschen und finsterer Mächte, sondern schlicht und einfach um die ewig gleichen Mechanismen der Herrschaft, die jeden in ihr Räderwerk ziehen, der sich auf die hoheitliche Ebene begibt und seine Existenz oder Karriere auf dem staatlichen Machtapparat aufbaut. Außerdem steht schon die Selbstachtung eines jeden Menschen der Erwartung entgegen, er würde jemals freudig erkennen und einsehen, daß seine Tätigkeit überflüssig oder gar schädlich für die Bürger seines Landes ist.

Fest steht, daß es sich bei der von allen Parteien vertretenen Vorstellung, man könne und müsse allen Bürgern die weitgehend gleiche höhere Bildung gewähren, um reinen Illusionismus handelt, der nur in einem völligen Zerfall des Bildungsniveaus und einem Ruin der Staatsfinanzen enden kann. Bildung ist eine der teuersten Aktivitäten, die ein Mensch entwickeln kann, nicht nur weil das Lehrpersonal und die Hochschuleinrichtungen viel Geld kosten, sondern auch weil der Student während der potentiell produktivsten Zeit seines Lebens aus dem Arbeitsleben ausscheidet. Unermeßlich teuer aber wird diese Bildung (und Verbildung) breiter Bevölkerungsschichten durch die schlichte Tatsache, daß die außerhalb der realen Arbeitswelt angesiedelten staatlichen Anstalten ein Bildungsangebot bereitstellen, das in eben dieser realen Arbeitswelt nur zu Bruchteilen nachgefragt wird. Es hat schon seinen Grund, warum der überhaupt noch in den wirtschaftlichen Prozeß eingliederbare Teil der Universitäts- und Hochschulabsolventen erst durch firmeninterne Trainingsprogramme oder durch den zusätzlichen Erwerb eines (an privaten Hochschulen zu erwerbenden) MBA-Grades für die Unternehmen „brauchbar“ wird.

Ein durchgehend „öffentliches“ Bildungswesen ist eben in längerer Sicht eine genauso hoffnungslose Bankrottveranstaltung wie das öffentliche (staatliche) Gesundheitswesen oder das öffentliche Rentensystem. Und wer immer hiergegen einwendet, eine private Ober- und Hochschulbildung könnten sich „nur die Reichen“ leisten, dem sei entgegengehalten, daß jeder deutsche Student (Männlein wie Weiblein) den Steuerzahler pro Jahr 150.000 DM kostet (bei einem zehnsemestrigen Studium also 750.000 Mark), während so manche hochqualifizierte und bestens auf den praktischen Bedarf ausgerichtete private Hochschule mit Studiengebühren von unter 30.000 DM pro Jahr auskommt. Verkehrte Welt: Die überwiegend gar nicht so „reichen“ Steuerzahler lassen sich ausbeuten unter dem Vorwand, daß sonst „nur die Reichen“ studieren könnten, und gerade diejenigen, welche glauben, sich ein Studium nicht leisten zu können, müssen mit ihrer Arbeitsleistung ein wachsendes Millionenheer von akademischen Traumtänzern und diplomierten Arbeitslosen finanzieren.

Krieg für oder gegen die Armut?

Das alles ist aber noch nicht das Ende der Bildungs- und Ausbildungsmisere. Der wohl folgenschwerste Effekt beruht auf der Tatsache, daß die pädagogischen Kultureliten (mit wenigen Ausnahmen) die ihnen anvertrauen Jugendlichen zu einer skeptischen, ja überwiegend sogar ablehnenden und feindseligen Haltung gegenüber der Marktwirtschaft erziehen – und damit gegenüber dem Wirtschafts- und Gesellschaftssystem, das den genannten bildungspolitischen Unsinn seit Jahrzehnten mit seiner Produktivität alimentieren muß. Das einzige uns bekannte sozioökonomische System, das Freiheit und Wohlstand zugleich schaffen und auf Dauer gewährleisten kann, wird also systematisch diffamiert und seiner Grundlagen beraubt, indem man seine moralischen, arbeitsethischen, kognitiven und kenntnisspezifischen Voraussetzungen „wegerzieht“ – oder anders gesagt: indem man sein notwendiges Humankapital und seine moralische Infrastruktur zerstört. Das ganze Elend solchen Tuns hat der große Ökonom *Joseph Schumpeter* einmal mit der Metapher von einem Blinden, der seinen Blindenhund schlägt, anschaulich gemacht. Von ihm stammt auch der Satz: „Der Kapitalismus bezahlt die Leute, die ihn abschaffen wollen." Der Tragödie letzter Teil besteht darin, daß dieses Zerstörungswerk nur durch Wissen verhindert werden kann, daß aber der Wissensvermittlungs-Apparat (das staatliche Bildungssystem) genau dieses erforderliche Wissen nicht vermittelt bzw. es nach allen Regeln der pädagogischen Kunst verfälscht und in ein Lügengeflecht verwandelt.

Wie man durch das radikale Gegenteil einer solchen Politik die Jugendlichen wirklich aus Armut, mangelnder Qualifikation und sogenannter „Chancenungleichheit" herausführen kann, hat der amerikanische Pädagoge und Unternehmer *Steve Mariotti* höchst anschaulich demonstriert. *Mariotti* hatte es irgendwann satt, die Politiker seines Landes vom „Krieg gegen die Armut" reden zu hören, einem „Krieg", in welchem inzwischen (umgerechnet) dreitausend Milliarden Mark gesteckt worden sind – und zwar ohne jeden Erfolg. Er machte jedem, der es hören wollte, klar, daß man mit dieser Summe die fünfhundert größten Unternehmen der USA hätte kaufen können, das Geld aber hauptsächlich dafür eingesetzt habe, Millionen von Jugendlichen vom Unternehmertum fernzuhalten. Der Markt, so *Mariottis* Botschaft, stellt das effektivste Feld dar, auf dem die Menschen überhaupt erst feststellen können, welche speziellen Fähigkeiten sie haben oder entwickeln können. Statt dessen werden die meisten das nie entdecken, weil sie vom Sozialstaat und seinen politischen Verwaltern eingelullt werden. Dieser Staat und diese Kaste trichtert Millionen von Menschen ein, sie seien in der Marktwirtschaft „wertloses Menschenmaterial", und zerstört damit jede Motivation zu außergewöhnlichen Anstrengungen.

Mariotti gründete zunächst eine, dann eine ganze Serie von ›NFTE-Schulen‹ (National Foundation for Teaching Entrepreneurship), also Schulen, in welchen die Jugendlichen aus ärmlichen und ärmsten Verhältnissen gelehrt werden, wie man sich selbständig macht und Unternehmer wird – und wie man die Enttäuschung, Apathie, Frustration, Mutlosigkeit und Abhängigkeit, in welche das staatliche Schulsystem führt, überwindet und statt dessen sein Schicksal in die eigenen Hände nimmt. Das Ergebnis wurde (und wird nach wie vor) von einzigartigem Erfolg gekrönt. Die Absolventen der NFTE-Schulen gründeten (und gründen) nachweislich zweiunddreißigmal häufiger ein eigenes Unternehmen als ihre gleichaltrigen Schicksalsgenossen. Damit werden also nicht nur junge Menschen aus den Armutsvierteln der großen Städte massenhaft und wirklich aus der Armut herausgeführt, sondern es wird zugleich der Wohlstand der ganzen Nation gemehrt statt verzehrt. (s. Mariotti 1998)

Wissen zur Bewahrung der Freiheit

Natürlich – und gottseidank – wollen nicht alle Jugendlichen Unternehmer werden. Es gibt Millionen von jungen Menschen beiderlei Geschlechts, die Bankangestellte und Verkäufer, Biologen und Forscher, Astronomen und Historiker, Gärtner und Kinderbetreuer, Schreiner und Automechaniker, Krankenpfleger und Polizisten, Buchhalter und Piloten, Soldaten und Ärzte, Hausfrauen und Künstler etc. etc. werden wollen. Wie aber sollen sie alle, die kaum jemals mit dem grundlegenden Wissen über die Funktionsweise einer kapitalistischen Wirtschafts- und Gesellschaftsordnung in nähere Verbindung kommen, sich das Wissen verschaffen können, das unabdingbar ist, wenn Freiheit und Wohlstand eines Landes und seiner Menschen errungen, bewahrt und gemehrt werden sollen? (Unabdingbar ist dieses Wissen, weil die Marktwirtschaft nur erhalten werden kann, wenn sie auf einer breiten Zustimmung in der Bevölkerung ruht). Und wie soll sich Herr Jedermann – und möglichst jeder Jugendliche – solches Wissen in einem Umfeld beschaffen, das – wie wir gesehen haben – aus einem Meer aus Lügen und falschen Informationen besteht ?!

Es gibt ja, um es zu wiederholen, nur eine einzige Waffe gegen die Lüge und die Irreführung: und das ist Wissen. Wenn wir, um ein Beispiel zu nennen, nicht wenigstens einige Grundkenntnisse in der französischen Sprache haben, dann kann uns jeder Angeber oder Betrüger weismachen, er spreche „fließend französisch“, indem er irgendeinen Wortsalat von sich gibt. Wenn uns aber, um im Bild zu bleiben, der besagte Angeber oder Betrüger „seine Art von Französisch“ beigebracht hat, dann nützt uns dieses „Wissen“ gar nichts; es taugt noch nicht einmal zur Entlarvung des Schwindels. Es muß sich also, um auch das zu wiederholen, um Wissen handeln, das aus soliden, unabhängigen und verläßlichen Quellen stammt – und das zugleich ehrlich, qualifiziert, verantwortungsvoll und ohne interessenpolitische Hintergedanken vermittelt wird.

Wissen selbst aneignen

Konkret: Wenn wir die Marktwirtschaft bewahren wollen – und damit das einzige Wirtschafts- und Gesellschaftssystem, das die persönliche Freiheit der Bürger dauerhaft erhalten und zugleich deren materielles Wohlergehen sichern und ständig verbessern kann, dann muß eine Mehrheit der Bürger (zumindest eine relative Mehrheit) über ein wahres, unverfälschtes Grundwissen bezüglich dieser Ordnung verfügen. Und dieses Grundwissen wird weder in den Schulen gelehrt noch über die Informationsmedien vermittelt. Also hat jeder einzelne von uns, dem Freiheit und materielle Sicherheit – und überhaupt ein menschenwürdiges Dasein seiner eigenen Person, seiner Familie und Freunde und seiner Landsleute – am Herzen liegt, die unerläßliche Verpflichtung, sich dieses elementare Wissen selbst anzueignen. Das ist nicht so einfach und leicht, wie so mancher denken mag, aber auch keineswegs so schwer, wie die meisten Leute befürchten mögen.

Wie ungeheuer wichtig die Verbreitung ökonomischer Grundkenntnisse in breiten Bevölkerungsschichten ist, auch und gerade bei allen Nichtökonomen, kommt am besten mit einigen Sätzen von *Ludwig von Mises*, einem wahren Giganten der Nationalökonomie, zum Ausdruck. Die Schlußsentenz seines herausragenden Werkes ›Human Action‹ von 1949 lautet: „Die Substanz des ökonomischen Wissens ist ein wesentlicher Bestandteil des Gefüges der menschlichen Zivilisation. Dieses Wissen ist das Fundament, auf welchem die moderne Industriegesellschaft und all die moralischen, intellektuellen, technologischen und [medizinisch-] therapeutischen Errungenschaften der letzten Jahrhunderte errichtet wurden... Wenn die Menschen es versäumen, sich dieses Wissen zunutze zu machen und seine Lehren und Warnungen unbeachtet lassen, werden sie damit nicht die ökonomischen Gesetze abschaffen, sondern die menschliche Gesellschaft und die menschliche Rasse ausmerzen." (Mises 1949/63, S. 885).

Um zu verstehen, daß es sich bei derart schwerwiegenden Sätzen ("Ausmerzung der menschlichen Gesellschaft und der menschlichen Rasse" bei ungenügender Verbreitung ökonomischen Grundwissens) keineswegs um eine Übertreibung handelt, sollten wir noch zwei weitere gewichtige Stimmen zum selben Thema hören: Von *Friedrich A. von Hayek*, dem (nicht nur wegen seines Nobelpreises berühmten) Freund und Schüler von *Mises*', stammt der Satz: „Die eigentümliche Aufgabe der Ökonomie besteht darin, dem Menschen vor Augen zu führen, wie wenig er wirklich über das weiß, was er planen zu können glaubt." (Hayek 1988/1996, S. 81). Und bei *Erich Streissler* (wie *Mises* und *Hayek* zu den großen genialischen Köpfen der Nationalökonomie des 20. Jahrhunderts zählend) können wir lesen: „Wirtschaft ist das komplexeste gesellschaftliche System von Zielen und Mitteln. Und die freie Unternehmerwirtschaft [Freie Marktwirtschaft, R.B.] ist die einzige gesellschaftliche Organisationsform, die diesem komplexen Ziel-Mittel-System, genannt Wirtschaft, einigermaßen gerecht werden kann." (Streissler 1990).

Es wird bei letzteren zwei Stimmen also deutlich, wie wenig wir vom hochkomplexen Ablauf des Systems ‚Wirtschaft und Gesellschaft' wissen und verstehen können – und wie sehr wir uns deshalb auf die eigenen Selbstordnungs- und Selbststeuerungskräfte des Systems verlassen müssen. Jeder Eingriff in die milliardenfach vernetzten Strukturen dieser Ordnung hat schwerwiegende und unabsehbare Folgen. Jede Art und Form der Intervention stellt eine Verletzung der Ordnung dar und gefährdet ihre Funktionsfähigkeit. Da Politik – außer der (die besagte Ordnung schützen- und bewahrenwollenden) marktwirtschaftlichen Ordnungspolitik – fast ausnahmslos aus Eingriffen in die sozioökonomische Ordnung besteht, kann jede Art von Politik logischerweise nur Schädigung und Gefährdung dieser Ordnung bedeuten. Und zwar Schädigungen und Gefährdungen, deren Art und Ausmaß prinzipiell unabsehbar sind. Die besonders bei Politikern verbreitete Ansicht, daß man bei sog. „intelligenten" Eingriffen im voraus absehen könne, welche Folgen sie zeitigen – und daß diese beabsichtigten Folgen jeweils „besser" oder „gerechter" oder „effektiver" seien als die Wirkungen der angeblich „blinden" Marktkräfte, ist nichts als arrogante Anmaßung und dummdreiste Überheblichkeit (oder eben, wie gehabt, Täuschung und Lüge).

Angemaßtes Wissen

Die größte Gefahr für die menschliche Zivilisation und für den Fortbestand des Menschengeschlechts geht hierbei (bei Politik und Intervention) vom Sozialismus sämtlicher Schattierungen aus, weil dessen Vertreter über vereinzelte Eingriffe hinausgehen und das ganze „System verändern" wollen. Der dabei zum Ausdruck kommende ‚hyperrationalistische Konstruktivismus' (*Hayek*) ist fast so anmaßend wie wenn ein falscher Messias daherkäme und uns verkünden würde, er werde die Naturgesetze ändern und die gesamte Schöpfung neu konstruieren. (Nicht ohne Grund gehörten derartige abstruse Vorstellungen bei einigen der sogenannten Frühsozialisten zu den Begleitvisionen ihrer gesellschaftsklempnerischen Wahnideen). Wer im 20. Jahrhundert in mehr als der Hälfte aller Länder der

Erde verfolgen konnte, wie alle derartigen „Systemveränderungen“ – ganz egal, von wem und in welcher Abart inszeniert – zu gesellschaftlichen Katastrophen apokalyptischen Ausmaßes, zu Hunderten von Millionen verhungerten, getöteten, gefolterten, vertriebenen und geknechteten Menschen, zu Völkermorden und Kriegen, und schließlich zum vollständigen Zusammenbruch eines ganzen Erdteils geführt haben, und wer dann die *Mises*'sche Wortwahl vom drohenden „Ausmerzen der menschlichen Gesellschaft und der menschlichen Rasse“ noch immer für übertrieben hält, sollte sich freilich bezüglich der Verbesserung seiner ökonomischen Grundkenntnisse keiner weiteren Mühe mehr unterziehen. Und auch wer der noch immer weitverbreiteten Mär anhängt, das alles habe nichts mit „dem Sozialismus“ zu tun, sondern sei das Ergebnis einer „falschen Handhabung“ der „an sich guten Idee“ durch die Hundertschaften seiner „großen Führer“ (von *Stalin* und *Hitler* über *Mao* und *Pol Pot* bis *Honecker* und *Castro*), der kann sich ebenfalls in der Gewißheit zur Ruhe legen, daß seine „Weisheit“ keiner weiteren Verbesserung mehr bedarf.

Allen anderen sei erläutert, daß es den Nichtökonomen – und seien sie noch so gebildet und kenntnisreich in ihrem eigenen Tätigkeitsfeld – sehr schwer fällt, zu verstehen, daß eine sozioökonomische Ordnung (eine Wirtschafts- und Gesellschaftsordnung) „spontan“ entsteht und sich nach eigenen Gesetzmäßigkeiten zu immer komplexer werdenden Stadien entwickelt, daß sie also nicht am Reißbrett irgendwelcher Sozialingenieure entworfen, nicht von noch so genialen Führern oder Institutionen gesteuert und nicht von noch so einfallsreichen Bürokraten oder Technokraten auf einem dynamischen Entwicklungspfad gehalten werden kann. Alles das – also der bewußte Entwurf und die bürokratische Steuerung – würde in den Niedergang und in die Selbstzerstörung der betreffenden Gesellschaft führen – und hat das in jedem in der Realität aufgetretenen Fall auch getan.

Es gab in der Menschheitsgeschichte natürlich auch Gesellschaften, die sich von einem bestimmten Stadium an nicht mehr fortentwickelten, sondern entweder stagnierten oder untergingen. Das lag jedoch nicht an mangelnder oder fehlender Planung durch irgendwelche Gesellschaftskonstrukteure, sondern daran, daß sich in diesen Gesellschaften entwicklungsfeindliche Traditionen und Werte herausgebildet haben. Auch bestimmte Arten von Religion können hierbei – bis zum heutigen Tag – eine negative Rolle spielen. Für das säkularisierte Christentum trifft das jedoch nicht mehr zu.

Unsichtbare oder sichtbare Hand

Genau das war ja die große Erkenntnisleistung von *Adam Smith* (1723 – 1790), der staunend vor diesem Wunderwerk der von „unsichtbarer Hand" geleiteten menschlichen Gesellschaften stand und als erster den großangelegten und systematischen Versuch unternommen hat, den eigentlich unbegreiflichen Vorgang zu verstehen und (in seinem berühmten Werk ›...Wealth of Nations‹ [1776/1789]) zu beschreiben. Auch wenn die Feinde der Freiheit und der modernen Zivilisation noch so viel Hohn und Spott über den Smith'schen Ausdruck und seine Erkenntnis von der „unsichtbaren Hand" ausschütten: Es waren und sind die unsichtbaren Kräfte des Marktes, welche die Massenspezies Mensch und seine gesellschaftlichen Kooperationsformen in die Zivilisation und zu immer neuen Ufern der Entwicklung geführt haben; und es waren immer und überall in der Geschichte die „sichtbaren Hände" politischer Figuren und Gruppierungen, die sich diesen Kräften entgegengestellt und damit Menschen und Völker in Krisen, Unglück, Katastrophen und Vernichtung gestürzt haben.

Dennoch, obwohl sich Nichtökonomen selten auch nur mit dem Grundgedanken der Politischen Ökonomie anfreunden können, daß das, was wir ‚Wirtschaft' und ‚Gesellschaft' nennen, nicht das Ergebnis planerischen Entwurfs und zentraler oder hoheitlicher (staatlicher) Lenkung sein kann (es sei denn bei den zum Untergang programmierten sozialistischen Planwirtschaften), scheint die Menschheit ausschließlich aus Experten in Sachen ‚Wirtschafts- und Gesellschaftsordnung' zu bestehen. Wer hätte jemals bei seinen persönlichen Gesprächen über Politik, bei denen es fast immer um ökonomische Belange geht – oder in einer einzigen der tausend politischen Talkrunden, die er am Fernsehgerät verfolgt hat, den Satz gehört: „Davon verstehe ich zu wenig"? Wer vor den Kameras steht, ganz gleich ob Sänger, Sportler, Schauspieler, Heurigen-Wirt oder Porno-Akrobatin, der ist qua Spotlight auch Experte in Sachen Politische Ökonomie. Und alle anderen natürlich auch, weil ja schließlich jedermann „eine politische Meinung hat". Wenn das in allen anderen Wissenschaften, in der Medizin und Biologie, in Physik und Chemie, in Philologie und Anthropologie, in Archäologie und Kunstgeschichte, in Betriebswirtschaftslehre und Informatik etc. etc. genauso wäre, könnten wir unsere Zivilisation einpacken und auf die Bäume zurückkehren.

Wer auf die Notwendigkeit eines bestimmten Grundlagenwissens bei der Beurteilung politischer Maßnahmen verweist, bekommt meistens zu hören, zur Kritik dieser oder jener Parteiparole bedürfe es doch lediglich des „gesunden Menschenverstandes". Nun verfügt aber bekanntlich jedermann über den „gesunden Menschenverstand" – und gleichwohl reicht dieser in keiner einzigen wissenschaftlichen Fakultät aus, um als „Experte" zu gelten (außer, wie gesagt und scheinbar, in der Politischen Ökonomie). Außerdem handelt es sich beim „gesunden Menschenverstand" offenbar um ein recht flüchtiges Phänomen. *Gary S. Becker*, der Nobelpreisträger für Ökonomie des Jahres 1992, hat einmal geschrieben: „Verhalten [hängt] entscheidend von Anreizen ab. Zum Beispiel konsumieren Familien weniger Güter und nehmen weniger Dienstleistungen in Anspruch, wenn diese teurer werden; und Betriebe produzieren mehr, wenn sie höhere Preise für ihre Produkte erzielen. Die Tatsache, daß Verhalten in dieser Weise von Anreizen abhängt, ist in den meisten Fällen mit dem gesunden Menschenverstand vereinbar. Leider kommt der gesunde Menschenverstand ganz schnell abhanden, wenn politische Maßnahmen und ihre Auswirkungen diskutiert werden." (Becker 1997/1998, S. 5).

Politik oder ökonomisches Gesetz

Politik und Ökonomie scheinen in einem ganz engen, fast symbiotischen Verhältnis zu stehen. Darauf deutet schon der Begriff ‚Politische Ökonomie' hin, der das Tätigkeitsfeld der Ökonomen besser trifft als der Ausdruck ‚Nationalökonomie' (oder Volkswirtschaftslehre). In Wahrheit handelt es sich bei Politik und Ökonomie um die schärfsten Widersacher, die man sich vorstellen kann. Die Frage „Politik oder ökonomisches Gesetz" (man beachte das Wort ‚oder'!) ist so alt wie die nationalökonomische Wissenschaft selbst. Die Politik kann die ökonomischen Gesetze nicht außer Kraft setzen, aber sie kann so tun, als ob sie dazu in der Lage wäre. Das ist sogar ihr hauptsächliches, ja fast ihr einziges Geschäft. Leider dauert es jeweils eine ganze Weile, bis diese Täuschung ihre desaströsen Wirkungen voll entfaltet und damit offenbar wird. Bis dahin ist dann eine neue Generation von Wählern herangewachsen, der man den Bären vom Primat der Politik erneut aufbinden kann.

So wie aber in der Luft (für die Piloten) andere Gesetze und Verhaltensregeln gelten als auf der Erde (bspw. für Wanderer, für welche Stehenbleiben ein Ausruhen und Kräftesammeln sein kann, während das für den Piloten in der Luft den Absturz bedeuten würde), so gelten in der Politik andere Gesetze als im privaten oder geschäftlichen Leben. Wenn die einen (die Gesetze der Politik) die anderen (die Gesetze der Ökonomie) zu dominieren beginnen, wird die Ökonomie zerstört – und damit auch das Leben der Menschen. Um Politik und Ökonomie unterscheiden zu können, genauer: um feststellen zu können, ob eine politische Maßnahme die ökonomischen Gesetze verletzt und somit einem freien und prosperierenden Gemeinwesen auf die eine oder andere Weise Schaden zufügt – also schlechte Politik ist, muß man die ökonomischen Gesetze kennen, wenigstens in ihren Grundzügen. Diese Kenntnis ist die einzige Möglichkeit, um rechtzeitig vor dem Eintritt sichtbar desaströser Folgen feststellen zu können, was gute und was schlechte Politik ist.

Subtile Einsichten

Diese überaus wichtige Unterscheidung kann dem nationalökonomischen Laien nur selten oder nie gelingen, wenn er – wie gesagt – nicht über ein bestimmtes Basiswissen in Sachen Ökonomie verfügt. Der amerikanische Ökonom *Israel M. Kirzner* hat einmal akribisch untersucht, warum dem so ist. Er nennt zwei (miteinander zusammenhängende) Gründe:

1) Die ökonomischen Erkenntnisse sind im allgemeinen *kontra-intuitiv* (nicht-selbstverständlich), was dazu führt, daß auch der intelligente Ökonomielaie geneigt sein wird, die Behauptung der Politiker als einleuchtend zu akzeptieren, daß die „unkontrollierten“ und „ungebremsten“ ökonomischen Gesetze zu unerwünschten Ergebnissen führen.

2) Die Denkweise, mit welcher die Ökonomie zu ihren Ergebnissen (Schlußfolgerungen, Thesen) kommt, ist nicht nur *nicht-selbstverständlich*, sondern umfaßt auch Einsichten, deren Subtilität vom Nicht-Trainierten nicht verstanden werden können. (s. Kirzner 1998)

Zu 1): Wenn ökonomische Erkenntnisse nicht kontra-intuitiv wären, dann wären in den vergangenen 200 Jahren nicht (auch) so viele intelligente und ernsthaft gesinnte Leute der Überzeugung gewesen, daß staatliche Planung und Marktlenkung unabdingbar seien, wenn „wirtschaftliches Chaos“ und „gesellschaftlicher Niedergang“ verhindert werden sollten.

Es sei an dieser Stelle daran erinnert, daß keine der deutschen Parteien nach dem Zweiten Weltkrieg von der Planwirtschaft abrücken wollte. *Ludwig Erhards* Entscheidung, die Planwirtschaft der Kriegszeit schlagartig und vollständig aufzugeben, war ein einsamer Entschluß, der gottlob nachträglich von der alliierten Besatzungsmacht genehmigt und gestützt wurde. Erst unter dem Eindruck des massiven Erfolges des freien Marktes zeigte sich auch seine eigene Partei, die CDU, bereit, ihr Parteiprogramm umzuschreiben und allmählich von den planwirtschaftlichen Elementen zu säubern.

Zu 2): Das Verstehen der Ökonomie erfordert eine Sichtweise auf die menschlichen Handlungen und gesellschaftlichen Interaktionen, die den meisten Menschen zunächst fremd ist. *Kirzner* führt als Beispiel den einfachen Vorgang eines Tausches oder eines Kaufvorgangs an: Dem ungeschulten Auge scheint das ein Austausch (subjektiv) gleichwertiger Dinge zu sein. Also: Wenn jemand im Restaurant ein Essen für 30 DM kauft, dann hat er für dieses Essen und die zugehörigen Serviceleistungen Geldscheine hingegeben, die einen Marktwert von 30 DM haben; und der Wirt hat Geldscheine genommen, die ebenfalls einen Marktwert von 30 DM haben. Der Ökonom sieht diesen Vorgang ganz anders. Für ihn steht fest, daß das Essen für den Käufer subjektiv mehr wert war als die 30 DM, die er dafür hergegeben hat, und daß der Wert des Essens für den Wirt subjektiv niedriger war als die 30 DM, die er dafür bekommen hat. Für beide, den Käufer und den Verkäufer wurde also durch den Tausch ein neuer, zusätzlicher Wert geschaffen (und nicht nur „Gleichwertiges" ausgetauscht). Diese elementare Erkenntnis, die für das Verständnis der Ökonomie so wichtig ist, kommt nicht nur dem Normalbürger seltsam und fremdartig vor, sondern sogar so manchem Unternehmer.

Erschütternde Unkenntnis

Ein anderes Beispiel: Einer der am weitesten verbreiteten Irrtümer ist die Meinung, ein Geschäftspartner könne nur dann einen Gewinn aus einem Geschäft ziehen, wenn der andere

Partner einen entsprechenden Verlust erleidet. Der Gewinn des einen, so die gängige Parole, ist der Verlust des anderen. Ein Geschäft kommt jedoch nur dann zustande, wenn beide Partner einen Gewinn erzielen – oder zumindest einen Gewinn erwarten. Ökonomische Tauschvorgänge (Kauf und Verkauf) sind kein Nullsummenspiel, bei welchem der eine gewinnt, was der andere verliert, sondern ein Spiel positiver Summen, bei denen beide Seiten gewinnen. Niemand läßt sich auf ein Geschäft ein, wenn er davon keinen Gewinn für sich erwartet, wenn er also nicht davon überzeugt ist, nachher besser dazustehen als vorher. Sogar solche einfachen Erkenntnisse müssen den meisten Leuten erst beigebracht werden. Bei Politikern führt ökonomische Unkenntnis nicht nur dazu, daß sie die Dinge nicht richtig beurteilen, sondern auch dazu, daß sie Dinge tun, welche zu Ergebnissen führen, die ihren ursprünglichen Absichten diametral entgegenstehen oder zuwiderlaufen. Ihre Wähler wiederum werden durch ökonomische Unkenntnis dazu verführt, den Politikern auf diesen falschen Wegen zu folgen, ja sie sogar dabei noch zu unterstützen.

Viele Ökonomen können sich das Ausmaß der diesbezüglichen Unkenntnis (oder Kenntnis-Unwilligkeit) bei der politischen Kaste und beim Wählerpublikum erst dann vorstellen, wenn sie unmittelbar mit der Politik in Berührung kommen. So bspw. Professor *Horst Siebert*, Mitglied des Sachverständigenrates, der im Vorwahlkampf-Getümmel des Jahres 1997 einmal geschrieben hat: „Erschüttert bin ich über den in der Öffentlichkeit, auch in der politischen Öffentlichkeit zutage tretenden ökonomischen Sachverstand [sprich: Unverstand, R.B.]. In dieser Gesellschaft können nur noch einfachste Bilder transportiert werden. Komplexe Zusammenhänge werden nicht vermittelt. Es geht nur um die Effekte der ersten Runde in einer langen Auswirkungskette, es geht nur um Primäreffekte, um eine Wirtschaftspolitik auf den ersten Blick, um einen Prima-vista-Ansatz, um eine Knopfdruckökonomik." (Siebert 1997)

Muß der sogenannte ‚interessierte Laie' also verzweifeln? Steht derjenige, der weder die Zeit noch die Lust hat, neben seiner beruflichen und privaten Tätigkeit auch noch ein „Experte" der Politischen Ökonomie zu werden – aber gleichwohl an den besagten notwendigen Grundkenntnissen interessiert wäre, auf verlorenem Posten? Nein! Keineswegs. Das folgende Kapitel (>Die gängigen Lügen über Markt und Freiheit‹), das nur wenige Lesestunden erfordert, dürfte für diesen Zweck hinreichend sein.

Ein Blitzkurs

Demjenigen Leser, der es ganz furchtbar eilig hat, sei vorweg noch ein aus wenigen Sätzen bestehender „Blitzkurs" angeboten. Er stammt aus der Feder des bereits genannten amerikanischen Ökonomen *Leonard R. Read*, dem Gründer der ebenso renommierten wie (von der politischen Kaste) gefürchteten ›Gesellschaft für ökonomische Bildung‹ (Foundation for Economic Education, gegründet 1946) im Staat New York, und lautet frei übersetzt: Ökonomie ist nicht mehr als das Studium dessen, wie man Knappheit am besten überwinden kann; und das erste, was wir erkennen müssen, ist die Tatsache, daß diese Aufgabe durch die permanente Anwendung des menschlichen Handelns auf natürliche Ressourcen gelöst werden kann. Die natürlichen Ressourcen sind Gegebenheiten. Die Variable ist das menschliche Handeln. Politische Ökonomie löst sich deshalb in die Frage auf, was intelligentes menschliches Handeln ist – und was nicht. Sie sollte sich deshalb solchen Fragen zuwenden wie: ‚Ist kreative Energie wirksamer unter freien oder unter gezwungenen Menschen freisetzbar?', ‚Ist die persönliche Entscheidungsfreiheit ebenso das Recht des einen wie des anderen Menschen?', ‚Wer hat das Recht auf die Früchte seiner Arbeit: derjenige, der sie getan hat oder derjenige, der sie nicht getan hat?', ‚Wie wird ›Wert‹ bestimmt: durch politischen Befehl, durch die Kosten der Produktion, oder durch das, was andere Leute dafür freiwillig eintauschen wollen?‘, ‚Welche Handlungen von Menschen sollten Restriktionen unterliegen: kreative Handlungen – oder nur destruktive Handlungen?‘, ‚Gelingt die Überwindung der Knappheit eher mit Verhaltensnormen wie Ehrlichkeit, Respektierung der Rechte anderer durch jeden Beteiligten, sowie mit unternehmerischem Geist und intelligenter Interpretation des Eigeninteresses – oder durch die gegenteiligen Phänomene?‘ etc. (s. Read 1998 a).

Wer in der Lage ist, für diese wenigen Fragen die jeweils richtige Antwort zu finden, der weiß schon mehr über Ökonomie als so mancher Absolvent eines wirtschaftswissenschaftlichen Studiums. Und das ist keine Übertreibung! Für die meisten politischen Maßnahmen läßt sich schon mit diesen sechs Fragen herausfinden, ob sie jeweils vernünftig oder unvernünftig, gerecht oder ungerecht, moralisch oder unmoralisch, effizient oder ineffizient sind. Richtig beantwortet hat die Fragen derjenige, der anschließend – vielleicht mit Erstaunen – feststellt, daß er mit dem kleinen Blitzkurs-Katalog die meisten politischen Aktionen und nahezu jede interessenpolitische Parole unmittelbar als Irrtum oder Täuschung oder Lüge entlarven kann.

Die gängigen Lügen über Markt und Freiheit

(Hinweis: Die Fragen sind *kursiv* gedruckt, die Anworten in Normalschrift)

Was ist die größte Lüge über oder wider die Marktwirtschaft?

Das ist schwer zu sagen, denn es gibt einen Katalog von mindestens 25 generellen und massiven Fehlurteilen über den Kapitalismus. Um nicht mißverstanden zu werden: Die Zahl der Vorwürfe und Verleumdungen ist fast unendlich, aber die meisten davon lassen sich in etwa 25 Kategorien einteilen. Ich glaube, die größte Lüge über den Kapitalismus ist die Aussage, er sei nur für „die Reichen" da. In Wirklichkeit hat der Kapitalismus diejenigen, die Jahrhunderte lang die Reichen waren, nämlich die Feudalkaste, arm gemacht und abgeschafft; statt dessen hat er die Massen der Bevölkerung, die seit Anbeginn der Gesellschaftsbildung in Armut und Elend gelebt haben, zu breitem und früher unvorstellbarem Wohlstand geführt.

Wieso reden Sie von ‚Kapitalismus' statt von Marktwirtschaft? Bestehen zwischen den beiden Begriffen oder Systemen nicht wesentliche Unterschiede?

Nein. Solche angeblichen Unterschiede werden vielfach herbeigeredet, auch von so manchem Freund der Marktwirtschaft. Beide Begriffe bezeichnen jedoch, richtig definiert, ein- und dieselbe Ordnung. Ich bevorzuge den Ausdruck ‚Marktwirtschaft', verwende aber oft die Bezeichnung ,Kapitalismus', gerade weil es der Kampfbegriff der Feinde des Marktes und der Freiheit ist. Er wurde von den Gegnern dieser Wirtschafts- und Gesellschaftsordnung als Schmähwort erfunden – und wird heute noch so benutzt. Also greife ich ihn auf und beweise, daß alle Anschuldigungen, die gegen ihn seit 150 Jahren vorgebracht werden, Irrtümer oder Lügen sind.

Sie sprechen vom Kapitalismus oder von der Marktwirtschaft als einer Wirtschafts- und Gesellschaftsordnung. Daß es sich um eine Wirtschaftsordnung handelt, ist klar. Aber eine Gesellschaftsordnung? Darunter versteht man doch wohl etwas anderes.

Ja und nein. Im Kapitalismus bedingen sich Wirtschaftsordnung und Gesellschaftsordnung wechselseitig so weitgehend, daß man fast von einer Einheit sprechen kann. Doch darauf kommen wir später noch ausführlicher zu sprechen.

Wann hat der Kapitalismus begonnen?

Das ist historisch nicht eindeutig zurechenbar. Es gab frühe Formen schon vor dem Jahr Null. Wen man sich am Kriterium ,Privateigentum' orientiert, war auch das Römische Reich schon kapitalistisch, denn in Rom war über lange Zeiträume hinweg aller Besitz privat. Aber andere wichtige Kriterien, wie die Rechtsstaatlichkeit – die Gleichheit aller vor dem Recht – war nicht gegeben. Auch Kapital im Sinne technischer Produktivgüter gab es nur wenige. Deshalb ziehe ich es vor, vom Kapitalismus erst mit Beginn der sogenannten Industriellen Revolution im England des späten 18. und frühen 19. Jahrhunderts zu sprechen.

Ist Deutschland ein kapitalistisches Land?

Nein. Ganz und gar nicht. Auch wenn einige Partei- und Syndikatsfürsten bei jedem noch so kleinen Vorstoß zur Befreiung des Marktes von „Kapitalismus pur" geifern, führt der Kapitalismus oder die Marktwirtschaft in Deutschland allenfalls ein Nischen- oder 25%-Dasein. Bei einer Staatsquote von annähernd 60%, sowie mit einem zu fast 100% staatlichen Bildungs-, Gesundheits- und Rentensystem, mit nahezu beliebigem Fiskalzugriff auf die Einkommen und Vermögen der Bürger, mit einem im syndikalistischen Tarifkartell gefesselten Arbeitsmarkt, einer kaum noch geschützten Privatsphäre (mehr als ein Dutzend gesetzliche und verwaltungsrechtliche Möglichkeiten zur Personenkontrolle, Wohnungsdurchsuchung, Abhörung etc.) und – vor allem – einem rein staatlichen Geld, ist Deutschland zu rund drei Vierteln ein sozialistisches und staatsdirigistisches Land.

Die Manchester-Legende

Wenn die Geburtsstunde des Kapitalismus, von dem Sie sprechen, auf den Zeitpunkt der Industriellen Revolution zu datieren ist, meinen Sie dann den sogenannten Manchester-Kapitalismus?

Nicht nur, aber auch. Es wäre übrigens besser, vom Manchester-Liberalismus als vom Manchester-Kapitalismus zu sprechen. Festzuhalten ist, daß mit den Fehlurteilen über den Beginn des Industriezeitalters und über das sogenannte Manchestertum die großen Lügen über den Kapitalismus begonnen haben. Ich nenne das gerne – ein wenig plakativ und verkürzend – die Manchester-Legende oder die Manchester-Lüge über den Kapitalismus.

Und was ist die „Manchester-Lüge" konkret?

Das kann man leicht feststellen, wenn man einen beliebigen Mitmenschen aus dem Kreis des sogenannten Bildungsbürgertums nach dem Manchester- Kapitalismus oder Manchester-Liberalismus fragt. Man wird fast immer zur Antwort bekommen: ‚Das war die Zeit der Verelendung und Ausbeutung der

Arbeiter zu Beginn der Industrialisierung, die Zeit der Kinderarbeit und der rücksichtslosen Profitgier der noch unkontrollierten Unternehmer, vor allem in den industriellen Ballungszentren in England.‘ Leider gibt es für die bedeutsame Umbruchzeit in England, die sich etwa von 1790 bis 1830 erstreckte, wenig statistisches Material. Das hat den zeitgenössischen und nachfolgenden Geschichtsfälschern die Arbeit erleichtert. *Ludwig von Mises* hatte allen Grund für sein rigides Urteil: „Die frühen Geschichtsschreiber des Kapitalismus haben – und man kann kaum ein milderes Wort gebrauchen – die Geschichte verfälscht.“ (Mises, o. J., S. 18) Doch hätten deren (weitgehend dilettantische) Schriften noch nicht viel Schaden angerichtet, wäre da nicht *Friedrich Engels* aufgetaucht und hätte gerade die armseligsten Machwerke über jene Zeit als Grundlage für sein Buch ›Die Lage der arbeitenden Klassen in England‹ (Leipzig 1845) herangezogen. Leider konnte er damit seine Zeitgenossen – auch die des nicht-sozialistischen Lagers – so tief beeindrucken, daß die Schrift hundert Jahre lang in den Schulen und Universitäten Europas als Pflichtlektüre betrachtet wurde. Bis zum heutigen Tag blieb sie die wichtigste Quelle für die entstellenden Darstellungen der frühindustriellen Epoche in den meisten Geschichtslehrbüchern. Die Legenden über den Frühkapitalismus und den Manchester-Liberalismus sind seither unausrottbarer Bestandteil des Geschichtsbildes eines jeden gebildeten Bürgers.

Im wesentlichen handelt es sich dabei um fünf „Großlegenden“, nämlich um jeweils grob verfälschte Darstellungen der „Verelendung des Proletariats“, der „Ausbeutung der Arbeiter durch profitgierige Unternehmer“, der Kinderarbeit, der Bevölkerungsexplosion „aufgrund der Industrialisierung“, und des sogenannten „Nachtwächter-Staates“. (Da ich alle fünf an anderer Stelle ausführlich behandelt habe [s. Baader 1991, S. 255-66], sollen hier nur zwei davon und diese nur kurz gestreift werden.

Beim „Nachtwächterstaat-Vorwurf ist eine Differenzierung notwendig: Die Legende besteht aus der These, der englische Staat habe in jener Zeit nur eine Nachtwächter-Rolle gespielt. Dem war leider nicht so, sonst hätte er nicht schon lange vor der Industriellen Revolution und auch im Verlauf derselben das britische Weltreich [Commonwealth] errichtet. Der Kapitalismus hingegen braucht in der Tat den „Nur-Nachtwächterstaat", den er aber leider – mit Ausnahme einer relativ kurzen Epoche in der amerikanischen Geschichte – nirgendwo auf dem Globus vorgefunden hat. Deshalb konnte sich der Kapitalismus auch nirgendwo zur vollen Blüte entfalten).

Fest steht, um speziell auf den Manchester-Liberalismus einzugehen, daß die von *R. Cobden* und *J. Bright* geführte Manchesterpartei für den Freihandel eintrat. Insbesondere kämpfte sie gegen den staatlichen Kornhandels-Interventionismus, der die unteren Bevölkerungsschichten schwer benachteiligte und das (mit der politischen Macht verfilzte) Establishment begünstigte. Ferner stand die Partei für den Grundsatz der Freiheit der Meere und argumentierte gegen die ausbeuterische Kolonialherrschaft. Außerdem warb sie für den Pazifismus als Grundlage der weltweiten Arbeitsteilung und damit der wirtschaftlichen Wohlfahrt breiter Bevölkerungsschichten – also gerade der Ärmeren und Armen. Was daran verwerflich und ausbeuterisch sein soll, bleibt das Geheimnis der sozialistischen Märchenerzähler.

Aber es steht doch fest, daß in den Industriestädten der damaligen Zeit ein unsägliches Elend unter der Arbeiterschaft herrschte.

Das ist richtig. Aber dieses Elend hat nicht der Frühkapitalismus erzeugt. Ganz im Gegenteil: Die einsetzende Industrialisierung hat das Elend sukzessive gemildert und im Verlauf weniger Jahrzehnte sogar fast vollständig beseitigt. Was war wirklich geschehen? Die in Europa ohnehin während des gesamten Mittelalters anhaltenden ärmlichen Verhältnisse sind in der zweiten Hälfte des 18. Jahrhunderts durch die dramatische Beschleunigung des Bevölkerungswachstums in eine Hölle der Armut ausgeartet. Selbst England, wo Handel und Manufaktur bereits eine Hochblüte erreicht und einen bescheidenen Wohlstand erzeugt hatten, wurde von dieser Elendswelle überschwemmt. Sorgfältig erarbeitete Studien über die vorindustrielle Zeit belegen, daß der Bevölkerungszunahme in Mitteleuropa von 28 Millionen Köpfen (um 1450) auf rund 60 Millionen (um 1800) ein Sinken des Reallohnniveaus vom Faktor 100 auf 50 gegenüberstand. Auch wenn man die historischen Sonderereignisse wie Kriege, Seuchen und Mißernten nicht vernachlässigen darf, läßt sich doch generell sagen: Da sich die Arbeitsproduktivität über den gesamten Zeitraum von 350 Jahren hinweg nur unwesentlich erhöhte, mußte es bei einer Bevölkerungsverdoppelung zwangsläufig zu drastischer Verarmung kommen. Die Agrargesellschaft stand zu Beginn der Industrialisierung buchstäblich vor dem Massenhungertod.

Mit Beginn der Industrialisierung setzte eine dramatische Umkehr ein, nicht schlagartig, aber allmählich und dauerhaft. Obwohl sich die Bevölkerung in einem einzigen Jahrhundert, zwischen 1800 und 1900, nochmals mehr als verdoppelte, stiegen die Reallöhne in derselben Zeit vom Faktor 50 auf 125 (um 1900) – und sogar auf 210 im Jahr 1925. Während das industrielose Irland ein Fünftel seiner Einwohner durch Hungertod, Krankheiten und Notauswanderung verlor, konnte sich die englische Bevölkerung verdoppeln und ihren Lebensstandard trotzdem sukzessive steigern. Um es nochmals zu betonen: Zu Beginn der Industrialisierung – also um 1800 – war der schlimmste Zustand erreicht. Die rund 60 Millionen Menschen Mitteleuropas lebten mit einem Standard (Reallohn), der der Hälfte des Jahres 1450! entsprach. Dieser Elendszustand war also nicht eine Folge der Industrialisierung, sondern war erreicht, bevor und als die Industrielle Revolution einsetzte.

Man muß die einschlägigen Schriften der damaligen Zeitgenossen gelesen haben, um sich eine Vorstellung vom Ausmaß des Elends, des Hungers und der Not machen zu können, das gegen Ende des 18. und zu Beginn des 19. Jahrhunderts in den meisten europäischen Ländern erreicht war – aber auch, um sich einen Eindruck von der grenzenlosen Geschichtsfälschung zu verschaffen, welche *Friedrich Engels* mit seiner Beschwörung vorindustrieller Idylle betrieben hat.

Freilich war der Umbruch ins Industriezeitalter kein Magiertrick, mit dem man das Elend innerhalb weniger Jahre hätte wegzaubern können. Die Entwicklung begann langsam, war regional höchst unterschiedlich, und konnte die alten, in Jahrhunderten gewachsenen Strukturen, Sitten, Gebräuche und Gewohnheiten nur allmählich überwinden. Selbst England, der Frühstarter ins Maschinenzeitalter, blieb bis weit in die zweite Hälfte des 19. Jahrhunderts hinein ein agrarisch-kleingewerblich strukturiertes Land.

Aber die Zustände in den Fabriken und in den Fabrikstädten müssen doch unbeschreiblich gewesen sein.

Das ist zutreffend. Aber auch hier darf man nicht Ursache und Wirkung verwechseln, wie das überall in der historischen und politischen Literatur geschieht. Natürlich hatte die Konzentration der Menschenmassen, die vom Land in die industriellen Ballungszentren zogen, schreckliche Zustände im Gefolge. Die Städte, deren Infrastruktur noch mittelalterlich war (ungepflasterte Straßen, mangelhafte Wasserversorgung, fehlende Kanalisation usw.), wurden zu Alptraum-Orten aus Schmutz, Ruß, Fäkalien und Raumnot. Besonders die Stadt Manchester, deren Bevölkerung sich von 1750 bis 1830 von 17.000 auf 180.000 Einwohner mehr als verzehnfachte, wurde zu einem planlos wuchernden Moloch aus Fabriken und Elendshütten.

All das Elend hat sich jedoch nicht faktisch, sondern nur optisch verschlimmert. Nicht das Ausmaß an Armut und Not hat sich mit der Massenwanderung der Menschen in die ersten Fabriken vergrößert, sondern die Sichtbarkeit und Wahrnehmung desselben. „Die Zusammenballung der Menschen in den Betrieben“, schrieb der deutsche Rechtsgelehrte *Franz Böhm*, „machte die Erscheinung publik... Im Feudalismus war das Massenelend latent und in die Vereinzelung gedrängt, im Rechtsstaat wurde es offenbar... Natürlich verhält es sich nicht so, daß der Industrialismus die Massen bitterarmer Menschen erst geschaffen hat, er fand sie vor.“ (Böhm 1960, S. 113)

Jedenfalls wäre die Landbevölkerung nicht zu Hunderttausenden in die Fabrikstädte geströmt, wenn es ihnen dort nicht besser, sondern schlechter (oder auch nur gleich schlecht) gegangen wäre als an ihren vorherigen Aufenthaltsorten. Es ist kaum vorstellbar, in welches Chaos aus Hunger und Elend das alte Europa gestürzt wäre, wenn die Industrielle Revolution nicht – gewissermaßen in allerletzter historischer Minute – stattgefunden hätte. Was der Kapitalismus, der angeblich Massenelend erzeugt haben soll, der abendländischen Menschheit wirklich gebracht hat, läßt sich – wenn auch nur andeutungsweise – bei einem Blick auf jene Dritte-Welt-Länder erahnen, die – bei vergleichbarer Bevölkerungsentwicklung – noch in vorindustriellen Gefügen verharren. Aber, wie gesagt, läßt sich das nur andeutungsweise erahnen, denn wären diese Länder nicht an die Milliarden-Dollar-Ströme aus den kapitalistischen Ländern angeschlossen, so wären die dortigen Lebensverhältnisse noch katastrophaler.

Kinderarbeit

Das mag alles zutreffend sein, aber die Kinderarbeit im Frühkapitalismus kann man gewiß nicht wegdiskutieren.

Nein, das wird auch niemand tun. Und doch ist das meiste, was darüber kolportiert wird, falsch. Der spektakulärste Bericht aus jener Zeit, der auch *Friedrich Engels* als Hauptstütze seiner Argumentation gedient hat, war eindeutig und absichtlich gefälscht. Gleichwohl dient dieser sogenannte ›Sadler-Report‹ (Bericht des gewählten parlamentarischen Komitees zur Untersuchung der Fabrikkinderarbeit 1831 bis 32 in England) den Feinden des Marktes und der Freiheit noch heute als authentisches Zeugnis.

Die Geschichte des Berichts spricht für sich: Das Parlamentsmitglied *Sadler* wollte ein Zehn-Stunden-Gesetz für Kinderarbeit durchsetzen und gab deshalb mehrfach Schilderungen grausigster Art vor dem Hohen Haus in London ab. Das Parlament beschloß daraufhin, eine Kommission zu bilden, welche die Zustände untersuchen sollte. Der Vorsitz wurde besagtem *Sadler* übertragen. Man machte ihm zur Auflage, bei Abgabe des Berichts auch Zeugen aus der betrieblichen Praxis vorzuführen, welche die Berichtsangaben bestätigen könnten. Unter Verletzung aller rechtlicher Vorgaben veröffentlichte *Sadler* seinen „Befund", bevor er ihn dem Parlament vorgelegt hatte. Ein zeitgenössischer Historiker (R. H. Greg: The Factory Question, London 1837) kommentierte das Sadlersche „Werk" wie folgt: „Er gab der Welt eine solche Masse von exparte-Feststellungen und grober Fälschungen und Verleumdungen, wie sie wohl niemals zuvor Eingang in ein öffentliches Dokument gefunden haben." *Sadlers* Haupttrick hatte darin bestanden, Zustände aus längst vergangenen Zeiten zu schildern und diese so darzustellen, als seien sie noch immer akut. Der Bericht wurde nicht – wie damals üblich – unter Eid abgegeben. Von den drei Zeugen, die Sadler benannt hatte, konnte nur einer dazu bewegt werden, seine Zeugenaussage vor einer Prüfungskommission zu wiederholen; er verweigerte jedoch eine Wiederholung unter Eid. Die Prüfungskommission kam zum Ergebnis, daß die Aussagen dieses Zeugen „absolut falsch" gewesen seien. Die Berichte der daraufhin eingesetzten Nachfolgekommission (1833 und 34) nahmen zu den meisten der *Sadler*-Behauptungen kritisch und korrigierend Stellung, wurden aber von der Literatur über jene Zeit systematisch übergangen.

Eine weitaus objektivere Darstellung finden wir bei einem Autor, der von der einschlägig-einseitigen Geschichtsschreibung totgeschwiegen wird, obwohl er ein erklärter Gegner des (damals so genannten) „Fabriksystems" war, nämlich bei einem Arzt mit Namen *Philipp Gaskell* (›The Manufactoring Population of England, London 1833). In seinem Werk, obwohl höchst kritisch, findet sich kein Hinweis auf einen Zusammenhang zwischen Fabrikwesen und ökonomischer Verschlechterung der Lage der Arbeiter. In dieser Hinsicht, so *Gaskell*, sei eine wesentliche Verbesserung der Lebensumstände eingetreten. (Wogegen er wetterte, war der – in seiner Sicht moralisch verwerfliche – Verlust der „Unabhängigkeit" der Arbeiter, wie immer auch diese „Unabhängigkeit" seiner Meinung nach vorher ausgesehen haben mag). Was die Kinderarbeit anbetrifft, werden die Verhältnisse jedoch in ein ganz anderes Licht gestellt als uns üblicherweise vorgegaukelt wird. *Gaskell* erregt sich nicht über die betrieblichen, sondern über die unmoralischen häuslichen Gegebenheiten – wie Schmutz, Alkoholismus und Schamlosigkeit der Eltern -, in denen die Kinder aufwachsen müssen. Die Beschäftigung von Kindern in Fabriken, schrieb er, könne so lange nicht als Übel betrachtet werden als die zeitgenössische Moral und die häuslichen Sitten der Bevölkerung sich nicht radikal ändern würden. Solange für die Kinder keine häusliche Erziehung in Sicht sei und sie einem Leben als Wilde überlassen blieben, sei es besser, sie blieben mit leichter Arbeit beschäftigt. Und – so *Gaskell* – im allgemeinen sei die ihnen zufallende Arbeit tatsächlich leichter Art.

Der moderne Mensch der Wohlstandsgesellschaft neigt dazu, die Zustände jener Tage von der Warte eines unendlich viel höheren Lebensstandards aus zu beurteilen (eines Standards allerdings, den ihm die Industrielle Revolution erst ermöglicht hat). Er sollte sich einer allzu hoffärtigen Moralarroganz enthalten und lieber versuchen, sich objektiv in die Zeitumstände hineinzuversetzen. Viele Unternehmer der industriellen Frühzeit hatten beispielsweise selbst als Kinder schwer gearbeitet und fanden in einer entsprechenden Beschäftigung, um welche die Eltern der Kinder sie meist händeringend gebeten haben, nichts außergewöhnliches.

Dennoch bleibt die Geschichte der Kinderarbeit in der Frühphase der Industrialisierung eine traurige. Das eigentlich Bedrückende liegt jedoch weniger in der unzutreffenden Behauptung, der Frühkapitalismus habe die Kinderarbeit „geschaffen", als vielmehr in der Tatsache, daß sie überhaupt in jener Zeit – und noch mehr in den Jahrzehnten zuvor – zu den Überlebensvoraussetzungen vieler Familien gehört hat. Niemand hat die viel traurigere Geschichte der Kinderarbeit vor der Industriellen Revolution (und während derselben, aber *außerhalb* der Fabriken) geschrieben: die Geschichte über die schwere Schinderei der Heranwachsenden auf den Äckern und in den Familienwerkstätten, über den Hunger, die Krankheiten und den frühen Tod der Kinder, die keine Arbeit in den Webereien und Spinnereien gefunden haben.

Was die Kinderarbeit auch immer gewesen ist: sie war keine „Erfindung" der unternehmerischen „Ausbeuter" und kein „Ergebnis" des Fabriksystems. Die meisten seriösen Zeugnisse der Epoche deuten im Gegenteil darauf hin, daß die Unternehmer und Meister der frühen Betriebe meist mehr Sorge und Verantwortung für die Kinder und Jugendlichen praktiziert haben als die jeweiligen Eltern und das übrige Umfeld ihrer beklagenswerten Jugendzeit. Vielfach finden wir Hinweise, daß die Fabrikarbeit für die Menschen jener Tage noch die beste Alternative war, die sie für sich und ihre Familien ergreifen konnten. Und authentisch sind auch die Berichte aus jener Zeit, die belegen, daß die Einführung reduzierter Arbeitszeiten in einzelnen Fabriken schnell rückgängig gemacht werden mußten, weil die Arbeiter massenweise davonliefen, um zu Betrieben mit längerer Arbeitszeit zu wechseln, und daß es für die Familien jeweils das größte Unglück bedeutete, wenn ein Fabrikbesitzer die Beschäftigung von Kindern – aus welchem Grund auch immer – ablehnte. *Gaskell*, der – um es zu wiederholen – ein entschiedener Gegner des Fabrikwesens war, schrieb jedenfalls nach Inkrafttreten des ‚Factories Regulation Act', der die Kinderarbeit wesentlich einschränkte, daß die Lebensumstände der Menschen mit diesem Gesetz nicht verbessert, sondern verschlechtert worden seien. Was schließlich zu einem raschen Ende der Kinderarbeit geführt hat, waren denn auch weniger die entsprechenden Gesetze als vielmehr die allmähliche Verbesserung der Einkommens- und Lebensverhältnisse der Menschen im weiteren Verlauf der Industrialisierung, sowie die Entwicklung zu immer größeren und moderneren Unternehmen.

All jenen Siebengescheiten, die noch heute die Ansicht vertreten, erst gute Gesetze oder Gewerkschaften hätten zu einer Besserung der Lebensumstände der damaligen (und der heutigen) Zeit geführt, sollte man den Satz von *Bertrand de Jouvenel* entgegenhalten, man könne natürlich auch dem Glauben anhängen, Früchte würden durch das Schütteln von Bäumen produziert. (Jouvenel 1954, S. 102) Ganz generell kann man sagen: Die Märchen über den Frühkapitalismus und den Manchester-Liberalismus sind ein Triumph der Lüge, ein Ergebnis des absichtlichen Verschweigens von Tatsachen, sowie das Resultat der Ignoranz und Scheinheiligkeit späterer Kolumnisten. Seit 150 Jahren berichten die Schulbücher mit Abscheu und Entrüstung von der Kinderarbeit und vom Elend der Kinder im Frühkapitalismus, auch die ganz aktuellen, die heute oder morgen verlegt werden. In denselben neuen Schulbüchern wird man vergeblich nach Hinweisen auf das wirklich skandalöse Elend und den Hungertod der Kinder in Nordkorea suchen. Nach offiziellen (und deshalb wahrscheinlich geschönten) Angaben leiden dort 60% der Kinder an schwerer, 16% an akuter – also unmittelbar lebensbedrohlicher – Unterernährung. Trotz der massiven Nahrungsmittel-, Düngemittel- und Medikamentenhilfe Südkoreas und etlicher internationaler Hilfsorganisationen, geht der Norden dem kollektiven Hungertod entgegen. Und das im Jahre 1999, fast zweihundert Jahre „nach Manchester". Dieser Hungertod, der – weil er durch ein einfaches Abrücken vom sozialistischen Wahn leicht vermeidbar wäre – viel schlimmer ist als alles, was man dem Manchestertum zurechnen könnte, ist keine Bücherseite und keine Schlagzeile in den Zeitungen wert, denn er findet ja in einem Land des „edlen Sozialismus" statt.

Nun, jedenfalls hat der Kapitalismus, kaum daß er erwachsen war, sofort Eroberungskriege geführt und die Form des Imperialismus angenommen.

Das ist ein Irrtum, der durch die allgegenwärtigen Begriffsverwirrungen gestützt wird, mit denen man die Desinformazia-Kampagnen gegen den Kapitalismus geführt hat und nach wie vor führt. Nicht der Kapitalismus hat Eroberungskriege und nationale Ausdehnungsstrategien betrieben, sondern die Staaten – also der jeweilige nationale Staat als Herrschaftsinstitution. So war beispielsweise das britische Weltreich schon weitgehend errichtet als der Kapitalismus noch in den Kinderschuhen steckte. Natürlich kann – und konnte – der kapitalistische Produktionsapparat vom Staat dazu benutzt (besser: mißbraucht) werden, um imperiale Ziele zu verfolgen. Aber damit ist er nur Instrument in der Hand der Regierung, also nicht selbst der Eroberer. Die meisten und größten imperialistischen Aktionen der Weltgeschichte hatten mit dem Kapitalismus überhaupt nichts zu tun. Weder die Errichtung der persischen und ägyptischen Großreiche noch das der Mongolen und Hunnen; auch nicht das russische und später sowjetische. Man muß sich die Ausdehnung des Russischen Reiches, von den russischen Fürstentümern des 12. Jahrhunderts bis zur Gründung der Sowjetunion 1918 – und anschließend bis zu deren Auseinanderbrechen, einmal im Geschichtsatlas vor Augen führen, um zu erkennen, daß es sich bei Herrschaft und Eroberung einerseits und Kapitalismus andererseits um völlig unterschiedliche Phänomene handelt.

Auch das sogenannte ‚Dritte Reiche‘ und Hitlers Eroberungskriege gingen nicht von einem kapitalistischen Land aus, sondern von einem sozialistischen. Die Tatsache, daß Hitler das Produktivkapital (wahrscheinlich aus Zeitmangel) nicht enteignet hat, macht aus dem NS-Staat noch keinen Kapitalismus. Das nationalsozialistische Regime ist gerade der Beweis dafür, daß man eine ganze Nation in den Sozialismus überführen kann, indem man die Menschen sozialisiert und den Produktionsapparat dem Parteidiktat unterstellt. Eine förmliche Enteignung ist dazu nicht erforderlich. Kapitalismus ist eben weit mehr als das formelle Eigentum an den Produktionsmitteln. Für den Kapitalismus ist Krieg und Eroberung – und überhaupt staatliche Aktion (außer der reinen Schutzfunktion des Staates) die größte denkbare Katastrophe.

Sie wollen doch nicht etwa behaupten, die Kapitalisten hätten nie am Krieg verdient?!

Jetzt kommen die Begriffe schon wieder durcheinander. „Kapitalisten“ im Sinne von Entscheidungsträgern oder Spitzenbossen von Konzernen gibt es im Kapitalismus ebenso wie im Sozialismus. Wenn mit den „Kapitalisten“ Unternehmer oder Manager großer Unternehmen in einem kapitalistischen System gemeint sind, dann gilt zweierlei: Erstens wurden Kriege, um es zu wiederholen, weder von Kapitalisten noch vom Kapitalismus geführt, sondern immer von politischen Herrschern und Staatsapparaten. Zweitens haben, wenn Krieg geführt wurde, nur bestimmte Industriezweige daran verdient – und zwar in jedem System. Für diejenigen Unternehmer, die in einer (überwiegend) kapitalistischen Ordnung keine Waffen produziert haben – und das waren und sind die weitaus meisten -, war und ist Krieg die größte denkbare Katastrophe – auch hinsichtlich ihrer wirtschaftlichen Interessen. Sie wußten und wissen, daß Krieg – egal, wer ihn gewinnt – Zerstörung des Geldes und ihres Kapitals bedeutet, sowie langfristige Kaufkraftminderung der Bevölkerung und Verlust in- und ausländischer Märkte, sowie meistens auch Vernichtung ihrer Investitionen, Finanzanlagen und Betriebe. Krieg war schon immer eine Sache politischer Macht; im Hinblick auf wirtschaftliche Potenz finden Kriege nur statt, wenn die Politik diese wirtschaftliche Potenz in ihre Dienste stellt. Der Kapitalismus hingegen – das heißt frei über ihr Eigentum entscheidende Menschen, auch Unternehmer und Konzernbosse – brauchen Frieden, um die Märkte, die nationalen wie die internationalen Märkte mit ihren Produkten friedlich „erobern" zu können. In historischer Betrachtung war deshalb eine typisch „kapitalistische Eroberung" zugleich auch eine friedliche, und zwar die der Phönizier, die in etwa ab dem Jahr 1000 vor Christus Dutzende von Handelsstädten im gesamten Mittelmeerraum gründeten ohne jemals ein politisches ‚Reich' zu errichten. Ihre Handelszentren, von Zypern über Sizilien bis Südspanien und Nordafrika, waren offen für fremde Kulturen, für Menschen, Religionen, Gewerke und Künste aus aller Herren Länder.

Ist das nicht Wortklauberei: Der „reine" Kapitalismus, den es nirgendwo so richtig gegeben haben soll, auf der einen Seite, und die bösen Staaten, Herrscher oder Regierungen auf der anderen Seite?

Es ist wohl notwendig, den Themenkreis ‚Frieden, Krieg, Staat, Kapitalismus und Freiheit' ausführlicher anzugehen. Folgender Zusammenhang ist von großer Bedeutung: Die einzig legitime Aufgabe eines Staates oder einer Regierung besteht darin, die Bürger vor Gewalt zu schützen, vor Aggression gegen Leib, Leben und Eigentum eines jeden, im Inneren wie von außen. Eine gute Regierung minimiert durch entsprechende Gesetze die Anreize eines jeden Bürgers zu aggressivem Verhalten gegenüber seinen Mitbürgern. Um diese Aufgabe erfüllen zu können, muß die Regierung das Gewaltmonopol besitzen. Hierdurch entsteht aber sofort das Problem, daß nun die Regierung oder der Staat auch Gewalt gegenüber den eigenen Bürgern (und gegenüber anderen Staaten) ausüben kann, Gewalt also, die nicht im Zusammenhang mit seiner legitimen Schutzfunktion steht. Der Staat kann selber zum Aggressor werden. Deshalb bedarf es einer beschränkten Regierung, wenn Frieden und Freiheit gewahrt werden sollen. In einer vollständig kapitalistischen Gesellschaft darf der Staat keinen Schritt über diese Schutzfunktion hinausgehen.

Kapitalismus oder Marktwirtschaft heißt nämlich, auf eine Kurzformel gebracht: Privateigentum plus (privater) Vertrag plus (friedlicher) Wettbewerb. Also darf kein Nicht-Privater, keine hoheitliche Herrschaftsinstitution oder kein wie auch immer geartetes Kollektiv in diese drei Elemente eingreifen, noch sie selber ausüben. Weder darf der Staat selbst Eigentum besitzen (denn er müßte es ja den Privaten wegnehmen, um es besitzen zu können), noch darf er den Privaten (Bürgern und Unternehmen) vorschreiben, wie oder was sie zu produzieren haben, denn das wäre ja Eingriff in die Eigentumsrechte und würde die privatrechtlichen Verträge durch Zwang und Gewalt ersetzen. Noch darf der Staat selbst produzieren, weil sonst kraft seines Gewaltpotentials der Wettbewerb nicht mehr friedlich wäre. Das gilt auch für alle Dienstleistungen, auch für das Bildungswesen, das Gesundheitswesen, die Altersvorsorge, alle Versicherungen und alle Arbeitsverträge. Die wirtschaftlichen Bedürfnisse der Menschen müssen privat erfüllt werden, auch solche karitativer Art. Einnahmen und Ausgaben des Staates sind deshalb strikt auf seine Schutz- und Verteidigungsmaßnahmen zu begrenzen. Logischerweise ist somit Kapitalismus in seiner reinen Form eine Laissez-faire-Marktwirtschaft, und in ihr hat der Staat – da haben die Marxisten ausnahmsweise mal recht – nur eine „Nachtwächter"-Funktion. Die Bürger dürfen von diesem Wächter nichts zu fürchten haben, solange sie sich an die friedlichen Spielregeln des Marktes halten; sie müssen jedoch seine ganze Strenge und Stärke erfahren, wenn sie die Regeln verletzen. Aggression, Zwang und Gewalt, die über besagte Schutzfunktion hinausgehen – und erst recht Krieg und Eroberung, haben im Kapitalismus nichts zu suchen und haben weder etwas mit Marktwirtschaft noch mit Freiheit zu tun. Wie immer man derartige Aktionen bezeichnen mag: man möge sie nicht „kapitalistisch" nennen.

Falsche Liberalismen

Geht eine solche Definition von Wirtschaft, Staat und Gesellschaft nicht über den Charakter einer Wirtschaftsordnung wie der Marktwirtschaft hinaus?

Nein. Wie schon gesagt, ist die Marktwirtschaft nicht nur eine Wirtschaftsordnung, sondern auch eine Rechtsordnung – und somit, weil beide sich zusammenfügen müssen, auch eine Gesellschaftsordnung. Jedenfalls bestimmt das Marktsystem alle drei Ordnungen in entscheidender Weise. Es geht in der Marktwirtschaft ja nicht nur um die Lösung des Problems, wie Knappheiten überwunden werden können, sondern auch um die Frage ‚Freiwilligkeit oder Zwang' – und zwar bei allen Interaktionen und Kooperationen von Menschen. Der Grund dafür ist (nicht nur, aber auch), daß die Knappheitsüberwindungs-Funktion der Marktwirtschaft nur bei Freiheit aller Menschen und Produktionsfaktoren effizient und optimal erfüllt werden kann. Wirtschafts- und Gesellschaftsordnung dürfen nicht gespalten oder als getrennte Systeme betrachtet werden. (Sehr wohl aber müssen Staat und Wirtschaft oder Politik und Ökonomie voneinander getrennt bleiben!). Deshalb ist auch die Bezeichnung „ Wirtschaftsliberaler", die sich so mancher Zeitgenosse zulegt, irreführend und falsch. Man kann nicht für eine liberale Wirtschaftsordnung sein und gleichzeitig für eine il-liberale oder weniger liberale politische oder gesellschaftliche Ordnung. Das Ökonomische ist viel zu sehr mit dem ganzen Leben der Menschen verwoben, um eine solche Trennung vornehmen zu können.

Ähnlich problematisch ist die politische oder weltanschauliche Standortbezeichnung „nationalliberal". Sie führt leicht zur gefährlichsten Mixtur des Machtspektrums, nämlich zur Verbindung von Staat und Wirtschaft, zur Vorstellung von einer Einheit von Staat und Ökonomie. Diese war letztlich die Ursache fast aller Kriege und Totalitarismen. Sie ist, nebenbei bemerkt, auch die Grundidee der Maastricht-EU, und sie könnte künftig sogar zum verheerenden Ungeist einer Weltregierung werden. Die Idee der Nation im

Sinne von Heimat und von einem Raum sprachlicher, geschichtlicher und kultureller Verbundenheit der Menschen, ist notwendig und bejahenswert, aber nicht als „polit-ökonomische Nation", nicht als „Einheit von Staat und Wirtschaft". Die Vorstellung, man könne bezüglich der Wirtschaft liberal sein, aber eben nur „im Interesse der eigenen Nation" – also gepaart mit einem nationalen Konservativismus auch in ökonomischer Hinsicht, führt zu einer Art ‚Neo-Merkantislismus'.

Es geht, um es zu wiederholen, bei Marktwirtschaft oder echtem Liberalismus um die Grundsatzentscheidung ‚Freiwilligkeit oder Zwang' bei ALLEN Interaktionen und Kooperationen der Bürger untereinander. Wirtschaftliche, rechtliche und politische Ordnung dürfen nicht gespalten werden. Die persönliche Freiheit (und eine andere gibt es nicht!) kann nicht bestehen, wenn sie nicht in einer Marktwirtschaft ihren einheitlichen Ordnungsrahmen findet. Speziell viele Konservative glauben, sich „Wirtschaftsliberale" nennen zu müssen, wenn sie für eine freie Wirtschaft – aber ansonsten für konservative Werthaltungen gesellschaftlicher Natur sind. Das ist unnötig und sinnwidrig, denn eine liberale Gesamtordnung schließt den sogenannten ‚Wertekonservativismus' keineswegs aus, ja begünstigt ihn sogar, weil der echte Liberalismus (auch) konservative oder religiöse Einstellungen der Person als unantastbares persönliches Eigentum betrachtet, das genauso wenig verletzt werden darf wie materielles Eigentum. Es gehört zur Person, deren Integrität als Ganzes geschützt werden muß.

Festzuhalten ist: Jeder Mensch, jedes Individuum gehört sich selbst und niemandem sonst (allenfalls Gott, aber das ist eine andere, nicht-politische Geschichte). Deshalb darf niemand über einen Menschen ohne dessen Einwilligung verfügen. Und weil dieses Prinzip unterschiedslos für alle Menschen gilt, kann man überhaupt von der Legitimität eines Gewaltmonopols namens ‚Staat' reden. Nur eine Institution, deren erste und einzige Aufgabe es ist, darüber zu wachen, daß niemand über einen anderen unter Zwang verfügt und daß niemand einen anderen gegen seinen Willen als Mittel für eigene Zwecke mißbraucht, darf für sich in Anspruch nehmen, die einzige und ausschließliche Gewaltinstanz einer Gesellschaft zu sein. Deshalb ist es auch unzweifelhaft, daß jeder Staat, der selber über die Menschen verfügt und sie unter Anwendung von Zwang als Mittel für seine (machtpolitischen) Zwecke einsetzt, eine Perversion der Staatsidee darstellt und keine Legitimität besitzt.

Sie reden öfter vom „echten" Liberalismus. Gibt es auch einen unechten?

Und ob! Das ist ja gerade das größte Dilemma aller Diskussionen über die Freiheit, daß die ursprüngliche Bedeutung des Wortes – sowie alle in der Realität vorkommenden Freiheitssysteme, wie Liberalismus, Marktwirtschaft, Kapitalismus – begrifflich verfälscht worden sind, und zwar in vielfältiger Weise und bis zur Unkenntlichkeit. So hat bspw. die „Soziale Marktwirtschaft" kaum noch etwas mit Marktwirtschaft gemein, und natürlich schon gar nicht die terminologische Mißgeburt namens „Sozialistische Marktwirtschaft". Beim Liberalismus-Begriff sieht es eher noch finsterer aus. So nennen sich z.B. die amerikanischen Sozialdemokraten ‚Liberale", und in Europa steht ‚liberal' vielfach für „alles geht und alles ist erlaubt" – auch wenn dabei noch so viele Eigentumsrechte von Individuen verletzt werden. Nicht ohne Grund ist hierzulande der perverse Begriff „ linksliberal" weit verbreitet. Die echten Liberalen nennen sich deshalb zur besseren Abgrenzung von ihren falschen Namensvettern oft ‚Klassisch Liberale', was besagt, daß sie in der ideengeschichtlichen Tradition der großen (überwiegend englischen) Klassiker des Liberalismus – wie *John Locke, Adam Smith, Edmund Burke, John Stuart Mill, Alexis de Tocqueville* und *Lord Acton* – stehen. Auch unter den amerikanischen ‚Libertarians' gibt es viele Klassisch Liberale. Die heutigen klassisch-liberalen Denker kann man auch unter dem Sammelbegriff ‚Minimalstaatler' zusammenfassen.

Sie vertreten – wie die Klassiker – den in seiner Funktion streng begrenzten Staat im bereits genannten Sinne.

Hat es denn den echten Liberalismus überhaupt schon einmal in der Realität, als bestehende sozio-ökonomische Ordnung, gegeben, also nicht nur in Büchern und Reden?

Der Liberalismus ist eher eine Philosophie über eine freiheitliche Ordnung und weniger eine Bezeichnung für eine real bestehende Ordnung solcher Art selbst. Aber umgangssprachlich kann man diese Unschärfe hinnehmen. Die Antwort lautet: Ja, nicht in Perfektion – das ist auch gar nicht wünschenswert, weil es das Perfekte im menschlichen und irdischen Leben nicht geben kann, aber in einigermaßen zufriedenstellender Weise. So beispielsweise in England zur Zeit der ‚Old Whig'-Partei (ca. 1700-1800), und in den USA zur Zeit des Präsidenten *Thomas Jefferson* (1801-09).

Man hat aber doch beim weltweiten Zusammenbruch des Sozialismus von einem Sieg des Liberalismus gesprochen. War das falsch?

Ja und nein. Es war so etwas wie der Sieg eines Kranken über einen Todkranken. Daß der real existierende Sozialismus in allen seinen zwanzig oder dreißig Variationen zusammenbrechen mußte, wußte jeder gute Ökonom. (Aber, wie gesagt, nur die guten Ökonomen, und die waren in unserem Jahrhundert rar gesät). Nur über den Zeitpunkt waren sie sich nicht einig. *Ludwig von Mises* ist wohl der einzige gewesen, der schon in den Dreißiger Jahren eine relativ präzise Prognose abgegeben hat. Aus der Tatsache, daß der Sozialismus ein Destruktivismus ist, also nichts aufbaut, sondern nur zerstört, hat er richtigerweise geschlossen, daß der Sowjetsozialismus trotz aller niedrig bezahlten Sklavenarbeit dann zusammenbrechen werde, wenn die vom vorangegangenen Kapitalismus übernommene Substanz mit der längsten Lebensdauer – also die Immobilien – zusammenfallen. Und die Lebensdauer von (nicht-gewarteten und nicht-renovierten) Immobilien beträgt, je nach Bauqualität (und je nach Leidensfähigkeit der Bewohner), zwischen 40 und 70 Jahre.

Die Marktwirtschaft hingegen, obwohl überall im Nachkriegseuropa nur in viertel- bis halbintakter Form gestartet, hat eine enorme Aufbauarbeit geleistet. In Deutschland führte sie aus spezifischen Gründen so rasch und gründlich aus den Kriegstrümmern zum Wohlstand, daß die ganze Welt von einem Wunder sprach. Doch schon ab Mitte der 60er Jahre wurde sie mit den sozialistischen Samtbändeln des Sozial- und Wohlfahrtsstaates so stark gefesselt, daß man nur staunen kann, was sie trotz allem noch zuwege gebracht hat.

Die „spezifischen" Gründe für den besonders raschen und eindrucksvollen wirtschaftlichen Aufstieg Nachkriegsdeutschlands stehen – ohne daß das die *Erhard*'schen Verdienste schmälern würde – auch in Zusammenhang mit der historischen Situation. Die deutsche Marktwirtschaft war in der Nachkriegszeit insofern buchstäblich „entfesselt", als die Alliierten – aus bekannten Gründen – so gut wie alle bestehenden Organisationen (von den Parteien bis hin zum letzten Hühnerzüchterverein mit einem Nazi im Vorstand) zerschlagen hatten. Alle korporativistischen und institutionellen Verkrustungen waren also weitgehend aufgelöst. Das, was wir heute mit Blick auf den vormaligen Ostblock als „alte Seilschaften" bezeichnen, gab es im Nachkriegsdeutschland West – trotz aller gegenteiligen Behauptungen – nicht mehr. Wenigstens für die zehn bis fünfzehn Jahre, die es gedauert hat, bis sich Funktionärsnetze neuer Art wieder über das Land gelegt hatten, war die deutsche Marktwirtschaft (trotz ihrer sozialistischen Mitbringsel – wie das staatliche Renten-, Gesundheits- und Bildungswesen) ziemlich frei.

Unter dem Würgegriff einer halb- bis dreiviertel-sozialistischen Politik haben die Kräfte des Marktes bewiesen, daß sie sogar in Ketten und Fesseln noch einen beachtlichen Teil ihrer Effizienz und ihrer Widerstandskraft entwickeln können. Aber angesichts dieses mühseligen Überlebenskampfes von einem

„Sieg“ zu sprechen, fällt mir schwer. Es steht sogar zu befürchten, daß bei Fortdauer der Knebelung und bei anhaltendem Wuchern des Staates der Tag kommen wird, an dem die Aufbauleistung der Märkte und der marktwirtschaftlichen Eliten den Destruktivismus der sozialistischen Politik und ihrer aufgehäuften Schuldenberge nicht mehr kompensieren kann, und daß dann ein Staatsbankrott in Europa den anderen jagen wird. Beim „Sieg“ des derart verkrüppelten Liberalismus hätte es sich dann rückblickend nur um ein zeitliches Hinausschieben des Ruins gehandelt. Deshalb zögere ich bei der Parole „Sieg des Liberalismus“. Man sollte vielleicht treffender sagen, daß ein halber Sozialismus noch immer wesentlich länger und besser überlebt als ein ganzer.

Das schlimmste an alledem ist die Tatsache, daß die Bürger aus diesen Entwicklungen nichts lernen. Weder aus dem Zusammenbruch des Sozialismus noch aus der Erdrosselung ihrer Marktwirtschaft. Im Gegenteil. Sollte diese Wirtschaftsordnung eines Tages unter dem Gewicht der Politik den Geist aufgeben, so wird man ihr selbst und nicht den sozialistischen Würgern und Würgeeisen die Schuld daran zuschieben. Man wird vom „Bankrott der Marktwirtschaft“ und vom „Versagen des Kapitalismus“ reden – und nicht vom Bankrott des Schleichenden Sozialismus. Man hat darin ja Übung. Seit Jahrzehnten werden die unzähligen Mißstände und Ungereimtheiten in der westlichen Welt nicht ihren wahren Ursachen – den Marktverfälschungen durch den interventionistischen Staat sowie seinen sozialistischen Institutionen zugeschrieben, sondern der Marktwirtschaft oder dem Kapitalismus selbst.

Krisen des Kapitalismus

Demnach wäre es auch nicht richtig, im Zusammenhang mit der hohen Arbeitslosigkeit in Deutschland und in etlichen anderen EU-Ländern von einer Krise des Kapitalismus zu sprechen?

Nein. Diese Erscheinung hat nichts mit Kapitalismus zu tun. Darauf hat der große deutsche Ökonom der ersten Hälfte unseres Jahrhunderts, *Walter Eucken*, schon in den Dreißiger Jahren hingewiesen, als die Arbeitslosigkeit zu einer nicht nur ökonomisch sondern auch politisch brisanten Massenerscheinung wurde. Der gesellschaftliche Raum, in dem sich der Kapitalismus entfaltet hat, schrieb *Eucken* 1932, ist „durch einen späteren geschichtlichen Prozeß, nämlich durch die Entstehung des Wirtschaftsstaates, zerstört worden... Dadurch ist aus dem freien, durch das Preissystem sinnvoll geordneten, ein staatlich gebundener Kapitalismus geworden, der einer brauchbaren Steuerung entbehrt. Die bisher im ökonomischen Mechanismus wirksame Tendenz zur Vollbeschäftigung aller Anlagen und Arbeitskräfte, die in jeder Konkurrenzpreisverschiebung liegt, wurde weitgehend ausgeschaltet. Gerade durch die Politisierung der Preisbildung wurde der Produktions- und Verteilungsprozeß von den Zufälligkeiten politischer Machtgruppierungen abhängig, und insofern ist die Wirtschaftsordnung anarchisch geworden.“ (Eucken 1932, 1997, S. 14 f.) *Eucken* redet von einer durch die staatliche Politik betriebenen „Versumpfung des Kapitalismus“ (S. 19), die sich nicht zuletzt in einer Arbeitslosigkeit zeige, die sogar im konjunkturellen Aufschwung nicht verschwindet. Man sieht also: Alles schon mal dagewesen, aber nichts daraus gelernt.

Gottseidank findet sich auch heute noch inmitten des journalistischen Massenchores vom „Versagen der Marktwirtschaft“ – speziell was die Arbeitslosigkeit betrifft – der eine oder andere klare Kopf, der gegen den Unsinn anschreibt. So hat bspw. *Hans Mundorf* vom *Handelsblatt* einen seiner Kommentare mit dem Satz überschrieben: „Die kapitalistische Wirtschaft befindet sich nicht in der Krise“, und im Text führt er einfach und klar aus: „Das wachsende Massenheer der Arbeitslosen ist... eben nicht der Beweis für ein funktionelles Versagen des Kapitalismus, sondern die Folge politischer Interventionen in das wirtschaftliche System.“ (Mundorf 1996).

Das sind aber leider Ausnahmen. In jüngster Zeit überschwemmen ökonomietheoretisch angebrütete Journalisten, Bankiers, Großspekulanten, Parteipensionäre und marxismusnostalgische Intellektuelle den Büchermarkt mit ihren Weisheiten von der „Krise des Kapitalismus". Auf den einzigen Umstand, auf den das Schlagwort zutreffen würde, wird dabei selten oder nie verwiesen: auf die Tatsache nämlich, daß der Kapitalismus – besonders in Europa, und ganz besonders in Deutschland – von der Politik und den Interessenverbänden nahezu erdrosselt worden ist und sich kaum noch rühren kann. Das ist die einzig wahre Krise des Kapitalismus.

Es steht aber doch fest, daß im Zuge der Globalisierung der Märkte und der kommunikationstechnologischen Revolution strukturelle Verwerfungen auftreten, welche zur Gefahr für die Arbeitsmärkte der ganzen Welt werden können. Insbesondere den hochentwickelten Industriestaaten könnte buchstäblich die Arbeit ausgehen.

Dieser Unsinn ist auf dem Weg, das größte Lügengeflecht zu werden, das uns seit der Lug- und Trugtheorie des Sozialismus-Kommunismus heimgesucht hat. Das ist die einzig wirklich große Gefahr, die uns allen droht: daß diese Schauermärchen mehr und mehr Verbreitung finden und dann von den politischen Kasten als Rechtfertigung für drastische „Gegenmaßnahmen" aufgegriffen werden.

Seit den 70er Jahren waren die meist linken Katastrophengurus besonders aktiv. Eine Untergangsprophetie folgte der anderen. Als erstes wurde die Horrorvision von der Erschöpfung der Rohstoffreserven der Erde ausgesät, dann die von weltweiten Hungerkatastrophen im Zuge der Bevölkerungsexplosion, dann die von der Klimakatastrophe und vom ökologischen Gau – und jetzt eben das Schreckensszenario vom „Ende der Arbeit". Jedesmal stand oder steht angeblich fest, daß die Welt unweigerlich in den Abgrund stürzen würde, wenn die politischen Eliten nicht die „Umkehr" befehlen und die „blinden Marktkräfte“ fesseln würden. Seit dem weltweiten Zusammenbruch des Sozialismus sind auch die ehemaligen Utopisten umgeschwenkt. Da der Sozialismus als Alternative nicht mehr zur Verfügung steht, haben die Feinde der Marktwirtschaft ihre Paradiesvisionen von einer völlig neuen Gesellschaft mit neuen (“gleichen“) Menschen aufgegeben und wenden sich nun Höllenvisionen von apokalyptischen und unausweichlichen Untergängen des Kapitalismus zu. Wenn die Menschen schon nicht „gleich“ in irdischen Paradiesen werden können, dann sollen sie wenigstens „gleich“ im Weltuntergang werden.

Man kann aber doch nicht leugnen, daß es im Zuge der Globalisierung zu schmerzlichen Erscheinungen und Anpassungszwängen kommen wird – und schon gekommen ist. Besonders der Wandel von der Industrie- zur Dienstleistungsgesellschaft und die Verlagerung der industriellen Arbeit in Billiglohnländer, alles verbunden mit der rasanten Ausbreitung der Informationstechnologie, wird die hochentwickelten Länder in größte Schwierigkeiten stürzen.

Schmerzlich mag das sein, weil es Flexibilität und Abkehr vom gewohnten Sicherheitsdenken erfordert. Aber von Katastrophen und Niedergang kann keine Rede sein. Das krasse Gegenteil ist zutreffend: Niemals zuvor in der Geschichte war die Kreativkraft der Menschheit so groß wie heute. Niemals zuvor wurden so viele neue Arbeitsplätze geschaffen wie in den letzten 25 Jahren. Und niemals haben so viele Menschen in einer so kurzen Zeit ihren Lebensstandard so drastisch verbessert wie in den letzten zwei Jahrzehnten. Und trotzdem haben die Katastrophenpropheten Hochkonjunktur. Bücher wie ›Das Ende der Arbeit‹ (The End of Work) von *Jeremy Rifkin*, ›Die Globalisierungsfalle‹ von *H. P. Martin* und H. *Schumann*, oder wie ›L'horreur économique‹ von *Viviane Forrester* sind zu Bestsellern geworden, die eine magische Anziehungskraft auf die Menschen ausüben.

Es ist ein seltener und dankenswerter Segen, daß der Wirtschaftshistoriker *Mauricio Rojas* kürzlich ein Buch mit dem Titel ›Millennium Doom‹ veröffentlich hat (Rojas 1999), mit welchem er das ganze Lügengeflecht auf wissenschaftlich seriöse Weise und mit einer Fülle von zuverlässigem Statistikmaterial restlos entlarvt, sowie den Beweis erbringt, daß die tatsächlichen Entwicklungen vollständig entgegengesetzt zu den besagten Horrorszenarien verlaufen. *Mauricio Rojas*, ein gebürtiger Chilene, ist Professor an der Lund Universität in Schweden, und seinem schlanken Büchlein von nur 70 Seiten (fast die Hälfte davon Tabellen und Graphiken) wäre zu wünschen, daß es zur Pflichtlektüre an allen Schulen und Universitäten der ganzen Welt avanciert. Der von tausend Desinformazia-Parolen frustrierten, verängstigten, verwirrten und irregeführten Jugend könnte man keinen größeren und wichtigeren Dienst erweisen.

Mauricio Rojas geht auch mit den bereits genannten Weltuntergangs-Bestsellern hart zu Gericht, besonders mit dem unsäglichen *Forrester*-Buch, das er eine der unsachlichsten und manipulationsträchtigsten Schriften nennt, die er jemals gelesen habe. Es nutzt, so *Rojas* sinngemäß, die von der europäischen Massenarbeitslosigkeit erzeugte Frustration der Menschen schamlos aus, um ein beispielloses Horrorbild des Untergangs zu zeichnen. Die Autorin des Forrester-Buches läßt die Projektion einer zukünftigen Gesellschaft entstehen, in welcher die überflüssigen Menschenmassen sogar physisch vernichtet werden könnten. Aber auch die anderen Autoren zeichnen den Weg unseres „Lumpenplaneten“ in eine finstere Zukunft mit riesigen Slumstädten, in denen Milliarden von Menschen im Elend dahinvegetieren.

Globalisierung und Ende der Arbeit

Sind wir nicht tatsächlich in ein Zeitalter eingetreten, in welchem der technologische Fortschritt zum ersten Mal in der Menschheitsgeschichte mehr Arbeitsplätze vernichtet als neue schafft, und wo speziell die niedrig-qualifizierte Arbeit überflüssig wird? Was soll denn dem entgegenstehen?

Dem steht alles entgegen, nicht nur die ökonomische Theorie, sondern auch und vor allem die schiere Realität. Nebenbei bemerkt, ist die irrige These, daß der technische Fortschritt mehr Arbeitsplätze vernichten als neue schaffen würde, alles andere als neu. Angefangen von der Erfindung des Webstuhls, über das Aufkommen der Dampfmaschine, bis zur Einführung der Fließbandarbeit in der Automobilherstellung durch *Henry Ford*: Immer und überall haben die ökonomischen Ignoranten, die Feinde der Marktwirtschaft und die Betreiber des politischen Geschäfts (des Geschäfts von der Funktionalisierung der Angst zu Machtzwecken) behauptet, nun würden die arbeitenden Menschen überflüssig werden.

Bleiben wir mal bei der Systematik von *Mauricio Rojas*. Er benennt vier große, die derzeitige Diskussion beherrschende Trugschlüsse. *Rojas* nennt sie in wissenschaftlicher Zurückhaltung „Irrtümer“ (fallacies); ich bezeichne sie lieber als Lügen, weil die Kluft zwischen dem, was in der erwähnten Horror-Literatur und im übrigen Blätterwald gezeichnet wird, und dem, was in Wirklichkeit geschieht, so himmelweit auseinanderklafft, daß es mir schwerfällt, dem Massenchor der Falschmelder in den Medien lediglich verzeihlichen „Irrtum“ zuzubilligen.

Besagte vier Irrtümer (Lügen) lassen sich in etwa wie folgt zusammenfassen: Globalisierung und neue Technologien führen zu einem wirtschaftlichen Wachstum, das Arbeitsplätze frißt statt erzeugt (Ende der Arbeit) und das die noch verbleibenden Arbeitsplätze immer mehr in Billiglohnländer verlagert.

Der Gegenbeweis: Zwischen 1975 und 1995 wurden per Saldo – also zusätzliche – Arbeitsplätze geschaffen:

In den USA	45,57%
In Kanada	45,48%
In Australien	41,29%
In Japan	23,63%
In der Schweiz	21,72%

Ein wenig vereinfachend kann man also sagen: Je mehr Kapitalismus in den verschiedenen Industrienationen, desto mehr neue Arbeitsplätze. Deshalb ist es auch nur logisch und konsequent, daß in derselben Zwanzigjahresperiode im Wohlfahrts-Disneyland Europäische Union nur 4,12% neue Jobs hinzugekommen sind, und im Superwohlfahrtsstaat Schweden sind sie sogar um 1,90% geschrumpft.

Im Fall USA, Kanada, Australien und Japan aber bedeutet das zusammengenommen 58 Millionen neue, zusätzliche Arbeitsplätze – also eine Summe, die annähernd der Bevölkerung Westdeutschlands entspricht. Obwohl die EU-Ziffer erbärmlich niedrig liegt, fallen auch hier große Differenzen zwischen verschiedenen Ländern auf. So konnten bspw. die Niederländer, die ihren Arbeitsmarkt wenigstens teilweise dereguliert (d. h. die staatlichen, gesetzlichen und gewerkschaftlichen Fesseln gelockert) haben, innerhalb der besagten 20-Jahresperiode einen Nettozuwachs an Arbeitsplätzen von 28% aufweisen.

Auch wenn man die übrige Welt betrachtet, stößt man auf erstaunliche Entwicklungen: Trotz des explosivsten Bevölkerungswachstums der Weltgeschichte, bei dem sich die Zahl der arbeitsfähigen Menschen zwischen 1980 und 1994 um nicht weniger als 630 Millionen erhöhte, konnten auch diejenigen Entwicklungs- und Schwellenländer, die ihre Märkte im Zuge der Globalisierung geöffnet haben, diesen gigantischen Schub weitgehend absorbieren, also entsprechend viele Arbeitsplätze schaffen. Den spektakulärsten Erfolg hierbei hatten die ost- und südostasiatischen Staaten. Die Zahl der Arbeitsfähigen wuchs z. B. in China zwischen 1980 und 1994 jährlich um rund 12 Millionen, aber gleichzeitig entstanden ab Mitte der 90er Jahre – als mehr und mehr Marktwirtschaft zugelassen wurde – jährlich mehr als 15 Millionen zusätzliche Arbeitsplätze. Kein anderes System als die Marktwirtschaft, die im Zuge der Globalisierung auf diese Länder übergegriffen hat, hätte das zustande bringen können.

Es ist auch ein Märchen, daß die Zahl der im Produktionssektor tätigen Menschen abnehmen würde, daß also – wie es heißt – immer weniger Industriearbeiter immer mehr Produkte erzeugen. In China hat die Zahl der in der Industrie Tätigen von 1980 bis 1994 um 82% zugenommen – und auf dem gesamten Globus immer noch um mehr als 31%. Dieses Beschäftigungswachstum im industriellen Sektor ist eine wichtige Grundlage für die enorme Wohlstandszunahme eines großen Teils der Weltbewohner, die trotz des rapiden Bevölkerungswachstums zu verzeichnen ist. Obwohl die Länder Südkorea, Taiwan, China, Thailand, Malaysia, Indonesien, Sri Lanka und Indien 1995 für 40% des Wachstums der Erdbevölkerung standen, hat sich deren reale Kaufkraft zwischen 1965 und 1995 wie folgt erhöht (in der obigen Reihenfolge der Länder): 442%, 296%, 238%, 167%, 157%, 152%, 25%. Im selben Zeitraum hat – als bester Indikator für den Lebensstandard – die Kindersterblichkeit in diesen Ländern eklatant abgenommen. So bspw. in Südkorea von 62 auf 12 Promille, und in China von 90 auf 30 Promille. Die durchschnittliche Lebenserwartung der Bevölkerung hat sich zugleich ebenso markant erhöht, z. B. von 54 auf 71 Jahre in Südkorea, und von 47 auf 69 Jahre in China.

Wenn die Revolution der Informationstechniken mehr Jobs vernichten als neue schaffen würde (wie eine Teiltheorie der großen Arbeitsplatzlügen behauptet), dann müßten die USA und Japan, die diese Revolution seit den 70er Jahren anführen, besonders hart von Arbeitslosigkeit betroffen sein. Wie wir wissen und gesehen haben, ist das krasse Gegenteil der Fall.

Daß die Dinge in Deutschland und in Frankreich anders liegen, ist auf die rechtliche, bürokratische, fiskalische und syndikalistische Betonierung der dortigen Arbeitsmärkte zurückzuführen. Was hier geschehen ist und nach wie vor geschieht, hat mit Markt oder Marktwirtschaft nichts mehr zu tun.

In allen Ländern, die ihre Märkte nicht zunehmend reguliert haben, zeigte sich in den letzten 20 Jahren ein sogenannter „Positiver Beschäftigungseffekt", das heißt daß die Beschäftigung mit jedem Prozent Sozialproduktzunahme um mehr gestiegen ist als in der davorliegenden 20-Jahres-Periode. Das liegt überwiegend daran, daß beim Übergang zur Dienstleistungsgesellschaft nicht weniger, sondern mehr Menschen beschäftigt werden müssen, um das Sozialprodukt wachsen zu lassen. Dienstleistungen sind beschäftigungsintensiver als Güterproduktion. Bei freien Märkten – und insbesondere freien Arbeitsmärkten – ist also in Zukunft kein Arbeitskräfteüberschuß zu erwarten, sondern ein Mangel an Arbeitskräften. Das halbsozialistische Europa freilich – und erst recht das in rotgrünen Farben schillernde dreiviertelsozialistische Deutschland – wird an diesem Segen wohl kaum teilhaben können, denn hier sind die größten und hauptsächlichen Dienstleistungssektoren staatsbürokratisch zugemauert: das Bildungswesen und das Gesundheitswesen. Welch unglaublicher Beschäftigungsschub ausgelöst wird, wenn ein größerer Sektor dieser Art marktwirtschaftlich aufgebrochen wird, hat aktuell die (wenn auch nur halbherzige) Beseitigung des staatlichen Telefonmonopols überdeutlich demonstrieren können.

Auch das Abdriften der Arbeitsplätze in Billiglohnländer (im Zuge der Globalisierung) ist nichts als ein Schauermärchen. Wenn das stimmen würde, so hätte der Anteil der hochindustrialisierten Länder am Weltexportvolumen sinken müssen. Tatsächlich ist er jedoch zwischen 1980 und 1994 von 65 auf 70% gestiegen. Zugleich hat sich das Gesamtvolumen aller Exporte auf dem Globus in absoluten Zahlen wesentlich vergrößert, also auch die Exporte der südostasiatischen Länder.

Wir sehen also ein Wachstum der Weltwirtschaft, und nicht ein Nullsummenspiel, bei dem die einen verlieren würden, was die anderen gewinnen. Das Weltexportvolumen hat sich in der genannten Periode fast verdoppelt.

Doch auch aus einem anderen Blickwinkel erweist sich die „Verlagerungs"-Theorie der Arbeit als falsch: Der Anteil der Exporte aus Süd-, Südost- und Ostasien – also aus dem ganzen riesigen und hochbevölkerten Erdteil – betrug 1994 nur 3,41% des Sozialprodukts aller entwickelten Länder. Außerdem exportierten die Industriestaaten viel mehr in die Entwicklungs- und Schwellenländer als umgekehrt. Dasselbe gilt für den angeblichen Massenexodus des Kapitals. 1994 betrug der Gesamtfluß aller Direktinvestitionen in alle jene Länder (inklusive Osteuropa) weniger als ein halbes Prozent des Sozialprodukts der Industrienationen. Wenn fremde Erdteile reich und reicher werden, dann nicht weil sie von uns Geld und Kapital bekämen, sondern weil sie auf zunehmend befreiten Märkten hart arbeiten, sparen und investieren. Und die Industriestaaten haben zwischen 1983 und 1992 nicht „ihr Kapital exportiert", wie die politischen und gewerkschaftlichen Trompeten uns künden, sondern im Gegenteil sogar drei Viertel aller ausländischen Direktinvestitionen der Welt auf sich konzentriert gesehen. Wenn Deutschland dabei immer weniger Wagniskapital anziehen kann, dann ist diese nationale Misere hausgemacht. Hierzulande hatten sich die geknebelten Arbeitsmärkte gerade auf mühsamem Wege zwei winzige Ventile in Richtung Flexibilität geschaffen, nämlich die 620-DM-Jobs und die vermehrte Verselbständigung betrieblicher Funktionen, da kamen die rot-grünen Menschheitsbeglücker daher und hatten als einzige „beschäftigungspolitische Innovation" nichts anderes anzubieten als diese kleinen Atemlöcher des erstickenden Marktes mit ihrem Scheinselbständigkeits-Getöse und ihren Sozialturnübungen bei den 620-DM-Jobs wieder zuzukleistern.

Hat nicht die Asienkrise mit ihren Währungszusammenbrüchen und mit ihren unabsehbaren Folgen für die dort lebenden Menschen bewiesen, daß man die Kräfte der Globalisierung doch kanalisieren und kontrollieren muß?

Nein. Das wäre wiederum eine Verwechslung von Ursache und Wirkung. Der Kollaps vieler Währungen und die anderen Kalamitäten im asiatischen Raum waren nicht Folge der Globalisierung oder „des Kapitalismus", sondern Folge einer falschen Politik und veralteter Strukturen, die zu schwerfällig auf die Marktöffnungen reagiert haben. So waren etliche der Währungen in unrealistischen Relationen an den Dollar gebunden, und ein traditioneller Filz aus Politik, Banken, Großindustrie und Familienclans hat zu lange geglaubt, die Früchte der Globalisierung und der neuen Märkte allein ernten zu können. Die neu einziehende Marktwirtschaft hat diesen Filz und seine mittelalterlichen und korporativistischen Gesellschaftsmauern wie ein Buschfeuer niedergebrannt. Natürlich geht das nicht ohne Schmerzen ab, und leider muß auch die Masse der unschuldigen Bevölkerung darunter leiden. Aus einigem historischen Abstand betrachtet, ist die aktuelle Asienkrise nicht viel mehr als eine bittere, aber fast natürliche Begleiterscheinung des riesigsten und beispiellosesten Wachstumsprozesses, der auf der Erde jemals stattgefunden hat. Mehr als eine Milliarde Menschen sind aus tiefster Armut innerhalb kürzester Zeit in einen bis dahin nie gekannten Wohlstand aufgebrochen. Das alles mag ein wenig zu schnell gegangen sein, aber prinzipiell zeigt uns ein Blick auf die Landkarte und auf die vielen anderen Völker, die nach wie vor in Armut und in hoffnungslos veralteten Gesellschaftsstrukturen verharren, daß das Problem unserer Welt nicht zuviel Globalisierung ist, sondern zu wenig.

Das Urteil „fast natürliche Begleiterscheinung des gigantischen Wachstumsprozesses" für die Asienkrise bedarf jedoch noch einer Differenzierung. „Natürlich" ist eine solche Reinigungskrise nur vor dem Hintergrund der gegebenen Währungsverhältnisse der Welt – bzw. wenn man die ausnahmslos staatlichen Geldsysteme als gegeben unterstellt. Rein kapitalistische oder marktwirtschaftliche Ordnungen würden ein kapitalistisches Geld erfordern – und das könnte nur die Goldwährung oder konkurrierendes Privatgeld sein. Staatliches Geld ist sozialistisches Geld und kann beliebig vermehrt werden. In einer kapitalistischen Welt mit kapitalistischem (sprich: privatem) Geld könnten sich die kursierenden Geldmengen niemals sehr weit von den vorhandenen oder gehandelten Gütermengen entfernen. Also könnten sie auch nicht als substanzlose Giga-Finanzströme um die Welt rasen und Währungskrisen auslösen. Wenn die Politiker von Kontrollen der Devisenströme und Hürden gegen die Währungsspekulanten reden, dann verhalten sie sich wie Laboranten, die gefährliche Viren züchten, sie überall aussetzen und dann nach Kontrolle der Ausbreitung von Krankheiten rufen. Solange das staatliche Geld überall auf dem Globus den Kreislauf des Kapitalismus vergiften kann, werden größere und große Finanz- und Währungskrisen niemals vermieden werden können – es sei denn mit strengster weltweiter Devisenbewirtschaftung – und das würde bedeuten: um den Preis eines Zusammenbruchs des Weltwirtschaftssystems und einem Verhungern der halben Menschheit.

Sie werden doch nicht leugnen, daß es sich bei den USA um ein kapitalistisches Land handelt, und daß dort zwar – wie Sie ausführen – unendlich viele neuen Arbeitsplätze entstanden sind, aber eben als Billig-Jobs, als unwürdige Arbeiten der sogenannten „working poor“.

Die USA sind noch am ehesten ein kapitalistisches Land, vielleicht, um mal eine über den Daumen gepeilte Zahl zu nennen, zu 60%. Auch dort wird seit Jahrzehnten das Würgeeisen der Politik immer enger um die Märkte gelegt. Trotzdem hat das relativ hohe marktwirtschaftliche Segment im Leben der Amerikaner ausgereicht, um den USA nach wie vor den Status der wirtschaftlichen Macht Nr. 1 (und damit auch der politischen Weltmacht Nr. 1) auf dem Globus zu sichern. Die Behauptung aber, die amerikanische Jobmaschine hätte nur Billig- und Junk-Arbeitsplätze geschaffen, ist Jägerlatein der Politprofis für ihr Lieblingswild, das man in Fachkreisen ‚Stimmvieh‘

nennt. Auch hierzu können die statistisch eindeutigen Gegenbeweise im erwähnten *Rojas*-Büchlein nachgelesen werden. Zum einen werden bei dem Billig-Job-Vorwurf die unzähligen Arbeitsplätze, die in Kanada, Australien, Japan, Holland etc. neu geschaffen wurden, einfach ausgeblendet. Man konzentriert sich auf den kapitalistischen Feind Nr. 1, die USA, und dort auf die Einpacker in den Supermärkten und die gehetzten Bedienungen in den Fast food-Buden. Die Tatsachen sehen jedoch völlig anders aus. Die zwischen 1983 und 1995 in den USA neu entstandenen Arbeitsplätze gehören zu rund 49% in die Kategorie „highly skilled", zu rund 33% in die Kategorie „medium skilled", und nur zu rund 18% in den Sektor „low skilled". Hinzu kommt, daß der Anteil der highly skilled jobs an der Gesamtheit der Arbeitsplätze im selben Zeitraum deutlich zugenommen – und derjenige der low skilled jobs deutlich abgenommen hat. Der Anteil an den zwischen 1983 und 1995 geschaffenen zusätzlichen Beschäftigungsverhältnissen, die über dem Durchschnittseinkommen liegen, betrug 70%, der Anteil der unter dem Durchschnittseinkommen liegenden nur 30%. In absoluten Zahlen: Fast 17 Millionen der 24 Millionen neuen Jobs lagen in der Bezahlung oberhalb des Durchschnittsverdienstes aller Beschäftigten.

Was soll also das Pharisäergehabe der Gewerkschaftsfunktionäre, die uns vor den Fernsehkameras mit angewidertem Gesicht verkünden, die amerikanische Lösung der Arbeitsmarktprobleme käme für uns zivilisierte Europäer nicht in Frage, die aber gleichzeitig Millionen von Opfern ihrer Lohn- und Tarifpolitik von den Steuerzahlern durchfüttern lassen!? Offensichtlich sind die Deutschen so „zivilisiert", daß sie jahrein jahraus fünf oder sechs Millionen Arbeitslose bezahlen und ansonsten ihrem Schicksal überlassen, nur damit den Syndikatsbossen ihre pfründenträchtigen Mitglieder nicht davonlaufen.

Herbert Giersch, der Doyen der deutschen Nationalökonomie, hatte recht als er kürzlich schrieb: „Wenn man sich vor Augen hält, daß gegen fast alle Reformvorschläge... heute das

Argument vorgebracht wird, sie führten zum ›Kapitalismus pur‹ und zu ›amerikanischen Verhältnissen‹, bleibt nur die Resignation: Augenscheinlich wollen die Deutschen – wissentlich oder unwissentlich – soviel Arbeitslosigkeit, wie sie haben." (Giersch 1998, S. 36) Und auch *Mauricio Rojas* hat recht, wenn er darauf hinweist, daß nicht nur die Arbeitslosen Opfer dieser und aller anderen Lügen über Markt, Globalisierung und moderne Technologien sind, sondern wir alle. Weitere Opfer sind alle ausländischen Arbeitskräfte, die man nur noch als „Jobräuber" sieht und aussperren möchte. Und Opfer können schließlich die Menschen der ganzen Welt werden, weil eine solche abstruse Sicht der Dinge (die unterstellt, daß den einen genommen werde, was den anderen zuwachse) die Atmosphäre unter den Völkern vergiftet und weltweit zu neuentfachtem Nationalismus und zu neuer Fremdenfeindlichkeit führt. Auch hier zeigt sich, daß nicht der Kapitalismus Kampf heraufbeschwört, sondern das statische Denken sozialistischer Neidkomplexe.

Kasino-Kapitalismus

Im Zuge der Globalisierung und weltweiten Deregulierung der Finanzmärkte rasen, wie Sie selbst sagen, riesige Devisenmengen um den Globus. Ist das, zusammen mit den Hedge-Fonds und sonstigen Derivate-Blasen, nicht Kasino-Kapitalismus?

Zunächst einmal ist ein Kasino kein Sündenpfuhl. Wer spielen will, soll spielen, solange er es mit seinem eigenen und ehrlich erworbenen Geld tut. In Deutschland und den meisten anderen Ländern darf das Glücksspiel – von den Spielbanken über Lotto und Toto bis zu den Landeslotterien – nur vom Staat betrieben werden. Ein heuchlerisches Gehabe, den Privaten jede Art von gewerblichem Spielbetrieb als Lasterhöhle zu verbieten und selber das Milliardengeschäft als Monopol exzessiv zu betreiben.

Was die Finanzmärkte angeht, sollte man zunächst einmal festhalten, daß das reale Güter- und Leistungsvolumen der Welt jährlich um rund zwei bis drei Prozent wächst, die Menge des staatlichen Geldes jedoch um zehn bis fünfzehn Prozent. Das neu geschaffene Geld ist nur zum geringeren Teil Kredit, der in reale und rentable Investitionen fließt, der Rest ist „heiße Luft". Bei einem Großteil dieser heißen Luft handelt es sich um die Gegenbuchungen zur astronomischen Staatsverschuldung. Wenn also die Bürger ihre Ersparnisse in Staatsanleihen anlegen, dann sind das Guthaben, denen kein realer Wert mehr gegenübersteht; und zwar weil der Staat das geliehene Geld nicht wie ein Unternehmer in rentable Investitionen gesteckt hat, aus deren Erträgen er die Schuld zurückzahlen könnte, sondern in Rentenzahlungen, Pensionen, Politikergehälter, Wohlfahrtsprogramme, Entwicklungshilfe etc. etc. – also in den Konsumsektor, aus dem nichts mehr zurückfließen kann. Und auch derjenige (kleine) Teil der jährlichen Neuverschuldung, der in staatliche Investitionen fließt, ist mit Gewißheit verloren, weil Bürokraten eben keine Unternehmer sind und somit auch nicht wirtschaften können (und auch nicht müssen).

Man schaue sich nur die Deutsche Bundesbahn als staatliches „Investitionsprojekt" an. Wenn ein privater Unternehmer ein solches Monopol gehabt hätte, so wäre sein Unternehmen gewiß zum reichsten Konzern Europas geworden. In staatlicher Hand aber wurde die Bahn zu einem der größten Schuldenbuckel der Weltgeschichte. (Und diese Schulden verschwinden natürlich auch dann nicht, wenn man sie – wie anläßlich der sogenannten „Privatisierung" geschehen – in „Sondervermögen Bahn" umbenennt).

Wohin also sollen diese riesigen Geldberge fließen? Es gibt nur zwei Möglichkeiten: Entweder auf die Warenmärkte oder in die Finanzmärkte. Im ersteren Fall entsteht eine Güterpreis-Inflation, im letzteren Fall eine sogenannte „asset inflation", das heißt eine Aufblähung der Immobilien-, Aktien- und

Bonds-Preise. Daß sich dieses Geld auf die Suche nach den jeweils besten Renditen begibt, ist weder ökonomisch schädlich noch unmoralisch. Mit Kapitalismus haben riesige Geldmengen aber herzlich wenig zu tun, denn im Markt entsteht neues Geld nur als gesicherter Kredit, hinter dem der unerbittliche Rückzahlungszwang mittels Zwangsvollstreckung und Konkursgericht steht. Alles übrige Geld, das nicht den laufenden Transaktionen an den Waren- und Dienstleistungsmärkten dient, nimmt im Kapitalismus die Form von Ersparnissen an, also von Geld, das aus erbrachten Leistungen stammt und anschließend nicht konsumiert wird. Erst wenn der Staat als Mitspieler und Geldmonopolist auftritt, vergiftet er mit seinen Papiergeldmassen den Güter- und Leistungskreislauf des Kapitalismus und setzt ein fast unendliches Schuldenkarussell in Gang. Auch echte (mit Marktgeld versehene) Kapitalisten würden natürlich spekulieren, aber angesichts der Knappheit des gedeckten Kreditgeldes nur in einem sehr begrenzten Umfang, der weder ganze Bankensysteme noch ganze nationale Währungen oder gar das gesamte Weltfinanzsystem gefährden könnte. Erst das staatliche Geldsystem samt seinen Geldzauber-Institutionen wie Notenbanken, Schatzämter, Internationaler Währungsfonds, Weltbank etc., türmt die Geld- und Devisenvolumina der Nationen und der ganzen Welt zu unvorstellbaren Flutwellen auf, die dann um den Globus rollen.

Wie das konkret abläuft, kann man seit zwei Jahrzehnten besonders gut am Beispiel Japan beobachten. Die astronomischen Konjunktur- und Konsumbelebungs-Programme der japanischen Regierung waren das Treibgas für die Asien-Bubble, die früher oder später platzen mußte. In den neunziger Jahren hat der japanische Staat das größte Stimulierungsprogramm aller Zeiten aufgelegt. Das führte die Yen-Zinsen gegen Null. Der dadurch ausgelöste Liquiditätsschub hatte unvorstellbare Dimensionen und entsprach mit rund dreitausend Milliarden Mark in etwa dem Dreifachen aller bisherigen Finanzierungskosten aus der Wiedervereinigung Deutschlands. Wer sich zum

Nulltarif verschulden und die geliehenen Gelder hochverzinslich anlegen kann, wäre dumm, wenn er es nicht in exzessivem Maße tun würde. Und die Japaner sind nun mal nicht dumm. Ein großer Teil dieser Liquidität wurde ins Ausland – vor allem in die asiatischen Tigerländer und in die US-Finanzmärkte gelenkt und hat dort überall zur Inflation der Vermögensanlagen (asset inflation) geführt. Derzeit (März 1999) steht ein neues Tausend-Milliarden-Stimulierungs-Paket auf der Agenda der Kamikaze-Politiker Japans.

Im Prinzip ist Spekulation nichts schlechtes, auch nicht die Devisenspekulation großen Stils, denn sie fungiert wie eine Art Gesundheitspolizei gegen unsolide Politik – auch gegen schlechte Finanz- und Währungspolitik – und bringt nur morsche und unsolid errichtete Institutionen (inklusive Währungen) zum Einsturz. Aber was sich heute auf den Weltfinanzmärkten abspielt, hat das Ausmaß einer normalen Spekulation um Lichtjahr-Dimensionen verlassen. Es ist nur noch Wahnwitz. Aber das ist, wie gesagt, nicht Kapitalismus, sondern allenfalls „Staatskapitalismus" (das was *Walter Eucken* den „Wirtschaftsstaat" genannt hat), der als Sozialismus-Variante dem echten (privaten) Kapitalismus feindlich gegenübersteht. Politiker, die den „Kasino-Kapitalismus" beklagen, handeln wie ein Bauer, der seine fruchtbaren Äcker mit Unkrautsamen bewirft und dann jammert, wenn die Saat aufgeht. Und die politischen Weltklempner, die ständig nach Kontrollen der internationalen Finanzbewegungen rufen, verhalten sich wie Brandstifter, die empfehlen, alle Häuser abzureißen, damit sie selber sie nicht mehr in Brand stecken können.

Überlegen wir doch: Geld, echtes Geld, ist ein Synonym für Kredit und Schuld. Im Kapitalismus kann Geld nur durch ein Leistungsversprechen entstehen. Und hinter diesem Leistungsversprechen steht der unerbittliche Zwang zur Leistung (bei Risiko des Existenzverlustes, wenn nicht geleistet wird). Als „handliches" – in kleinen Einheiten austauschbares – Geldzeichen hat der Kapitalismus in den ersten hundert Jahren seiner

Geschichte ein Material gewählt, das knapp – also nicht beliebig vermehrbar war, sowie fälschungssicher. Und dieses Geldzeichen war das Gold. Mit Gold aber hätten die Regierungen zu Beginn des 20. Jahrhunderts weder Wohlfahrtsstaaten errichten noch große Kriege führen können. Damit die Politik die Herrschaft über das gesamte Leben der Menschen antreten und die Bürger (in kapitalistischen Ländern nur teilweise, in sozialistischen aber vollständig) enteignen und in ihren Dienst stellen konnten, haben die Regierungen überall auf dem Globus die Goldwährungen abgeschafft und staatliche Monopole zur Papiergeldausgabe geschaffen.

Das ist ein machtpolitisch logischer Vorgang. Der Staat hat niemals eigenes Geld, denn er leistet entweder nichts oder er leistet schlechter als private Anbieter, so daß ihm niemand freiwillig etwas bezahlen würde. Deshalb erfindet er einen angeblich legalen Abgabenzwang: die Steuern. Mit diesem Instrument können die Bürger teilenteignet oder teilversklavt werden. Es bleibt sich ja letztlich gleich, ob man jemandem die Hälfte seines Vermögens wegnimmt – oder die Hälfte des Ertrages, den das Vermögen abwirft. Und es bleibt sich im Endeffekt ebenso gleich, ob ein Bürger während der Hälfte eines jeden Jahres unentgeltliche Sklavenarbeit verrichten muß oder ob man ihm die Hälfte seines Jahreslohnes über Steuern und Abgaben entzieht. Da jedoch diese Art der Enteignung oder Versklavung nicht unbegrenzt ausgedehnt werden kann, weil die Bürger sonst entweder revoltieren oder jede über die Sicherung des Existenzminimums hinausgehende Arbeit einstellen würden, müssen Staat und Politik einen Weg finden, wie sie die Menschen „friedlich“, still und leise noch mehr ausbeuten, enteignen und versklaven können. Und das ideale Mittel hierzu ist das Papiergeld. Mit ihm läßt sich nicht nur Inflation (heimliche Enteignung) betreiben; es kann auch benutzt werden, um die verschiedensten Enteignungsarten zu verschleiern. Besonders gut funktioniert das bei der Staatsverschuldung – das heißt bei der Zwangsverschuldung (und somit auch

Zwangsenteignung) der heute und der künftig lebenden Bürger durch die Geldzauberer in den Finanzministerien.

Damit der Betrug nicht allzusehr auffällt, dehnen Staat und Politik den Umfang ihrer „Leistungen" (Öffentliche Güter) unentwegt aus. Das sichert der politischen Kaste immer mehr und noch mehr Macht über das Volk – und kostet sie nichts, denn diese „Leistungen" des Staates müssen die Leistungsempfänger ja selbst bezahlen (plus einem stattlichen Aufschlag für die Einkommen und Pensionen der „Staatsdiener" natürlich). Der amerikanische Ökonom *Murray N. Rothbard* hat das auf den kurzen Nenner gebracht: „Geld ist das Lebensblut der Wirtschaft, es ist Mittler aller Geschäfte. Herrscht der Staat über das Geld, so hat er bereits einen wichtigen Kommandoposten zur Kontrolle über die Wirtschaft an sich gebracht und ein Sprungbrett zum vollständigen Sozialismus geschaffen." (Rothbard 1963, 1990, S. 88)

Das ist der einfache Kern des ganzen politischen Spiels. Und die so entstehende „Liquidität" häuft sich im Laufe der Jahrzehnte zu Tausenden von Milliarden Dollar, Mark, Yen etc. und bläst den Kapitalismus unaufhörlich zu einem „Staatsfinanz-Kapitalismus" auf. (Im Sozialismus könnte man eigentlich auf Geld verzichten, denn die Menschen sind dort ja ohnehin ganz enteignet und ganz versklavt. Entsprechend „wertlos" ist auch das Geld aller sozialistischen Staaten. Niemand würde dafür kapitalistisches [Teilenteignungs-] Geld hergeben; deshalb müssen alle sozialistischen Staaten Devisenzwangswirtschaft betreiben und einen Zwangs-Umtauschkurs festlegen.)

Kurz: Was als Milliardenflutwelle spekulativen Geldes um die Welt rast, ist überwiegend staatlich erzeugtes oder sozialistisches Geld. Der Kapitalismus muß damit leben, weil ihm die Alternative, zu seinem eigenen Geld (dem Gold) zurückzukehren, unter strengsten Strafen verwehrt wird. Aber mit Kapitalismus hat dieser Abertausend-Milliarden-Irrwitz nichts zu tun. Was am Kapitalismus „Kasino" ist, das ist in Wirklichkeit das Ergebnis einer betrügerischen Staatslotterie. Leider finden die meisten „Kapitalisten“ dieses Spiel ganz angenehm, weil sie seine Regeln zur eigenen Bereicherung nutzen können. Aber die Alternative zum Kasino- (= Staats-) Kapitalismus ist nicht *weniger* Kapitalismus, sondern mehr. Und das heißt unter anderem auch: Entweder Gold als Geld – oder Konkurrierendes Privatgeld, wie es der Nobelpreisträger und weltbekannte Ökonom *Friedrich A. von Hayek* vorgeschlagen hat.

Einer der wenigen Journalisten, die das alles durchschauen und auch den Mut haben, es auszusprechen, ist Dr. *Bruno Bandulet*. Die Großcrashs vom Stil der Asienkrise, schrieb er kürzlich, sind weder Folge des Kapitalismus noch der Globalisierung, sondern – überall und immer wieder – die Folge der Tatsache, daß „der Schwanz mit dem Hund wackelt“, das heißt das Finanzkapital mit der realen Wirtschaft (statt umgekehrt). Und das wiederum, so *Bandulet*, ist nur durch das staatliche (sozialistische) Papiergeld möglich geworden, das beliebig vermehrbar – und über Kredite beliebig aufblasbar ist. Die gigantischen Finanzblasen, die an allen Ecken und Enden der Welt aufgepumpt wurden bzw. werden, waren und sind auch nicht Folge der Globalisierung, sondern der Tatsache, daß die Globalisierung von Giga-Strömen ungedeckten Geldes begleitet wird. Anders als beim kapitalistischen Geld, dem Gold, unter dessen Domäne die aus Fehlinvestitionen resultierenden Verluste vom privaten Anleger getragen werden müssen, können solche Verluste beim Papiergeld in nahezu beliebiger Größenordnung sozialisiert werden, das heißt via IWF und Konsorten, sowie über Notenbankkredite und Staatshilfen auf die Steuerzahler der Gegenwart und der Zukunft verlagert werden. (s. Bandulet 1998).

Fast alle anderen Vertreter der schreibenden Zunft hingegen – auch wenn sie noch so große Namen tragen – liegen völlig neben den eigentlichen Problemen. So kündigt bspw. der Finanz-Tycoon *George Soros* in seinem Buch ›Die Krise des globalen Kapitalismus‹ (1998) den Zusammenbruch des kapitalistischen Weltsystems für den Fall an, daß die internationalen Finanzmärkte nicht von der Politik „gebändigt“ werden. Börsenaltmeister *André Kostolany* hat (zurecht) einmal gesagt, daß Ökonomen miserable Börsenberater seien. Das scheint aber auch in umgekehrter Richtung zu gelten. Das Börsen- und Spekulations-Genie *Soros* mag ja recht haben mit seiner Prognose, aber in einem Sinn, der seiner Argumentation entgegengerichtet ist. Wenn das „Kapitalistische Weltsystem“ (das man erst gar nicht so bezeichnen sollte, weil es ohnehin nur noch als halbsozialistischer Krüppel-Kapitalismus existiert) zusammenbricht, dann nicht an zu wenig staatlicher Regulierung, sondern an zuviel. Es gilt deshalb nicht, wie *Soros* meint, die internationalen Finanzmärkte „zu bändigen“ (damit richtet man nur noch größeren Schaden an), sondern es geht darum, das „wilde Tier“ des staatlichen Geldes erst gar nicht auf die Menschheit loszulassen.

Die beste aller Welten

Das hört sich an, als sei der Kapitalismus oder die Marktwirtschaft die heile Welt oder die beste aller Welten, in der alles nur gut und ideal sein kann.

Um Himmels willen, nein! In einem ganz bestimmten und wichtigen Sinne trifft sogar das Gegenteil zu. Das realistische Menschen- und Gesellschaftsbild des Kapitalismus oder der Marktwirtschaft steht ja gerade gegen den utopisch-idealistischen Perfektionswahn des Sozialismus und gegen den Machbarkeitsglauben der politischen Gesellschaftsklempner. Im Gegensatz zu den idealisierten Gesellschaftsentwürfen aller Formen des Sozialismus-Kommunismus, die für ihre irdischen Paradiese stets den „neuen Menschen“ erschaffen wollen (notfalls, indem sie alle vorhandenen erschlagen), funktioniert die Marktwirtschaft auch mit den in der Realität vorzufindenden „zweitbesten Menschen“. Von *Herbert Giersch* stammt der Satz: Auch der Wettbewerb „aus zweitbesten Motiven zweitbester Menschen“ bringt noch hervorragende Ergebnisse. (Giersch 1986) Das einzigartige an dieser Ordnung besteht ja gerade darin, daß die in ihr lebenden und handelnden Exemplare des homo sapiens auch charakterschwach und von geringer Intelligenz sein können, daß sie auch egoistisch und hartherzig handeln können – und damit doch zugleich zum Wohle aller anderen beitragen, ob sie das nun beabsichtigen und wollen oder nicht.

Im Unterschied zu jedem anderen sozio-ökonomischen System hängen in der Marktwirtschaft Einkommen, Stellung, Karriere und Privilegien aller Art nicht von der Willkür der großen Politzampanos oder von der beliebigen Gunst oder Mißgunst politischer Kader ab, sondern hier kann jedermann – ob guter oder schlechter Mensch – seine Ziele nur dann verwirklichen und sein persönliches materielles Wohl, Einkommen, Vermögen etc. nur dann erlangen oder mehren, wenn er die Wünsche und Bedürfnisse anderer Marktteilnehmer entweder zu deren Zufriedenheit oder möglichst noch besser als seine Mitbewerber erfüllt. Und zwar freiwillig und gewaltfrei. Marktwirtschaft ist eine Ordnung des Dienens und nicht – wie der Sozialismus – eine Organisation des Befehls und der Unterdrückung. *Guy Kirsch*, ein Schweizer Nationalökonom, hat das einmal in die schönen Sätze gekleidet: „Der Markt zwingt seiner Konstruktionsidee nach jeden einzelnen, seine Wohlfahrt dadurch zu fördern, daß er der Wohlfahrt der anderen Gesellschaftsmitglieder dient. Das bedeutet:... [Es] ist dem einzelnen die Möglichkeit zur gewaltsamen Aneignung fremder Ressourcen, also die Mehrung des eigenen Verdienstes über das Ausmaß der Dienste hinaus, die er anderen leistet, versperrt. Der Dienst am Nächsten erfolgt nicht nur, wenn Wohlwollen und Mitgefühl dazu anhalten, sondern der Beitrag zur Wohlfahrt der anderen wird auch dann geleistet, wenn lediglich triviales Eigeninteresse am Werk ist... Hier soll die Gewalt des Menschen über den Menschen, die Instrumentalisierung des einen durch den anderen verhindert werden, und doch soll die individuelle Freiheit nicht an den alles verschlingenden Leviathan verloren werden. Damit unterscheidet sich dieses Konzept von all jenen Entwürfen für Idealstaaten, die von *Plato* über *Hobbes*, *Hegel* hin zu *Lenin* und ihren Nachfolgern dem sozialen Frieden die Freiheit des Menschen zu opfern bereit sind." (Kirsch 1981)

Das einzige, was mir an Kirschs Wortwahl mißfällt (obwohl ich weiß, daß er das richtige gemeint hat), ist der Ausdruck ‚Konstruktionsidee'. Die Marktwirtschaft ist im Unterschied zu allen anderen denkbaren oder real existierenden Systemen keine „Konstruktion", also nicht das Ergebnis eines menschlichen Entwurfs oder Plans. Sie entstand (übrigens lange vor dem Staat) und entsteht spontan immer und überall, wo man sie entstehen läßt. Und sie funktioniert sogar da, wo man sie verbietet, nämlich in Form von sogenannten grauen oder schwarzen Märkten. Sie ist, wie *Hayek* das meisterlich formuliert hat, „zwar das Ergebnis menschlichen Handelns, aber nicht menschlichen Entwurfs". Gerade deshalb ist sie – vor dem Hintergrund der Unvollkommenheit und Fehlbarkeit des menschlichen Wissens und Wesens, und ähnlich dem komplexen, synergetischen und kybernetischen Netzwerk der Natur – weitaus effizienter und der Natur des Menschen angemessener, ja man könnte sogar sagen „weiser" als jedes Konstrukt irgendeines planerischen Hirns.

Damit unterscheidet sich die Marktwirtschaft, um es zu wiederholen, von allen utopischen oder idealisierenden Konstruktionen, die eine „bessere Gesellschaft" und einen „besseren Menschen" voraussetzen – oder gar einer (angeblich) allwissenden Planbehörde bedürfen. Die Liberalen wollen, indem sie auf Markt und Kapitalismus setzen, eine menschenfreundlichere Gesellschaft, ohne daß sie dabei der Illusion verfallen, der Mensch sei per se sonderlich menschenfreundlich. Wenn die liberale Wirtschafts- und Gesellschaftsordnung von einem ziemlich eigensüchtigen ‚homo oeconomicus' ausgeht, dann nicht, weil sie diesen Teil der menschlichen Natur für lobenswert oder gar für den einzigen Charakterzug unserer Spezies halten würde, sondern einzig und allein deshalb, weil alles andere am menschlichen Wesen (das natürlich auch existiert!) gar nicht konstitutiv für eine große, arbeitsteilige Gesellschaftsordnung sein kann. Die finsteren Seiten der menschlichen Natur, sprich Raub und private Gewaltanwendung, Mord und Totschlag, Körperverletzung und Eigentumsschädigung, fallen in den Zuständigkeitsbereich des staatlichen Gewaltmonopols, des Polizei- und Justizapparates. Und die hellen und leuchtenden Seiten der menschlichen Natur, sprich Liebe und Hingabe, Mitgefühl und Freundschaft, sind dem privaten Bereich der Gesellschaftsmitglieder zugeordnet. Sie zum tragenden oder konstitutionellen Element einer Wirtschafts- und Gesellschaftsordnung machen zu wollen, ist eine nicht mehr zu überbietende Wahnvorstellung, ein Delirium von einem irdischen Paradies oder Gottesstaat (oder von einer angeblich allwissenden Politikerkaste, die sich in der Lage dünkt, Gott zu spielen).

Kein Wunder, daß solcher Wahn, wo immer und wann immer man ihn in die Realität umsetzen wollte, in eine irdische Hölle geführt hat. Es gibt eine Moral der Realitätsakzeptanz und eine Unmoral der Realitätsverweigerung, eine Moral der Wirklichkeit und eine Unmoral der Illusion, nämlich überall da, wo Realitätsverweigerung und Illusion Auswirkungen auf andere Menschen haben, die sie ausbaden müssen. Die Unmoral der Illusion ist besonders groß und verwerflich dort, wo hinter ihr ein politisches, interessengeladenes Kalkül steckt. Und das steckt hinter jeder polit-ökonomischen Konstruktion, die von der Marktwirtschaft mit ihren realen Menschen und realen Gegebenheiten unseres Planeten abweicht.

Marktwirtschaft löst also zwei entscheidende gesellschaftliche Probleme oder Fragen: 1) Wie können große Menschenmassen miteinander friedlich kooperieren und interagieren, ohne daß jeder jeden lieben und mitfühlend umarmen muß – also ohne, daß wir allesamt gute, perfekte und edle Menschen sein müssen; und 2) Wie können große Menschenmassen – jeder für sich und alle gemeinsam – die wechselnden Knappheiten der Welt und des irdischen Daseins möglichst effizient und erfolgreich überwinden, ohne sich gegenseitig zu verletzen, zu berauben, zu unterwerfen, auszubeuten oder gar zu töten. Daß die Funktionsweise der Märkte diese Probleme nicht nur einigermaßen hinreichend löst, sondern darüber hinaus sogar bewirkt, daß jeder jedem anderen nützlich ist und daß alle gemeinsam durch dieses Einandernützlichsein auch noch immer wohlhabender werden, ist ein Geschenk der Natur oder des Himmels, vor dem wir – wie einstmals *Adam Smith* – in staunender Dankbarkeit stehen sollten.

Aber das alles ist eben nicht die „heile Welt", sondern das ist die einzige menschenwürdige und lebenswerte Möglichkeit, in der kranken Welt, wie sie nun einmal ist, friedlich, zivilisiert und einigermaßen angenehm leben zu können, und zwar für alle Menschen – und nicht nur für Heilige und nicht nur für auserwählte Herrschaftscliquen.

Die Marktwirtschaft mag ja, wie Sie sagen, diese Probleme einigermaßen hinreichend lösen, aber doch bestimmt nicht ohne daß man die eine oder andere Art der Problemlösung doch noch verbessern müßte.

Es ist Bestandteil der Unvollkommenheit des irdischen Daseins, daß auch die Lösungen, welche die freien Märkte finden, selbstverständlich nicht perfekt sein können. Aber es ist auch Bestandteil der Unvollkommenheit des Menschen, daß wir selten oder nie wissen können, wie denn nun eine bessere Lösung aussehen sollte – und noch weniger, wie sie zu erreichen wäre, ohne daß wir zugleich in anderen Belangen noch größeren Schaden anrichten. Typischerweise sind die drei hauptsächlichen Gruppen der „Weltverbesserer" identisch mit den drei Hauptfeinden des Liberalismus: Die Utopisten, die glauben, die Schlüssel zum Paradies auf Erden gefunden zu haben, die Politiker, die das politische Machtgeschäft nur betreiben können, indem sie vortäuschen, die Welt verbessern zu können, und die Intellektuellen, die frustriert sind, weil ihre angeblichen Weltverbesserungsideen im Kapitalismus nicht gebraucht werden.

Natürlich können und müssen wir vieles verbessern, unablässig und ohne jemals an ein Ende zu gelangen. Aber alle diese Verbesserungen dürfen, soweit wir wirklich sicher sind, daß es sich tatsächlich um ‚Verbesserungen' handelt, nur mit – und nicht gegen die Mechanismen des Marktes und damit gegen die freie Entscheidung und Verantwortung des einzelnen – erfolgen. Vor was wir uns ganz besonders hüten sollten, ist das, was der amerikanische Ökonom *Demsetz* den „Nirwana-Irrtum" genannt hat. Damit meinte er die Manie der sozialistischen und etatistischen (staatsgläubigen) Gesellschaftskonstrukteure, alles menschliche Handeln und alles gesellschaftliche Geschehen an einem paradiesischen Ideal, an einem unmöglichen ‚Nirwana' zu messen. Immer, wenn die von dieser Manie befallenen Leute eine Abweichung zwischen der Realität und dem reinen Ideal entdecken, schließen sie daraus, daß die jeweilige Realität ungenügend und dringend „verbesserungsbedürftig" sei. Der Kapitalismus ist das beliebteste Angriffsziel dieser Sozial- und Nirwana-Techniker, weil er mit den Gegebenheiten der unperfekten Welt fertig wird und sich weigert, nach himmlischen Systemen zu suchen, in welchen „alles für alle gut wird".

Auch so manchem theologischen Weltverbesserer und „Weltethiker" sollte man ins Brevier schreiben, daß solches Denken, solche konstruktivistische Unterstellung von der Möglichkeit einer perfektionierbaren diesseitigen Welt mit „neuen Menschen" in einer „neuen idealen Gesellschaft" nicht nur irdische Höllen schafft, sondern auch unter christlichen Aspekten ein sündiges Streben ist. Zurecht hat der österreichische Ökonom *Erich Streissler* auf die diesbezügliche Übereinstimmung von Klassischem Liberalismus und christlichem Glauben hingewiesen, indem er schrieb: „Nichts schadet dem Verständnis des klassischen Liberalismus mehr, als sein skeptisches Menschenbild mit dem Menschheitsoptimismus der französischen Aufklärung zu verwechseln... Wer an die *Wirklichkeit* gleicher Güte und Klugheit aller Menschen glaubt, kann kaum umhin, sich im Lager *Rousseaus* wiederzufinden; wer an die potentielle Güte und Klugheit aller Menschen glaubt, verwirklichbar in einer leicht zu schaffenden neuen Gesellschaft, der wird zum *Marxismus* treiben... Ein grundlegend anderes Menschenbild trennt [sie] unüberbrückbar... vom klassischen Liberalismus. Der klassische Liberalismus ist sich in Fortsetzung christlichen Gedankengutes bewußt, daß ein himmlisches Jerusalem erst entstehen kann, nachdem der Herr über das All gesprochen hat: ‚Siehe ich mache alles neu', vor allem den Menschen." (Streissler 1973, S. 1.397)

Es ist – auch in dieser Hinsicht – nur logisch und konsequent, daß jene Lehren, die den „neuen (perfekten) Menschen" und die „neue (ideale) Gesellschaft" hervorbringen wollen – also vor allem alle Formen des Sozialismus und Kommunismus (aber auch, bis zu einem gewissen Grad, der moderne Sozial- und Wohlfahrtsstaat) allesamt dem Christentum mindestens gleichgültig gegenüberstehen, meistens aber sogar feindlich gesinnt sind. Als Götzen- und Ersatzreligionen von oft geradezu satanischer Dimension müssen sie die wahre Religion mit ihrem realistischen ("sündenbehafteten") Menschenbild hassen und bekämpfen. Um so tragischer, wenn sich mehr und mehr Theologen auf diesen Abwegen bewegen, auch wenn es sich „nur" um die seichten Pfade des Schleichenden Sozialismus im sozialen Gewand handelt.

Gnadenloser Wettbewerb

Der Markt funktioniert also als Problemlöser. Aber ist diese Problemlösung nicht zu teuer erkauft, nämlich durch die Gnadenlosigkeit des Wettbewerbs auf freien Märkten? Und läuft da nicht eine Art ‚Sozialdarwinismus' ab, bei dem nur die Stärksten überleben? Ist es deshalb nicht ein Gebot der Menschlichkeit, die erbarmungslosesten Wettbewerbsauswüchse politisch und sozial abzufedern?

Von „gnadenlosem" Wettbewerb reden immer nur diejenigen Leute und Organisationen, die ihre Interessen von konkurrierenden Kräften gefährdet sehen und vom Staat oder Gesetzgeber erwarten, daß er ihnen Sonderrechte gewährt und ihre Privilegien schützt. Generell sind die Schlagworte „gnadenloser Wettbewerb", „Überleben nur der Stärksten" oder „Sozialdarwinismus" demagogische Verfälschungen. Grundsätzlich sind Märkte friedliche Orte, an denen – ohne Zwang und Gewalt – Waren und Dienste angeboten, nachgefragt und getauscht werden. Handel, Tausch und Vertrag sind das Gegenteil von Streit, Konflikt, Zwang und Gewalt; sie sind Grundlage und Ergebnis von freiwilliger Kooperation, von Kommunikation und Einigung. Der Wettbewerb übernimmt hierbei nicht die Rolle des Kampfes, sondern des zwar anstrengenden aber friedlichen Kräftemessens und Erfolgsstrebens – vergleichbar mit dem sportlichen Turnier. Der Wettbewerb ersetzt Kampf, Streit, Krieg und Gewalt und macht deshalb freie Gesellschaften überhaupt erst möglich und lebensfähig.

Die Feinde des Wettbewerbs haben ein Lieblingswortspiel, welches lautet, die Menschen sollten lieber kooperieren statt konkurrieren. Damit wird verschleiert, daß Wettbewerb und Kooperation einander bedingen. Der Markt ist nicht nur eine riesige Konkurrenzveranstaltung, sondern auch eine riesige Kooperationsveranstaltung. Genauer: Märkte sind Orte der Konkurrenz *um Kooperation.* So konkurrieren z.B. zahlreiche Autohersteller oder Computerhändler oder Pizzabuden darum, mit mir kooperieren zu dürfen. Und zugleich wetteifern sie mit ihren Lieferanten, Großhändlern und Mitarbeitern darum, mit diesen kooperieren zu dürfen. Wer einen geeigneten Kooperationspartner sucht, befindet sich bereits mitten im Wettbewerb und ist damit selbst einer der vielen, die sich zur Kooperation anbieten; und als Partner bieten sich wiederum viele an, aus denen der jeweils geeignete herausgefunden werden muß.

Genauso absurd ist der Vorwurf, der Wettbewerb sei „atomistisch", eine Veranstaltung des „atomistischen Individualismus". Es bleibt hierbei das Rätsel solcher Parolendichter, wie die atomistischen Individuen in den komplexen arbeitsteiligen

Großgesellschaften tagtäglich Milliarden von Problemlösungen und Ergebnissen zustande bringen können, die nur durch hochentwickelte Kooperationsstrukturen erreichbar sind. In einer freien Marktwirtschaft können die Leute ihre Ziele – ob eigennütziger Natur oder nicht – nur dann verwirklichen, wenn sie herausfinden, was andere wünschen, und wenn sie sich Mühe geben, diese Wünsche zu erfüllen. Bei beiden Vorgängen, beim Herausfinden der Wünsche und bei den Erfüllungsversuchen, müssen sie mit anderen kooperieren. Die meisten von uns können jeden Tag an unserem jeweiligen Arbeitsplatz (gleich welcher Art) feststellen, daß wir weit mehr Zeit und Energie darauf verwenden, mit Kunden, Anbietern, Kollegen, Mitarbeitern und Partnern aller Art zu kooperieren als spezifisch wettbewerbliche Aktivitäten zu entwickeln, daß aber auch fast alle diese Kooperationen nur deshalb stattfinden und um gutes Gelingen bemüht sind, weil sie letztlich in ein wettbewerbliches Geschehen eingebunden sind.

O.k., aber alle diese Kooperationsvorgänge finden doch nicht aus Menschenliebe, sondern letztlich aus Eigennutz statt.

Zunächst muß darauf hingewiesen werden, daß sich die Menschen in jedem Gesellschaftssystem eigennützig verhalten. Des weiteren gilt: Nicht bei allen, aber gottseidank bei den meisten Kooperationshandlungen spielt Eigennutz eine Rolle, mal mehr und mal weniger. Der Eigennutz ist nämlich ein notwendiges konstruktives Element unserer Daseinsbewältigung, ja sogar unserer Freiheit, unserer Zivilisation und unserer Fähigkeit zur Gesellschaftsbildung. *David Boaz*, ein amerikanischer Ökonom, hat die Zusammenhänge einmal eindrucksvoll dargestellt. Alle Menschen, so *Boaz* sinngemäß, sehen sich mit zwei grundsätzlichen Gegebenheiten konfrontiert: Mit ihrem Eigeninteresse (das Altruismus keineswegs ausschließt, sondern sogar dessen Voraussetzung ist), und mit der Knappheit der Ressourcen, welche wir benötigen, um leben und unsere Bedürfnisse decken zu können. Wegen der Gegebenheit dieser

Umstände sehen wir uns genötigt, mit anderen zu kooperieren und Regeln der Gerechtigkeit zu erstellen – speziell, was das Eigentum und den Tausch (Vertrag) angeht. Erst durch diese Regeln wird definiert, auf welche Weise wir kooperieren können. Diese Regeln legen fest, wer das Recht hat, über die Nutzung eines bestimmten Eigentums zu entscheiden. Bei Abwesenheit wohldefinierter und sicherer Eigentumsrechte wären wir ständig diesbezüglichen Konflikten ausgesetzt bzw. könnten gar nicht kooperieren, weil wir über nichts verfügen und somit auch nichts entscheiden könnten. Es ist unser Einvernehmen über Eigentumsrechte, das es uns ermöglicht, die komplexe gesellschaftliche Aufgabe der Kooperation und Koordination anzugehen, um unsere Ziele erreichen zu können.

Es wäre nun schön, schreibt *Boaz*, „wenn die Liebe diese Aufgabe übernehmen könnte – ohne das Eigeninteresse und ohne individuelle Rechte bemühen zu müssen... Schon bei *Adam Smith* können wir aber lernen, daß die Menschen in zivilisierten Gesellschaften zwar unablässig auf Kooperation und Unterstützung angewiesen sind, daß aber ein jeder Mensch während seines Lebens nur einen winzigen Teil derjenigen Leute kennenlernen und mit freudigen Gefühlen belegen kann, auf deren Kooperation er angewiesen ist. Wenn wir zur Verwirklichung der Kooperation nur auf Wohlwollen angewiesen wären, könnten wir unsere komplexen [und arbeitsteiligen] Aufgaben schlicht und einfach nicht erledigen. Das Vertrauen in die Gewißheit des Eigeninteresses der Menschen in einem System sicherer Eigentumsrechte und des freien Tauschs ist der einzige Weg, auf dem eine Gesellschaft funktionieren kann, die komplexer und komplizierter ist als ein kleines Dörfchen.“ (Boaz 1997)

Eine große, anonyme, arbeitsteilige Gesellschaft kann also ohne das konstruktive und konstitutive Element des eigennützigen Verhaltens gar nicht existieren – und schon gar nicht prosperieren und eine moderne Zivilisation entwickeln. Zudem hat der Eigennutz, um es zu wiederholen, in der Marktwirtschaft weitere positive Wirkungen, weil jedermann seine eigennützigen Ziele nur dann verwirklichen kann, wenn er die Wünsche anderer herausfindet und erfüllt. Des weiteren resultieren fast alle Fortschritte der Menschheit aus der *Kombination* von Eigennutz und Wettbewerb. *Frederic Bastiat*, der große französische Freiheitsdenker des 19. Jahrhunderts, hat das schon früh erkannt und darüber 1849 geschrieben:

„Die mißbräuchliche Gewalt kann... die Tauschbarkeit [die Konkurrenz / den Wettbewerb, R.B.] ebenso beschränken und verhindern, wie die Freiheit des Gehens; aber sie kann die eine so wenig als die andere vernichten, ohne den Menschen zu vernichten... Die Konkurrenz, die wir füglich schlichtweg ›Freiheit‹ nennen können, ist trotz der Anfeindungen, welche sie tagtäglich erfährt, in der Tat das eigentlich demokratische Gesetz. Von allen Kräften, auf denen der Fortschritt der Menschheit beruht, ist sie am wirksamsten; sie gleicht am meisten die Unterschiede in der Gesellschaft aus; sie erst ruft eine wirkliche Gemeinschaft in derselben hervor." – „Während man die Konkurrenz immer anklagt, daß sie die Ungleichheit unter den Menschen befördere, kann man vielmehr behaupten, daß künstliche Ungleichheiten nur da stattfinden, wo man sie [die Konkurrenz] nicht zuläßt... Deshalb müssen wir, während die Sozialisten in der Konkurrenz die Ursache allen Übels sehen, gerade umgekehrt in den Störungen derselben den Haupthinderungsgrund allen Wohls suchen." (S. 45) „Das persönliche Interesse ist jene unbezwingbare Kraft des Individuums, welche uns von einem Fortschritt zum anderen treibt, zugleich aber auch dazu, ihn für uns allein auszubeuten. Die Konkurrenz dagegen ist jene andere, nicht weniger unvertilgbare Kraft, welche sich jeden Fortschritts bemächtigt, um ihn aus dem Besitztum des Einzelnen zum gemeinsamen Gute der ganzen Menschheit zu machen. Diese beiden Kräfte kann man jede für sich bekritteln, *in ihrem Zusammenwirken* aber begründen sie die Harmonie der Gesellschaft." (S. 48) (Bastiat 1849/1992)

Hier klingt auch ein weiterer wichtiger Aspekt des Wettbewerbsprinzips an: die Freiheit. Ohne den marktwirtschaftlichen Wettbewerb müßte jede moderne Gesellschaft nicht nur in Armut versinken und in Hunger und Elend untergehen; es wäre ihr auch völlig unmöglich, ihre Mitglieder in Freiheit leben zu lassen. Wettbewerb ist der natürliche Zustand der Welt, der biologischen Welt – und also auch der Spezies Mensch. (Der deutsche Klassisch-Liberale *Gerd Habermann* hat das – in einem Vortrag von 1996 – in den kurzen und schönen Satz gegossen: „Der Wettbewerb ist der Kunstgriff der Schöpfung zur Entfaltung des individuellen Auftrags.") Wo immer und wann immer ein Mensch oder eine menschliche Institution von der Notwendigkeit befreit wird, um ihren materiellen oder immateriellen Bestand oder Erfolg mit anderen zu konkurrieren, ist das Ergebnis nicht nur Lähmung, Trägheit, Verschwendung und verantwortungsloser Umgang mit den Ressourcen, sondern auch Zwang und Gewalt, Unterdrückung und Ausbeutung.

Überlegen wir: Da die Summe aller menschlichen Wünsche und Bedürfnisse unendlich ist, die Summe der irdischen Ressourcen aber endlich und knapp, werden alle Menschen entweder friedlich um das begrenzte Ressourcenangebot konkurrieren müssen – oder gewalttätig. In einer freien Marktwirtschaft bleibt nur der friedliche Weg durch konkurrierende Leistung, Vertrag, Kooperation und Tausch. Aber immer wieder werden wir feststellen, daß Gruppierungen entstehen, welche für sich und ihre Mitglieder Ausnahmen hiervon beanspruchen. Und diese Ausnahmen können nur durch Androhung oder Ausübung von Gewalt durchgesetzt werden. Besonders leicht fällt das allen Gruppen und Institutionen, die mit dem Gewaltmonopol Staat in Verbindung stehen, am leichtesten natürlich dem Staat und seinen politischen Repräsentanten selbst.

Konkret: Wenn die führenden Funktionäre und die Angestellten der staatlichen Post frei von Konkurrenz beim Transport von Briefen und Paketen sein wollen, dann geht das nur, indem jedermann mit gesetzlichen Strafen bedroht oder belegt wird, der in eigener Regie solche Transporte vornimmt. Oder wenn die öffentlichen Schulen von der Konkurrenz privater Schulen verschont bleiben sollen, dann geht das nur, indem man allen Bürgern zwangsweise Steuern für das öffentliche Schulwesen auferlegt – auch denjenigen Eltern, die ihre Kinder lieber auf Privatschulen schicken würden. „Den Unerbittlichkeiten des Wettbewerbs können Personen, Personengruppen oder Institutionen nur entfliehen", schreibt *George C. Leef*, „wenn diese Flucht in Verbindung steht mit dem Willen zur Androhung oder Anwendung von Gewalt, sei es die Gewalt von Personen oder die Gewalt des Staates. In Wirklichkeit wird damit immer friedlicher Wettbewerb (oder Markt) durch Gewalt und Zwang (Politik) ersetzt. Wir stehen deshalb immer vor der Entscheidung: Wollen wir eine Welt des Friedens und des Wettbewerbs, oder wollen wir eine Welt, in der die Skrupellosen Zwang ausüben, um den Wettbewerb auszuschalten, wo immer das ihrem persönlichen Nutzen dienlich scheint." (Leef 1996) Fazit: Gottseidank beruht das Handeln der Menschen überwiegend auf eigennützigen Motiven. Das macht nämlich Gesellschaftsbildung, die über die kleine Face-to-face-Horde der Steinzeit hinausgeht, (also Zivilisation) erst möglich – und ebenso den Wettbewerb als friedliche Alternative zum Kampf und zum Krieg.

Der Wettbewerb zwischen Unternehmen ist sicher notwendig, aber doch nicht zwischen allen möglichen gesellschaftlichen Institutionen, zwischen allem und jedem.

Viele Leute halten den Wettbewerb für eine gute Sache, solange er sich auf das Geschäftsleben beschränkt, halten ihn aber ansonsten für „kulturlos", „primitiv" und „inhuman". Sie sollten begreifen, daß er für alle Bereiche des menschlichen Lebens von unerläßlicher und segensreicher Bedeutung ist. Sogar für die Liebe. Man bedenke einmal, was aus der Liebe zwischen Mann und Frau werden würde, wenn jegliche friedliche Konkurrenz ausgeschlossen wäre und alle Partner einander von Funktionären eines Gewaltmonopols zwingend zugeordnet werden würden.

Dasselbe gilt natürlich auch für den Wettbewerb der politischen Konzeptionen zwischen den Staaten, sowie zwischen verschiedenen Währungen und nationalen Arbeitsmärkten. Wer immer hier von „Harmonisierung“ und „gleichen Mindeststandards“, von „Strukturausgleich“ und „Kohäsion“ redet – wie bspw. die Lieblingsvokabeln des Maastricht-Kartells und seiner politischen Nutznießer lauten -, der will sich und seiner Kaste gesicherte Pfründe und ungefährdete Machtpositionen schaffen und zugleich all jene Wünsche der Bürger und Völker gewaltsam ausschalten, die seinen Privilegien und dem Sonderstatus seiner Funktionärsorganisation gefährlich werden könnten. Auch wer von „unfairem“ oder „ruinösem“ Wettbewerb redet, oder von „Sozialdumping“ und „Ellenbogengesellschaft“, von „Sozialdarwinismus“, „Profitgier“ und „Überleben nur der Stärksten“, wie die Lieblingsvokabeln der Gewerkschaftsbosse lauten, hat nicht etwa das Wohl der arbeitenden Menschen im Sinn, sondern die Mitgliederzahl, die Beitragskassen und die Machtpositionen seiner Kartellorganisation. Entsprechendes gilt natürlich für die Kader der politischen Parteien, denen diese Parolen ebenso leicht von den Lippen kommen. Es gibt weltweit keine besser funktionierende Bruderschaft und kein festeres Bündnis als das zwischen den Funktionären des politischen Machtmonopols und den Funktionären des Arbeitsmarktmonopols.

Wie weit es die „große Industrienation“ Deutschland unter dem Sperrfeuer solcher Phrasen inzwischen gebracht hat, läßt sich im (jährlich erscheinenden) ‚Global Competitiveness Report‘ (Wettbewerbszustands-Bericht der Welt) des ‚World Economic Forum‘ nachlesen, wo die Bundesrepublik 1998 auf Platz 24 gelandet ist. Der Bananenstreit zwischen den USA und der Europäischen Union hat offenbar auch einen gewissen Symbol- und Prophetie-Charakter.

„Der Wettbewerb", hat der bedeutende Rechtsgelehrte *Franz Böhm* einmal gesagt, „ist das genialste Entmachtungsinstrument der Geschichte." Deshalb sollte auch ein jeder, der den Wettbewerb gering schätzt oder gar verachtet, dringend wissen, daß er sich und alle anderen – außer den politischen Machteliten – mit seiner ablehnenden Haltung latent der Gewalt und der Willkür, der Bevormundung und Ausbeutung ausliefert. Wo immer es um unsere Freiheit, um Menschenwürde, Frieden, Zivilisation und Properität für uns alle geht, ist der Wettbewerb unser wichtigster und wirksamster Verbündeter. Politiker und Funktionäre hassen den wettbewerblichen Markt. Sie wollen lenken, regieren, steuern, beherrschen. Sie wollen Untertanen. Märkte aber lassen sich nicht beherrschen, weil sie die gebündelte Kraft der Wünsche, Ziele, Pläne und Entscheidungen aller Menschen einer Nation bzw. der ganzen Welt darstellen, und weil ihr Wettbewerbsmechanismus von seinem Wesen her jeder Machtkonzentration entgegensteht. Deshalb wollen die Inhaber der politischen Macht den wettbewerblichen Markt – wo immer es geht – zurückdrängen oder ausschalten, zumindest aber dirigieren, kontrollieren und reglementieren; und deshalb überschütten sie ihn und seine Leistungseliten mit Spott, Häme, Verleumdung und Haß. In Wahrheit verhöhnen sie damit die Menschen und Völker, die ihrerseits (und leider) mehrheitlich von der Funktion und vom Wesen der Märkte und des Wettbewerbs zu wenig wissen, und die sich deshalb immer wieder in die Knechtschaft führen lassen.

Macht der Konzerne

Sie reden immer nur von politischer Macht. Die ist sicher gefährlich, aber gefährlich ist doch auch wirtschaftliche Macht. Gerade im Kapitalismus hat doch die Macht der Bosse und Konzerne schon viel Unheil angerichtet.

Ganz generell gesprochen, ist es falsch und unsinnig, von „wirtschaftlicher Macht" zu sprechen. Man sollte besser den Ausdruck ‚wirtschaftliche Potenz' verwenden. Mit ‚Macht' verbindet sich die Vorstellung von Herrschaft, Zwang und Gewalt. Und genau das: Herrschaft, Zwang und Gewalt – kann von einer wirtschaftlichen Einheit nicht ausgeübt werden, weder von einem einzelnen Geschäftsmann noch von Unternehmen oder großen Konzernen (es sei denn in Form von kriminellen Handlungen, aber um die ausüben zu können, braucht man nicht Unternehmer zu sein, auch wenn uns das noch so viele Fernsehkrimis weismachen wollen). Aus wirtschaftlicher Potenz kann nur dann ‚Macht' werden, wenn die Politik ihre Hand dazu reicht, wenn also Wirtschaft und Politik eine wie auch immer geartete Verbindung eingehen. Aber exakt das wäre ja in der wirklich freien Marktwirtschaft – oder, anders gesagt, im Minimalstaat des Klassischen Liberalismus – weitestgehend ausgeschlossen.

Doch sogar dann, wenn man von den aktuellen Gegebenheiten einer staatlich geknebelten und von der Politik verkrüppelten Marktwirtschaft ausgeht, in der Ökonomie und Politik in vielfältiger Weise miteinander verflochten sind, ist es nur in den seltensten Fällen berechtigt, von „wirtschaftlicher Macht" zu sprechen. Mir wäre es jedenfalls lieber, unser Land würde von Unternehmern und Managern (ohne politisches Amt!) „beherrscht" werden als von Politikern. Dann gäbe es nämlich so gut wie gar keine Herrschaft mehr. Unternehmer brauchen große Märkte und kaufkräftige Konsumenten, und das ist identisch mit der Bedingung: freie Märkte und freie Konsumenten. Politiker aber brauchen Untertanen und geknebelte

Märkte. Ganz einfach deshalb, weil in freien Märkten mit freien Menschen, wo es nichts zu regulieren gibt, Politiker und Politik (weitgehend) überflüssig sind. Und wo keine Politik ist, da gibt es auch keine Macht (es sei denn solche krimineller Natur). Natürlich streben auch Unternehmer nach Macht, und zwar nach politischer oder politisch unterstützter Macht in Form von Sondervorteilen gegenüber ihren in- und ausländischen Konkurrenten. Doch wenn die Politik ihnen dabei nicht zur Hilfe eilt, bleibt diese Macht ein Traum.

Wo keine politische Macht im Spiel ist, oder wo die Politik so beschränkt ist, daß sie sich aus dem Wirtschaftsgeschehen notgedrungen heraushalten muß, können Unternehmer, Firmen und Manager auch keine Macht (im wahren und gefährlichen Sinne des Wortes) erringen oder ausüben. Ökonomische oder finanzielle Potenz ist, wie gesagt, noch lange keine „Macht". Macht im wahren Wortsinn beinhaltet immer Macht über Menschen – willkürlich zwingende, von hoheitlicher oder militärischer Gewalt gestützte Macht über Menschen. Man frage sich einmal, ob die riesige General Motors Company über solche Macht verfügt. Oder IBM, oder Mc Donalds, oder Siemens. Können sie mich zwingen, einen Opel zu kaufen statt eines Mercedes – oder überhaupt irgendein Auto? Können sie mich zwingen, einen X-Kühlschrank oder einen Y-Computer oder eine Z-Mahlzeit zu kaufen, wenn ich nicht will? Natürlich nicht! Es sei denn, politische Machtmittel (Gesetze oder Gebote oder Verbote) treten ihnen zur Seite und zwingen mich, direkt oder indirekt, eine bestimmte Wahl zu treffen oder zu unterlassen. Kein noch so großes und angeblich „mächtiges" Unternehmen kann mich zu irgend etwas zwingen; im Gegenteil: Alle die Bosse und Manager der kleinen und großen Unternehmen müssen um mich werben, müssen mich betütteln und becircen, um an meinen Geldbeutel zu kommen und um mich (auf friedliche Weise!) davon überzeugen zu können, daß es für mich besser wäre, bei ihnen und nicht bei irgendeinem Konkurrenten zu kaufen.

Der Schweizer Freiheitsdenker *Robert Nef* hat also recht, wenn er (in Anspielung an den berühmten Satz von *Milton Friedman*: „There is no such thing as a free lunch") sagt: „There is no such thing as economic power."

Nochmal: Kaufkraft, Vermögen und Geld darf nicht mit ‚Macht' gleichgesetzt werden. Wer das dennoch tut, betreibt Sprachverluderung oder absichtlichen Mißbrauch der Sprache. Selbst ein Multimilliardär wie *Bill Gates* kann und darf keinen einzigen Menschen zu irgend etwas zwingen, ohne dabei das Risiko einzugehen, bestraft zu werden oder im Gefängnis zu landen. Aber jeder Politiker, jeder Funktionär oder Bürokrat darf die Bürger unter Berufung auf irgendein (von seiner eigenen Kaste selbst geschaffenes) Gesetz zwingen, unablässig Dinge zu tun oder zu lassen, die sie freiwillig niemals tun würden. DAS ist Macht, und NICHT irgendeine auch noch so große finanzielle Potenz!

Aber auf einem freien und politisch nicht reglementierten Markt könnte doch ein Geschäftsmann, sagen wir ein Einzelhändler, ein Schild an seiner Tür anbringen: ‚Kein Zutritt für Türken'. Oder ein Vermieter könnte sich beispielsweise weigern, eine Wohnung an Frauen oder an Katholiken oder an Schauspieler zu vermieten, aus welchen Gründen auch immer. Das wäre doch Ausübung von Macht aufgrund wirtschaftlicher Potenz.

Nein. Das hat mit Macht nichts zu tun. Das ist Ausdruck des Verfügungs- und Entscheidungsrechts des Ladenbesitzers oder des Vermieters über sein Eigentum. Diskriminierung solcher Art ist nicht Machtausübung, sondern Dummheit und Voreingenommenheit. Ein Geschäftsmann, der – aus welchen Gründen auch immer – meint, so etwas tun zu müssen, schadet sich selbst. Die Türken werden woanders einkaufen, und die Frauen oder Katholiken etc. werden ihre Mietgelder an einen anderen Vermieter zahlen. (Auf einem freien Wohnungsmarkt gäbe es keinen Wohnungsmangel, so daß die Abgelehnten rasch eine andere Wohnung finden würden). Freiheit und Gerechtigkeit erfordern, daß jedermann ohne Ansehen der Person, der Herkunft, Hautfarbe, Religion, Profession etc. vor dem Recht und dem Gesetz gleich behandelt wird; sie erfordern nicht, ja schließen sogar aus, daß jedermann den gleichen Zugang zum Eigentum eines Bürgers hat. Kurz: Wenn ein Kaufmann (oder „Kapitalist") irgendeiner Person oder Gruppe eine Leistung verweigert, für welche keine vertragliche Grundlage zwischen ihm und diesen Personen besteht, dann ist das nicht Macht, sondern Kooperationsverweigerung auf eigene Kosten des Verweigerers, und zwar ohne daß dabei ein Vertrag gebrochen oder irgendeinem Beteiligten Gewalt angetan oder angedroht worden wäre. Der betreffende seltsame Kauz will eben nicht. Basta.

Im übrigen aber gibt es wohl nirgends so wenig Diskriminierung, Rassismus, Ausländerfeindlichkeit und Vorurteile sonstiger Art wie auf dem Gebiet der Wirtschaft. Unternehmer brauchen auf der einen Seite Verkaufsmärkte mit möglichst vielen Nachfragern für ihre Produkte und Dienste, auf der anderen Seite Einkaufsmärkte mit möglichst vielen Anbietern von Rohstoffen und Zuliefermaterialien, sowie drittens einen möglichst vielseitigen Arbeitsmarkt zur Rekrutierung ihres Personals. Bei allen diesen unzähligen Leuten ist es dem Unternehmer völlig egal, welcher Nationalität, Ethnie oder Religion sie angehören oder welchen Geschlechts sie sind. Hauptsache, man kommt ins Geschäft. Kaufleute waren von Anbeginn der menschlichen Zivilisation an immer die ersten (und oft die einzigen) Mittler zwischen verschiedenen Völkern und Weltregionen. Sie wollen Geschäfte machen und keine Dogmen schmieden. Im Gegensatz zu Politikern und Parteien, denen die Verkündung von Dogmen und die Aussaat von Neid und Zwietracht erst die genügende Zahl von Anhängern sichert, würde das den Kaufleuten nur Verluste bescheren und ihre Kundschaft verjagen. Der Kaufmann macht deshalb sogar Geschäfte und pflegt guten Umgang mit Leuten, die er eventuell nicht leiden kann und deren Ansichten er ablehnt. Im allgemeinen aber ist er viel weltoffener und vorurteilsfreier als die meisten anderen Bevölkerungsgruppen. Das bringt sein Beruf und die Unzahl seiner notwendigen Kontakte einfach mit sich.

Unternehmer können aber ihre Arbeiter zwingen, bestimmte Tätigkeiten zu verrichten, indem sie ihnen mit Entlassung drohen. Das ist doch Machtausübung über Menschen.

Nein. Auch das ist nicht Ausübung von Macht. Unternehmer und Arbeiter haben einen Vertrag geschlossen, einen Arbeitsvertrag. Darin verpflichtet sich der Arbeitnehmer zu bestimmten Arbeitsleistungen, und der Unternehmer zu bestimmten Lohnzahlungen. Solange der Arbeiter die vertraglich vereinbarten Leistungen erbringt, kann der Unternehmer ihn nicht entlassen. Und zu mehr oder zu etwas anderem als der vereinbarten Arbeitsleistung darf er ihn auch nicht zwingen. Tut er es dennoch, macht er sich strafbar oder schadenersatzpflichtig. Dazu bedürfte es auch weder eines Tarifvertrages noch eines speziellen Arbeitsrechts noch irgendwelcher Gewerkschaften. Das könnte auch jeder beliebige Vier-Augen-Vertrag zwischen Unternehmer und Arbeiter regeln. Das Weisungsrecht, das der Unternehmer im Rahmen des geschlossenen Vertrages hat, ist weder Macht noch Herrschaft, sondern ein Recht, das der Arbeiter vertraglich und freiwillig akzeptiert hat und für dessen Ausübung ihn der Unternehmer bezahlt.

Der Arbeiter kann aber gezwungen sein, anderes und mehr zu leisten, ja überhaupt einen Arbeitsvertrag abzuschließen, weil er sich und seine Familie ernähren muß, weil er also auf den betreffenden Job angewiesen ist.

Diese Art von „Zwang“ hat weder etwas mit Gewalt noch mit Herrschaft zu tun, ja noch nicht einmal mit Zwang. Wir nennen zwar die Notwendigkeit, für unseren Lebensunterhalt arbeiten zu müssen, „Zwang“, aber nur deshalb, weil die deutsche Sprache – zumindest die Umgangssprache – nicht unterscheidet zwischen der willkürlichen Zwangausübung von Menschen über andere Menschen einerseits, und den sogenannten Zwängen des Lebens, für deren Existenz niemand die Schuld trägt, andererseits. Jeder Mensch ist nach dieser ungenauen Wortwahl z.B. „gezwungen“, zu essen, zu trinken, zu schlafen, zu träumen, zu atmen usw., wenn er leben und am Leben bleiben will; aber das sind die Gegebenheiten unseres Daseins. Mit Zwang im Sinne von Machtausübung, von Herrschaft oder von Gewaltanwendung hat das nichts zu tun.

Wem es nicht nur angeblich, sondern tatsächlich um das Wohl der Arbeiter geht, sollte auf eine ganz andere Art von „Zwang“ aufmerksam machen, nämlich auf eine politische Machtausübung, die vorgeblich im Interesse der Arbeitnehmer stattfindet, in Wirklichkeit aber besagte ‚Lebenszwänge‘ unnötigerweise drastisch verschärft. Die Notwendigkeit, unseren Lebensunterhalt (und den unserer Familien) verdienen zu müssen, bedeutet noch nicht, daß wir genötigt wären, ein Beschäftigungsverhältnis auch dann einzugehen oder durchzuhalten, wenn uns die betreffende Arbeit nicht liegt oder wenn wir eine Aversion gegen den Arbeitgeber oder gegen unsere Arbeitskollegen entwickeln, kurz: wenn die gerade ausgeübte Tätigkeit zur Qual wird. In einem freien Arbeitsmarkt ist der Faktor Arbeit nicht überschüssig, sondern knapp. Also ist auch das Risiko und die Beschwernis eines Arbeitsplatzwechsels gering. Kündigt ein Arbeiter oder wird ihm gekündigt, so ist es nicht schwer, eine neue – eventuell sogar eine besser bezahlte – Arbeit zu finden. Das erleichtert die sogenannten „Zwänge des Lebens“ ungemein, gewährt außerdem den Arbeitnehmern eine bessere Verhandlungsposition bei Abschluß von Arbeitsverträgen und stützt das wichtige Gefühl, ein freier Mensch zu sein.

Wenn wir bei der aktiven oder passiven Kündigung eines Beschäftigungsverhältnisses keine Angst mehr zu haben brauchen, daß wir längere Zeit oder gar für immer arbeitslos bleiben könnten, sondern statt dessen gewiß sein können, daß wir relativ rasch und leicht eine neue Arbeit finden werden, dann wächst unsere Selbstsicherheit. Persönliche Würde und Selbstachtung geraten nicht mehr in Gefahr. Wenn jedoch die Kombination aus gewerkschaftlichem Tarifdruck und staatlicher Steuer- und Abgabeneskalation den Faktor Arbeit so teuer machen, daß hohe Arbeitslosigkeit entsteht, dann ist es mit allen diesen Erleichterungen zu Ende und die Daseinsvorsorge wird wieder zu einer schweren und von ständiger Furcht begleiteten Bürde. Gewerkschaftliche und staatliche Politik haben viele, sehr viele verhängnisvolle Folgen für das Leben der Bürger; die hier beschriebene Wirkung jedoch scheint mir eine der schlimmsten zu sein, weil sie die Menschen hörig macht und sie – aus ihren verständlichen Angstgefühlen heraus – den politischen und syndikalistischen Rattenfängern und Scharfmachern in die Arme treibt, die sie nur in immer neue Abhängigkeiten führen.

Wollen Sie damit sagen, daß man die Gewerkschaften und überhaupt den kollektiven Arbeitsvertrag und die Tarifautonomie abschaffen sollte?

Die Antwort lautet weder ja noch nein, sondern muß präzisiert und differenziert werden. In einer freien Marktwirtschaft könnten Gewerkschaften und Arbeitgeberverbände bestehen bleiben, aber es dürften ihnen keinerlei gesetzliche Sonderrechte mehr zugestanden werden. Kollektiv geschlossene Arbeitsverträge dürften nur noch für Arbeitnehmer und Unternehmen geschlossen werden und gelten, die sich ausdrücklich und freiwillig auf diese kollektive Weise vertreten und binden lassen wollen. Die gesetzlich geschützten und gestützten Arbeitsmarktkartelle und die Allgemeinverbindlichkeit ihrer Absprachen jedoch sind in einer Marktwirtschaft freier Menschen ein Element des Krieges und der organisierten Zerstörung. Was sich hierbei Vertrag nennt, ist das Ergebnis von Erpressung unter Androhung schwerer und schwerster Schäden für Einkommen und Eigentum der involvierten Menschen. Hierbei werden, wenn es zum Arbeitskampf kommt, sogar noch die Bürger in ihrer Eigenschaft als Konsumenten in Geiselhaft genommen. In jedem Fall müssen sie das Ergebnis des Kampfes, nämlich höhere Preise, Inflation und Arbeitslosigkeit ausbaden. Es ist mir unbegreiflich, wie sich zivilisierte Menschen und ganze Völker von solchen mächtigen Kartellen entmündigen und in schlimmster Weise schädigen lassen können. Vom politischen Geküngel zwischen den Parteien und den Syndikaten ganz zu schweigen. Wenn sie wollen, können diese Machtkartelle sogar ein ganzes Land lahmlegen und dafür sorgen, daß nicht nur die Lichter aller Häuser, sondern auch das Licht der Zivilisation ausgeht. Ein unbegreifliches Zugeständnis an die Macht, Willkür und Pfründe von organisierten Sonderinteressen.

In Anbetracht unserer Ausgangsposition, daß (fast) niemand die Wahrheit sagt – also auch nicht, was die Tarifautonomie und die Gewerkschaften angeht, soll an dieser Stelle die erfreuliche Ausnahme erwähnt werden, daß in jüngerer Zeit ein gutes Dutzend deutsche Ökonomen, sowie vereinzelte Rechtsgelehrte und sogar ein Verband diesbezüglich scharfen und mutigen Klartext redet. Hier sollen nur zwei Beispiele vorgestellt werden:
1) Der ASU (Arbeitsgemeinschaft Selbständiger Unternehmer), der einige Tausend kleiner und mittelständischer Unternehmen angehören, ist höchste Anerkennung zu zollen, weil sie es seit Jahren – dank der stringent freiheitlichen Überzeugung ihrer führenden Köpfe – wagt, öffentlich und deutlich für die Abschaffung der Tarifkartelle und der Tarifautonomie einzutreten. Ein Wagnis ist das für einen solchen Verband schon deshalb, weil die Mehrzahl der Unternehmer ganz und gar nicht dieser Ansicht ist. So hat die ASU aufgrund besagter Haltung auch schon viele Austritte hinnehmen müssen. Hut ab vor solcher Aufrichtigkeit! Das gilt gleichermaßen – und eher noch mehr – für das „UNI" (Unternehmerinstitut", eine ausgegliederte „Denkfabrik" der ASU. Das „UNI" atmet den klassisch-liberalen Geist seines Leiters, Dr. *Gerd Habermann*, einem der entschiedensten Freiheitsdenker unseres Landes.

2) In ›NEWS‹, der Zeitschrift der ASU, kam in Nr. 2, 1998 Rechtsanwalt *Wolfgang Höfft* mit folgendem Text zu Wort, der das Thema weniger unter ökonomischen als unter rechtlichen Aspekten angeht (Auszug aus seinem Beitrag „Ist in der Tarifpolitik noch Innovationsspielraum"): „...daß Tarifpolitik Arbeitslosigkeit produziert, hat seinen Grund darin, daß die gewerkschaftlich erpreßten Tarifverträge für die Unternehmer Zahlungsverpflichtungen begründen dürfen ohne Rücksicht auf ihre Erfüllbarkeit. Nach dem Willen des Bundesarbeitsgerichts und der Gewerkschaften ist es nicht zulässig, die Höhe der gewerkschaftlichen Forderungen sowie die Höhe der Abschlüsse davon abhängig zu machen, daß die auf diese Weise begründeten Zahlungsverpflichtungen auch ohne Entlassungen erfüllt werden können. Da dieser Fehler mangels Zustimmung der Gewerkschaften nicht behebbar ist, hat Tarifpolitik keinen Spielraum zu einer ihren Erhalt rechtfertigenden Innovation. Die Einstellung der Produktion von Arbeitslosigkeit ist also nicht durch die Reform, sondern nur durch die Abschaffung der Produktionseinrichtung Tarifpolitik einschließlich ihrer Betreiberorganisationen durchsetzbar, weil sich die Gewerkschaft zur Durchsetzung ihrer Tarifpolitik satzungsgemäß krimineller Methoden bedient, die den Bundesinnenminister als Bundesordnungsbehörde ordnungspolitisch verpflichtet, sie als kriminelle Vereinigungen aufzulösen." (Anmerkung *Höffts* zum Ausdruck „kriminelle Vereinigungen": Das Reichsgericht hat Streikteilnahme als „Erpressung" abgeurteilt, RGSt 21, 114).

Jetzt kommt's aber ganz dick. Wir wollen doch mal festhalten: Wenn es die Gewerkschaften und die Tarifautonomie nicht geben würde, dann wären doch die Arbeitnehmer als die schwächeren Verhandlungspartner den Wirtschaftsbossen vollständig ausgeliefert. Die Unternehmer würden sie über den Tisch ziehen und überhaupt machen, was sie wollen. Und die Löhne würden ins Bodenlose sinken.

Das ist gleich ein ganzes Bündel von Irrtümern. Erstens wären die Arbeitnehmer in einer freien Marktwirtschaft, in der es – wie gesagt – keine unfreiwillige Arbeitslosigkeit geben könnte, in einer starken Verhandlungsposition. Zweitens sind Unternehmer keine Dummköpfe. Sie wollen weder demotivierte

Mitarbeiter noch eine permanente Fluktuation des Personals; weder daß schlecht bezahlte Mitarbeiter zur Konkurrenz abwandern, noch daß sich unzufriedene Mitarbeiter nur mit halber Kraft für das Unternehmen einsetzen oder gar den betrieblichen Interessen entgegenarbeiten. Nichts schadet einem Unternehmen mehr als demotiviertes Personal, das sich ungerecht entlohnt oder in sonstiger Weise schlecht behandelt fühlt. Das weiß jeder Unternehmer. Deshalb wird er auch, wenn sein Betrieb in finanzielle Schwierigkeiten gerät, lieber Mitarbeiter entlassen (manchmal sogar dringend benötigtes, erfahrenes Personal) als einzelnen Personen oder ganzen Gruppen der Belegschaft die Löhne zu kürzen oder einen Neuankömmling zu niedrig zu bezahlen. Lieber einige „aus den Augen, aus dem Sinn" als lange Gesichter und entsprechend schlechte Leistungen im Haus.

In jüngster Zeit hat das Beispiel Neuseeland gezeigt, daß Arbeitsmärkte hervorragend funktionieren – auch und gerade im Sinne der Arbeitnehmerinteressen –, wenn das Tarifkartell zerschlagen und das System kollektiver Arbeitsverträge aufgebrochen wird. Die neuseeländischen Arbeitnehmer haben nach diesem wahrhaft revolutionären Umbruch ganz schnell gelernt, ihre Interessen optimal wahrzunehmen. Viele haben es sich zugetraut, ihre Arbeitsverträge im Vier-Augen-Gespräch mit dem Unternehmer auszuhandeln. Andere haben betriebliche Gruppen gebildet, ihre Forderungen abgestimmt und einen versierten Verhandlungsführer aus den eigenen Reihen gewählt. Die meisten der so gebildeten (kleinen oder größeren) betrieblichen Gruppen haben professionelle und spezialisierte Verhandlungsführer von außen angeheuert. Und sehr schnell hat sich bei allen Arbeitern und Angestellten des Landes herumgesprochen, welche Agenten sich jeweils als die besten erwiesen und das größte Verhandlungsgeschick entwickelt haben. Die im Zuge der radikalen Reform errichteten Schlichtungsstellen mußten jedenfalls bald wieder geschlossen werden, weil niemand sie gebraucht hat. 83% der Arbeitnehmer gaben bei anschließenden Umfragen an, mit dem neuen System „zufrieden bis sehr zufrieden" zu sein. Übrigens konnte sich, wer wollte, nach wie vor von den Gewerkschaften vertreten lassen und deren tarifvertraglich ausgehandelten Bedingungen übernehmen. Gewerkschaften und Arbeitgeberverbände konnten also bestehen bleiben und nach wie vor Verträge aushandeln, aber niemand mehr war verpflichtet, einer Gewerkschaft oder einem Verband anzugehören, und die Tarifverträge verloren ihre Allgemeinverbindlichkeit und galten nur noch für diejenigen, die sie freiwillig anerkannten.

Generell sollte man wissen, daß Gewerkschaften das Lohnniveau niemals dauerhaft über das Marktniveau hinaus erhöhen können. Keine Macht der Welt kann das. Daß der Produktivitätszuwachs die äußerste Grenze der möglichen (realen) Lohnsteigerungen markiert, ist ein eisernes Gesetz der Ökonomie, das sowohl im Kleinen (für jeden einzelnen Betrieb) als auch im Großen (für die ganze Volkswirtschaft) gilt. Es ist so unumstößlich und unveränderbar wie ein Naturgesetz. (Der Ökonom formuliert es genauer: Die Grenzproduktivität der Arbeit bestimmt den Grenzlohn, und daß beide zueinanderfinden, besorgt der Wettbewerb). Der dauerhaft mögliche Lohnzuwachs ist sogar geringer als der jeweilige Produktivitätszuwachs, weil die Steigerung der Arbeitsproduktivität hauptsächlich auf den Einsatz des Faktors ‚Kapital' zurückgeht, und weil dieser Faktor sich „zurückzieht", wenn er auf Dauer seiner angemessenen Belohnung beraubt wird (mit entsprechend bösen Folgen für die Produktivität und die Löhne).

Wer versucht, dieses eiserne Gesetz vermittels Inflation auszutricksen (die *Keynes*-Variante), der „faßt den Tiger beim Schwanz", wie Professor *Hayek* das treffend ausgedrückt hat. (s. Hayek 1972, 1978) Das heißt, der Versuch endet in einem Desaster mit letztlich noch größerer Arbeitslosigkeit und noch geringeren Realeinkommen oder noch geringeren Realeinkommenszuwächsen für die Arbeitnehmer. Und wer versucht – oder genauer: wer vortäuscht, das Gesetz aushebeln zu können, wie das seit Jahrzehnten die Gewerkschaften tun, erhöht keinesfalls das reale Lohnniveau, sondern verteilt die (in der Summe real gleichbleibenden) Löhne nur mit erhöhten Einzelbeträgen auf weniger Köpfe, erzeugt also Arbeitslosigkeit. Diese aber kostet die Bürger – allesamt, auch die vorübergehenden Gewinner (Insider oder Arbeitsplatzbesitzer) – schon auf mittlere und erst recht auf lange Sicht viel mehr als einige von ihnen kurzfristig gewinnen mögen. Und zwar bestehen diese Kosten für die Bürger nicht nur aus den Arbeitslosengeldern und ausfallenden Sozialversicherungsbeiträgen, sondern auch aus Realeinkommens- und Vermögensverlusten durch Inflation und durch ausfallende Produktion (Verminderung des sonst möglich gewesenen Sozialproduktzuwachses). Hinzu kommen als Folge des übermäßigen Lohndrucks Investitionsabstinenz der Unternehmer und allgemeine Wachstumsschwäche, ein wirtschaftliches Absacken des ganzen Landes also. Schlußendlich spalten die bei den vergeblichen Versuchen (zur Steigerung des Lohnniveaus über das Produktivitätsniveau hinaus) auftretenden Konflikte die ganze Gesellschaft und geben politischen Radikalinskis Auftrieb. Gerade wir Deutschen sollten das nun wirklich und endlich(!) wissen.

Um alles zusammenzufassen: Wer von „wirtschaftlicher Macht“ und der „Macht der Bosse und Konzerne“ spricht, hat entweder nichts von Wirtschaft verstanden – oder aber versteht sehr wohl etwas und sogar sehr viel von ‚Macht‘, nämlich von politischer Macht und von der Macht der Funktionäre, die sich nur aufrechterhalten und mehren läßt, wenn man den Bürgern unablässig den Bären von der „wirtschaftlichen Macht“ aufbindet.

Die Reichen immer reicher...

Wirtschaftliche Macht hin oder her; fest steht, daß im Kapitalismus offensichtlich das Gesetz gilt: Die Reichen werden immer reicher und die Armen immer ärmer.

In dieser Behauptung steckt mindestens ein Dutzend Irrtümer oder Lügen zugleich. Hier sollen wenigstens die gängigsten vier oder fünf kurz gestreift werden.

Zunächst impliziert die Parole von den Reichen, die immer reicher und den Armen, die immer ärmer werden, daß der Kapitalismus ganz generell Armut und arme Leute produzieren würde. Dazu vorweg: Es gibt auf dem ganzen Globus kein einziges auch nur halbwegs kapitalistisches Land, in welchem die Mehrheit der Bevölkerung nicht wohlhabend ist; und es gibt weltweit kein einziges signifikant nichtkapitalistisches Land, in welchem die Mehrheit der Bevölkerung nicht in Armut lebt. Die Heritage Foundation hat 1997 eine Studie mit dem Titel ›1997 Index of Economic Freedom‹ vorgelegt, eine umfangreiche und höchst sorgfältig erarbeitete wissenschaftliche Arbeit. Untersucht wurden 150 Länder der Erde, und zwar nach Maßgabe sämtlicher objektiv meßbaren Kriterien für Reichtum, Armut, Freiheit und Unfreiheit. Das eindeutige Ergebnis:

1) Je mehr wirtschaftliche Freiheit (oder Marktwirtschaft oder Kapitalismus) in einem Land, desto reicher ist es, gemessen am Inlandsprodukt je Kopf der Bevölkerung. 2) Es gibt keine Nation, die ökonomisch frei und dennoch arm wäre – und keine, die unterdrückt und trotzdem reich wäre.

Doch gehen wir das Thema zunächst einmal historisch an. Mit zunehmender Verbreitung der sogenannten Industriellen Revolution im 19. und frühen 20. Jahrhundert hat sich nicht nur die Güterversorgung der breiten Bevölkerungsmassen dramatisch verbessert – auf ein Niveau zivilisatorischer und hygienischer Lebensumstände und Annehmlichkeiten, das sich sogar die Wohlhabenden früherer Zeiten nicht hätten träumen lassen -, sondern auch der gesellschaftliche Status des sogenannten gemeinen Volkes. Wie *Ludwig von Mises* es eindrucksvoll beschrieben hat, ging die ökonomisch-gesellschaftliche Dominanz von den Landeigentümern auf die Gesamtheit der Bevölkerung über. Der gemeine Mann war nun kein Bettler mehr, der von den Brosamen leben mußte, die vom Tisch der Reichen fielen. Die drei Paria-Kasten, die für die vorkapitalistische Zeit charakteristisch waren – die Sklaven, die Diener und die Armen, verschwanden. Ihre Nachkommen wurden in diesem neuen ökonomischen Umfeld nicht nur freie Arbeiter, sondern auch Kunden, welche als Abnehmer der Massenproduktion viel bedeutsamer wurden als die verbliebenen „Standes-Reichen" mit ihrem vom Volumen her unbedeutend gewordenen Luxuskonsum. (s. Mises 1958)

Auch machte es der Kapitalismus für jedermann möglich, die Standesgrenzen zu überschreiten und einzureißen. Reichtum war nicht mehr an den gesellschaftlichen Stand als Adliger oder Landbesitzer gebunden, sondern an Leistung im Dienste der Massenversorgung auf immer größer werdenden Märkten. Für jedermann war nun auch die Möglichkeit eröffnet, zu sparen, Kapital anzusammeln und zu investieren. Der Graben, der in den vorkapitalistischen Zeiten zwischen den Eigentümern und den Besitzlosen geklafft hatte, wurde stetig schmaler. Immer mehr Arbeiter konnten zu Eigentümern von Aktien, Versicherungspolicen und Immobilien werden. Ja, noch mehr: Die Masse der Bevölkerung wurde zu den eigentlichen „Herren" des Kapitals. Vorher konnte niemand außer den Eigentümern selbst darüber befinden, was mit den Schlössern und Latifundien zu geschehen hatte, jetzt aber bestimmten die Massen der Konsumenten über den Kapitaleinsatz. Nur wenn die Kapitaleigentümer in Produktionsanlagen investierten, mit welchen die Bedürfnisse der großen Bevölkerungsmehrheit befriedigt wurden, konnte sich das Kapital verzinsen und erhalten, alles andere Kapital erbrachte Verluste und ging verloren. Im Kapitalismus ist die ganze Bevölkerung der eigentliche Herr des Kapitals, der bestimmt, wo und wie es eingesetzt und in den Dienst aller gestellt wird – ganz egal, wem es physisch oder juristisch gehört.

Es ist bei dieser Gelegenheit wichtig, darauf hinzuweisen, daß jeder dirigistische und konfiskatorische Eingriff des Staates in die Sphäre des Kapitals nicht nur eine Teilenteignung der

Kapitaleigentümer darstellt, sondern auch und vor allem eine Entmündigung und eine Enteignung der Entscheidungshoheit des Volkes über den Kapitalstock einer Nation – und auch eine Entreicherung der gesamten Bevölkerung.

Wie soll man sich das vorstellen, eine „Entreicherung der gesamten Bevölkerung" durch den Eingriff in das Kapital eines Kapitalisten?

Nehmen wir zur Veranschaulichung ein einfaches Beispiel zu Hilfe: Ein Arbeiter, der nur mit geringem Kapital ausgestattet ist, beispielsweise mit einer Schaufel, braucht vielleicht 8 Stunden anstrengender Arbeit, um einen Graben von zehn Meter Länge, einem halben Meter Breite und zwanzig Zentimeter Tiefe auszuheben. Nehmen wir an, dem Auftraggeber sei die Herstellung des Grabens hundert Mark wert. Der Arbeiter mit der Schaufel kann also für die achtstündige schwere Arbeit nicht mehr als hundert Mark Lohn erwarten. Nehmen wir nun an, ein Kapitalbesitzer, nämlich der Besitzer eines kleinen Baggers, würde dieses Gerät einem seiner Arbeiter zu einem Stundenmietpreis (Kapitalverzinsung und Amortisation) von 20 DM zur Verfügung stellen. Der betreffende Arbeiter könnte nun in derselben Zeit (8 Stunden) fünf Gräben der besagten Größe ausheben, und das sogar mit weit geringerer Anstrengung. Das heißt, er könnte 5 mal 100 Mark = 500 Mark, minus 8 mal 20 Mark Kapitalentgelt = 160 Mark, per Saldo also 340 Mark Lohn für die acht Stunden Arbeit kassieren. Noch besser würde sich die Situation und die Verdienstaussicht des Mannes gestalten, wenn ihm ein Kapitaleigentümer noch mehr und noch besseres Kapital zur Verfügung stellen würde, zum Beispiel einen Großbagger.

Kurz: Die Produktivität der Arbeit – und damit auch die mögliche Lohnhöhe – hängt fast ausschließlich von der Menge und Güte des eingesetzten Kapitals ab. Zwar läßt sich die Arbeitsproduktivität auch durch größere Anstrengung und durch eine bessere Organisation der Arbeit ein wenig steigern, aber der bei weitem wichtigste Faktor ist der Kapitaleinsatz. Deshalb bestimmt die Menge und Qualität des in einem Unternehmen – und des in einer ganzen Volkswirtschaft eingesetzten Kapitals, wie wohlhabend ein Volk wird und wie hoch das Lohnniveau im betreffenden Betrieb und im betreffenden Land steigen kann. Das bedeutet aber zugleich: Jede politische – also gesetzliche, fiskalische, administrative oder bürokratische Behinderung, Beeinträchtigung, Besteuerung, Lenkung, Knebelung oder gar Verfolgung und Enteignung des Kapitals (oder der Kapitaleigentümer) schlägt mit voller Wucht negativ auf den Wohlstand und die Lebenschancen der ganzen Bevölkerung durch – vor allem der sogenannten Arbeitnehmer.

Wo das Kapital politisch, gesetzlich, gewerkschaftlich oder bürokratisch angefeindet, behindert, geschädigt, geschlagen oder verjagt wird, da wird in Wirklichkeit das Volk und die breite Schicht der Beschäftigten geschädigt und geprügelt. Im unbehinderten Kapitalismus kann es – außer in wenigen schicksalhaften Einzelfällen – niemals so etwas wie Armut der Bevölkerung geben. Ärmer werden – oder mühsamer wohlhabend werden – oder ganz verarmen können breite Schichten oder ganze Nationen seit dem Aufkommen des Kapitalismus nur dann und nur dort, wo die Politik und die Netze der Verbandsinteressen die Kräfte des Kapitalismus fesseln, knebeln und ersticken. Und mit dem Kapitalismus und dem Wohlstand erstickt dann zugleich auch die Freiheit. Deshalb gilt auch diesbezüglich die Mahnung von *Ludwig Mises*: „Freiheit findet sich nur in Bereichen, in welche die Regierung (der Staat) nicht eingreift. Freiheit ist immer Freiheit von der Regierung (vom Staat). Sie ist Beschränkung des staatlichen Eingriffs." (Mises 1958) Und damit versteht man auch besser, was der bedeutende amerikanische Ökonom *Henry Hazlitt* gemeint hat, als er (sinngemäß) sagte, das wahre Problem der Armut sei kein Verteilungs-, sondern ein Produktionsproblem; die Armen seien nicht deshalb arm, weil man ihnen etwas vorenthalte, sondern weil sie zu wenig, zu schlecht oder das falsche produzierten.

Damit meinte er genau das: die politische Behinderung und Fehllenkung oder Vertreibung und Abschreckung des Kapitals, womit es den Armen erschwert oder unmöglich gemacht wird, mehr zu verdienen.

Das alles läßt sich nicht nur theoretisch belegen, sondern auch historisch und mit handfesten Zahlen. Im Land des Kapitalismus z.B., in den USA, war das Realeinkommen (also die inflationsbereinigte Kaufkraft des Einkommens) im Jahr 1990 um das 15fache höher als 1900, pro Kopf gerechnet um das Vierfache. Die Reallöhne der Arbeitnehmer waren 1990 mehr als achtmal so hoch wie 1900, obwohl die Arbeitszeit von 60 auf 39,3 Wochenstunden gesunken ist. 1900 haben die ärmsten 20 Prozent der Bevölkerung 4,8% des Nationaleinkommens bezogen, 1990 waren es 4,6% – also in etwa die gleiche Relation, aber bei einem real (!) 15fach höheren Nationaleinkommen. Also sind auch die Armen viel viel reicher geworden. Nach der heutigen Armutsdefinition lebten 1900 in den USA 56% der Familien in Armut, 1967 – also noch vor dem Wuchern des Wohlfahrtsstaates – nur noch 13%. Pro Person wurde 1990 um folgende Prozentzahlen real (!) mehr ausgegeben als 1900: für Lebensmittel 54%, für Kleidung 238%, für Miete 641%, für Wasser 335%, für Elektrizität 26400%, für Gesundheit 1021%, für Transport und Verkehr 1034%. Der Prozentsatz an Wohnungen und Häusern mit fließendem Wasser stieg von 24 auf fast 100%. Der Anteil der Haushalte mit Auto stieg von 0 auf 98%, mit Kühlschrank von 0 auf 100%, mit Telefon von 5 auf 95%. Die Zahl der Toten je hunderttausend Personen fiel bei Tuberkulose von 194 auf 0,70; bei Typhus von 31 auf 0,05; bei Diphtherie von 40 auf 0,05; bei Keuchhusten von 12 auf 0,05; bei Masern von 13 auf 0,05; bei Grippe und Lungenentzündung von 202 auf 32, und bei Gastritis und Kolitis von 143 auf 1. (s. Mathews 1997)

Hinzu kommt, daß in den USA (und nicht nur dort!) ein Haushalt heutzutage statistisch als arm gelten kann, der eine Waschmaschine hat, einen Wäschetrockner, einen Kühlschrank, einen Mikrowellenherd, einen Farbfernseher, einen Videorecorder und ein Auto. Wenn man eine realistische Armutsdefinition zugrunde legt, nämlich eine am realen Konsumniveau orientierte (statt der nominellen Einkommensgrenzen) – wie das der Ökonom *Daniel Slesnick* von der Universität Texas in einer Studie getan hat, dann kommt man zu dem Ergebnis, daß 1956 noch 24% der US-Haushalte arm waren, 1989 aber nur noch 2% (wobei in dieser Studie staatliche Wohlfahrtsleistungen wie Medicaid, Sozialwohnungen und viele kommunale Leistungen sogar ausgeklammert wurden). (s. ebenfalls Mathews 1997)

Aber fest steht doch, daß bei uns und in etlichen anderen Ländern eine bestimmte Gruppe von Reichen tatsächlich relativ zu allen anderen immer reicher wird.

Zunächst einmal impliziert die Tatsache, daß reiche Leute noch reicher werden, keinesfalls daß arme Leute ärmer werden. In einer Marktwirtschaft werden die weniger begüterten Schichten um so mehr und um so zahlreicher mit nach oben gezogen, je mehr Leute wirklich reich werden. Ganz generell aber handelt es sich bei der Parole „Die Reichen werden immer reicher und die Armen immer ärmer“ um ein raffiniertes Ablenkungsmanöver der Politiker und Funktionäre von den wahren Ursachen der Tatsache, daß eine gewisse relative Verarmung bestimmter Schichten in einem ganz spezifischen Sinn zu beobachten ist. Indem der Blick auf eine kleine Gruppe von Superreichen gelenkt wird, gerät außer Sicht, daß seit rund drei Jahrzehnten der Mittelstand, die weitaus breiteste Schichtung unseres Landes, ausgehungert und dezimiert wird. Heute gibt es kaum noch eine Familie, in der die Ehefrau nicht mitarbeiten müßte, um den relativen Lebensstandard halten zu können, der bis in die siebziger Jahre hinein noch mit einem Verdiener gesichert werden konnte. Was bei dieser sogenannten „neuen Armut“ von Bedeutung ist, das ist eben nicht die Tatsache, daß eine ganz kleine Gruppe von Reichen immer reicher wird, sondern daß die seit Jahrzehnten steigende Steuer- und Abgabenlast, sowie die unaufhörlich wachsenden Sozialabgaben und die (wenn auch moderate, so doch die Einkommen und Vermögen unablässig aushöhlende) Inflation den Mittelstand unserer Gesellschaft sukzessive ausradiert.

Mögen die Schweinefleisch- und Kartoffelpreise auch nur moderat gestiegen sein in den letzten Jahrzehnten, so sind doch die Preise derjenigen Güter und Dienste, deren Nutzung den Mittelstand ausmachen, geradezu explodiert. Das gilt insbesondere für die Kosten des eigenen Hauses oder wenigstens der eigenen Wohnung, sowie für die Kosten einer höheren Bildung und Ausbildung der Kinder, für Haushaltshilfen und personelle Dienste aller Art. Die wahren Reichen (im Sinne eines unangenehmen Beigeschmacks des Wortes) sind im modernen Sozial- und Umverteilungsstaat nicht die Unternehmer und Selbständigen, die sich im Hamsterrad der Fiskal- und Sozialmühlen abstrampeln und im Dickicht des bürokratischen Vorschriften-Dschungels zu Tode ärgern, sondern jene – von solchen Lasten vielfach befreite – Schmarotzerschicht von Funktionären, die in Tausenden von Verbänden und politischen Umverteilungsorganisationen ein immer größeres Rad drehen und unsere Steuermilliarden über den ganzen Globus ausstreuen wie die Sonnenkönige, als handele es sich dabei nicht um hart erarbeitete Groschen, sondern um Dreck von der nächsten Schutthalde.

Also ist doch etwas dran an der These von der „neuen Armut" und vom Auseinanderdriften zwischen reich und arm?

Nochmal aus einem anderen Blickwinkel: Was an der eigentlich falschen Behauptung wahr ist – und einiges daran ist in einem ganz bestimmten Sinne wahr -, das ist nicht die Folge von Kapitalismus oder Marktwirtschaft, sondern die Folge der Trennung der Lebensbereiche in eine sozialistische und eine kapitalistische Wirtschaft. Etliche Reiche können es sich leisten, in einer überwiegend kapitalistischen Welt zu leben, in der die Märkte frei sind; oder sie können wenigstens ihr Einkommen dorthin verlagern, wo sie weniger oder gar nicht besteuert werden. Das sei ihnen gegönnt. Bedauerlich ist nur, daß die meisten anderen in einer mehr sozialistischen Welt leben müssen: Sie arbeiten auf regulierten halb- bis dreiviertelsozialistischen Arbeitsmärkten, wo sie weder darüber entscheiden dürfen, wann und wie lange sie arbeiten – noch zu welchem Preis und zu welchen sonstigen Bedingungen; sie leben in halbsozialistischen Wohnungen (Sozialwohnungen oder mietpreisregulierten Immobilien), müssen ihr Lebenseinkommen zur Hälfte oder mehr in sozialistische Sozialversicherungssysteme – inklusive sozialistisches Rentensystem – und in den Fiskalsozialismus stecken; sie müssen ihre Kinder auf sozialistische (öffentliche, staatliche) Schulen schicken, und sie sitzen den Verlockungen einer sozialistischen Politik (Sozialstaat) auf, die völlig falsche Anreize setzt und immer weiter in die Abhängigkeit und Unmündigkeit führt. Die Ineffizienz und Verschwendung, die Knebelung und Ausbeutung durch den halb- bis dreiviertelsozialistischen Sozialstaat und Maximalstaat sind es, welche der besagten Parole eine gewisse Berechtigung geben. Der spezifische Wahrheitskern, der darin steckt, ist nicht Schuld oder Folge des Kapitalismus, sondern der Tatsache, daß der Sozial-, Interventions- und Umverteilungsstaat die meisten Menschen zwingt, in einer halb- bis dreiviertelsozialistischen Ökonomie zu leben und zu arbeiten.

Das bedeutet aber nicht nur eine gewisse Schwächung der materiellen Situation der Bürger, sondern kann zur Gefährdung der Existenz für die gesamte Menschheit werden. Die moderne Zivilisation – also Fortschritt, Freiheit, Wohlstand, ja Leben und Überleben der neuzeitlichen Milliardenzahlen an Menschen – basiert auf der Arbeitsteilung. Ab einem bestimmten Sozialisierungsgrad, man kann auch sagen: ab einer bestimmten Staatsquote (Steuer- und Abgabenlast der Bürger, sowie Ausgabenvolumen des Staates), die nebenbei bemerkt in Deutschland mit rund 50% längst überschritten ist, driften die

Netto-Arbeitsentgelte der Arbeitnehmer (wegen der Abzüge und Abgaben) und die Brutto-Arbeitskosten der Arbeitgeber (wegen derselben Abgaben) so weit auseinander, daß der Bürger in eine Lohnschere von gewaltigem Ausmaß gerät. Er muß dann für jede von ihm in Anspruch genommene fremde Arbeitsstunde – z. B. für die eines Handwerkers – ein Mehrfaches an eigenen Arbeitsstunden leisten. Bei einer Staatsquote von über 50% muß beispielsweise in Deutschland derzeit für jede in Anspruch genommene fremde Arbeitsstunde der Nettoverdienst von fünf eigenen (gleichwertigen!) Arbeitsstunden geopfert werden. In einigen Bereichen hat sich diese Schere sogar bis zu einem Verhältnis von eins zu sieben geöffnet.

Das bedeutet aber letztlich nicht mehr und nicht weniger als daß die Arbeitsteilung allmählich sinnlos wird. Ein Symptom dafür ist der Boom der Schwarzarbeit und der do-it-yourself-Heimwerkerei. Außerdem bleibt ein Riesenbedarf der Bürger an Dienstleistungen ungedeckt. Die Menschen ersticken auf diese Weise einerseits in einem Meer von technischen Apparaten (die der hochproduktive Kapitalismus erzeugt) und verarmen andererseits an dringend benötigten oder erwünschten Diensten (die der hochdestruktive Sozialismus verhindert). Das ist – soweit man überhaupt davon sprechen kann – die „neue Armut“. Und das ist zugleich der Weg in die Entzivilisierung, in Barbarei und Niedergang, und schließlich – wenn der Vorgang nicht gestoppt wird – sogar in Massenelend und Massentod. Aber das sind, wie gesagt, ganz andere Aspekte als diejenigen, die uns üblicherweise mit den Schlagworten von der „neuen Armut“ und dem „reicher und ärmer werden“ vorgegaukelt werden – und die allesamt falsch sind.

Sie sagten, daß einige Reiche ihr Geld in kapitalistische Länder lenken können. Meinen Sie damit die Steueroasen und das Schweizer Bankgeheimnis?

Nein. Damit meine ich beispielsweise die Verlagerung von Investitionen aus Deutschland in die USA oder nach Kanada, Australien usw. Aber das heißt nicht, daß gegen Steueroasen, Niedrigsteuerländer oder das Schweizer Bankgeheimnis (das im übrigen kaum noch eines ist) etwas einzuwenden wäre. Im Gegenteil! Politiker bezeichnen die Steuersätze solcher Länder und speziell die Bank- und Steuergepflogenheiten der Schweiz und Luxemburgs gern und oft als „unfair". Wer darauf reinfällt, sollte sich fragen: Waren die verfolgten Juden, deren Nachfahren heute ihre Schweizer Bankkonten aufspüren, damals auch der Meinung, das Bankgeheimnis der Schweiz sei „unfair" gewesen?! Oder die vielen Opfer von Hyperinflationen, von korrupten Regierungen und von Enteignungskampagnen in sozialistischen und kommunistischen Ländern?! (Daß damit auch die eine oder andere unsaubere Machenschaft möglich ist, mindert nicht den Wert der Institution. Alles, auch die besten Dinge und Einrichtungen der Welt, können mißbraucht werden; sie deshalb alle abschaffen zu wollen, würde bedeuten, die Menschheit abzuschaffen). Es muß in Europa wenigstens eine einzige wettbewerbliche Alternative zum vereinigten und einhelligen kleptokratischen Konsens der Regierungen verbleiben. Es ist die einzige und letzte Bremse gegen den fiskalischen Totalitarismus. Wenn die letzten Inseln mit erträglichen Steuern in Europa und ihre Banken dazu gezwungen werden, Komplizen des europäischen Staaten- und Fiskal-Kartells zu werden, dann hat das Individuum endgültig ausgespielt, und sein Eigentum ist dann nur noch ein Zufallsereignis oder ein vorübergehender Gnadenakt der politischen Kaste. Auch hier gilt: Der Wettbewerb ist die einzige friedliche Alternative zum Krieg. Und so ist auch der Wettbewerb der Steuersysteme – und überhaupt der politischen Systeme – die einzige friedliche Alternative zum staatlichen Krieg gegen die Bürger und ihr Eigentum.

Es gibt aber doch Statistiken, die beweisen, daß in den letzten Jahren immer mehr Menschen in unserem Land unter die Armutsgrenze gerutscht sind.

Daß es diese Statistiken gibt, ist richtig, und die meisten Zahlen stimmen sogar. Und dennoch handelt es sich dabei meistens um Fälschungen und primitive Irreführungen. Das beginnt bereits bei der Definition von ‚Armut'. 1981 legte die Europäische Kommission fest: arm ist, wer weniger als halb soviel verdient wie das Durchschnittseinkommen der Bevölkerung eines

Landes. Da es in einem reicher werdenden Land hinsichtlich der Einkommen immer Vorauseilende und Nachzügler gibt, wird also – nach dieser Definition – der Prozentanteil der „Armen" um so mehr und um so rascher wachsen, je schneller und je mehr das Durchschnittseinkommen des betreffenden Landes wächst. Der Journalist *Wolf Schneider* hat einmal gespottet: „Sollte eines fernen Tages das durchschnittliche Pro-Kopf-Einkommen in einem Land auf zwei Millionen steigen, so würden die einfachen Millionäre sich unterhalb der Armutsgrenze wiederfinden." (Schneider 1997)

Ein weiterer Trick der politischen Scharlatane, die mit der Armuts- und Reichtumsstatistik in der Tasche herumlaufen, besteht darin, das sogenannte Sozialvermögen der Bundesbürger einfach zu unterschlagen. Wie jedermann weiß, beziehen Selbständige und Unternehmer nur in seltenen Ausnahmefällen staatliche Renten oder Zahlungen aus der staatlichen Kranken-, Arbeitslosen- und Invaliditätsversicherung; auch keine Lohnfortzahlungen der Arbeitgeber (die sie ja selbst sind). Diese öffentlichen Institutionen schütten in Deutschland jährlich einen Betrag von deutlich über 800 Milliarden Mark aus. Würde es diese Kollektiveinrichtungen nicht geben, müßten sich die Bürger privat versichern und/oder individuell durch Sparen auf privaten Konten vorsorgen, wie das die Selbständigen und Unternehmer tun müssen. Und dann wären besagte 800 Milliarden DM aus den Zinsen der Ersparnisse oder durch sukzessives Auflösen des Sparkapitals zu erbringen.

Wenn man nun bei der üblichen ‚Reichtum-Armut'-Kritik vom Vergleich der Einkommen und Vermögen der sogenannten ‚abhängig Beschäftigten' einerseits und den sogenannten ‚Einkommen aus Unternehmertätigkeit und Vermögen' andererseits ausgeht, so muß man auch unterstellen, daß bei den letzteren die Vermögenssubstanz nicht aufgebraucht werden muß, um zur Position ‚Einkommen aus Unternehmertätigkeit und Vermögen' zu kommen. Geht man alsdann von einer Verzinsung des Vermögens von 5% aus und errechnet, welche Ersparnisse die ‚abhängig Beschäftigten' haben müßten, um die gesamten 800 Milliarden DM daraus beziehen zu können, so kommt man auf die astronomische Summe von 17 Billionen Mark. Das sind siebzehntausend Milliarden – und das Vielfache des gesamten Bruttosozialprodukts. Allein das Anspruchsvermögen der Bundesbürger gegenüber der staatlichen Rentenversicherung ist in etwa gleich hoch wie das gesamte Sach- und Geldvermögen der Deutschen. Zahlen von einer solchen Dimension bei den üblichen Einkommens- und Vermögensvergleichen und bei den scheinheiligen Reichtums-Armuts-Geifereien vor den Fernsehkameras einfach unter den Tisch fallen zu lassen, läßt den Rückschluß vorsätzlicher Irreführung zu. Und so etwas fällt eigentlich unter die Kategorie Täuschung und Betrug, um denen, die nicht kollektiv abgesichert sind, das Ersparte zu nehmen.

Die Einkommens- und Vermögensstatistiken mögen in der genannten Hinsicht korrekturbedürftig sein. Nicht zu rütteln ist aber an der Tatsache, daß die deutschen Unternehmen und Selbständigen fast keine Steuern mehr zahlen, während die Arbeitnehmereinkommen zu 90% ordnungsgemäß deklariert und versteuert werden. Das ist auch durch ein Gutachten der SPD-nahen Friedrich-Ebert-Stiftung belegt. Und Rudolf Scharping hat sich auf eine OECD-Statistik berufen, wonach die deutschen Unternehmen im internationalen Vergleich die niedrigste Steuerlast zu tragen haben. Wollen Sie etwa behaupten, das sei alles frei erfunden?

Nein, nicht frei erfunden, aber trotzdem falsch, Falschinformation durch Weglassen von wichtigen Zusammenhängen und durch die Gegenüberstellung nicht vergleichbarer Zahlen. So betreffen beispielsweise die OECD-Berechnungen nur die Kapitalgesellschaften. Die Steuern von Personengesellschaften und Einzelunternehmen werden in besagter Statistik nicht erfaßt. Diese Unternehmen machen jedoch in Deutschland – im Unterschied zu den meisten anderen Ländern – fünfundachtzig

Prozent (!) aller Unternehmen aus. Hinzu kommt, daß ein ständig wachsender Teil der unter der Rubrik ‚Einkommen aus Unternehmertätigkeit und Vermögen' erfaßten Einnahmen, also Zinsen und Dividenden aus Finanzanlagen, auf Arbeitnehmer entfallen (die dazuhin noch zu weiten Teilen im Rahmen der Freigrenzen unversteuert bleiben).

Doch etwas anderes ist hierbei noch viel wichtiger: Die veranlagte Einkommensteuer wurde bspw. für das Jahr 1997 mit 5,8 Milliarden DM ausgewiesen. Tatsächlich wurde aber – mit 51,1 Milliarden DM – fast das Zehnfache bezahlt. Ich wiederhole: fast das Zehnfache! Aus der Position ‚Veranlagte Einkommensteuer' wurden nämlich 1997 Erstattungsbeträge von 45,3 Milliarden Mark an die betreffenden Steuerzahler zurückerstattet, und mehr als 90 Prozent davon an Arbeitnehmer in Form von Lohnsteuerrückerstattungen. Es ist zwar seltsam, daß die Lohnsteuerrückerstattungen aus der Position ‚Veranlagte Einkommensteuer' abfließen, aber es ist nun mal so. Außerdem wird das Einkommensteueraufkommen um die Eigenheimzulage korrigiert (gekürzt), die zu einem erheblichen Teil den Arbeitnehmern zufließt, sowie um bestimmte Investitionszulagen. Ist schon diese Statistik ein Skandal, dann noch viel mehr, daß einschlägig interessierte Politiker und Gewerkschaftsfunktionäre dieses Zahlenspiel unterschlagen und die Nettoziffern unkommentiert und schamlos zu Propagandazwecken mißbrauchen und damit Millionen gutgläubige Zuschauer und Zuhörer für eigene Propagandazwecke in die Irre führen.

Die wahren Zahlen sehen dagegen ganz anders aus. Der Statistik des Bundesministeriums für Finanzen für das Jahr 1998 kann man entnehmen, daß die oberen fünf Prozent der Steuerpflichtigen (also die 5% der deutschen Steuerzahler mit den höchsten Einkommen) 41 Prozent des Einkommensteueraufkommens gezahlt haben; das obere Viertel (die oberen 25 Prozent) zahlte 72,2 Prozent, und die obere Hälfte zahlte 90,8 Prozent des Aufkommens; die unteren 50 Prozent (mit Einnahmen bis 49.100 DM p. a.) zahlten also nur 9,2 Prozent des Einkommensteueraufkommens – und die untersten 25% (mit Einkünften bis 19.800 DM p. a.) zahlten nur 0,1 Prozent. Grob kann man also sagen: Das oberste Viertel der Einkommen zahlt drei Viertel des Einkommensteueraufkommens, und die obere Hälfte fast alles.

Doch das erfährt die Bevölkerung niemals. Bleibt den Politzampano nur übrig zu heucheln? Politiker und Funktionäre brauchen anscheinend dringend skandalöse Armuts- und Reichtumszahlen als (Schein-) Legitimation zur Rechtfertigung ihrer Macher-Funktion und zur Mehrung ihrer Macht und Anhängerschaft. Die vermeintliche Armut wird zum Armutszeugnis jener Propagandisten, welche die den Kapitalisten nachgesagten üblen Geschäftspraktiken beherrschen. An sich gehört das in die Kategorie des unlauteren Wettbewerbs, der für den normalen Warenanbieter verboten ist. Eine miese Geschäftspraxis, doch manchmal habe ich den Eindruck, die Bürger wollen das nicht anders. Das kräftige Schüren der Neidfeuer gewährt wohl vielen eine größere Befriedigung als die schlichte und unspektakuläre Wahrheit. „Die Wahrheit hat keine politische Funktion", hat *Frank Knight* einmal gesagt.

Marktversagen und Umweltzerstörung

Sie äußern sich immer wieder negativ über die Politik. Aber Politik ist doch in vielen Fällen notwendig.

Notwendig ist Politik ausschließlich als dienende Ordnungspolitik und zur Sicherung der Bürger vor Übergriffen auf ihre Person, also auf ihr Leben, ihren Körper und die Früchte ihrer Arbeit bzw. auf ihr rechtmäßig erworbenes Eigentum. Alles andere ist Aggression gegen die Menschen, die doch vor Aggression geschützt werden sollen. *Anthony de Jasay*, der bedeutendste lebende Philosoph des Liberalismus, konnte seinem jüngsten Wert keinen besseren Titel geben als ›Against Politics‹ (Gegen Politik) (Jasay 1997). Jeder Mensch ist alleiniger Eigentümer seiner selbst, seiner Person, seines Körpers, seines Lebens und der Früchte seiner Arbeit. Das ist seit dem 17. Jahrhundert und seit *John Locke* keine Neuigkeit mehr. Niemand ist berechtigt oder legitimiert, in diese Eigentumsrechte einzugreifen, es sei denn bei einem Mißbrauch dieser Rechte zur Verletzung derselben Rechte anderer. Das ist der Kern allen Rechts, und das sind auch schon die Menschenrechte; es bedarf dazu keiner gesonderten Menschenrechtskonvention.

Gilt das auch in der Demokratie, also für die demokratische Politik?

Ja. Uneingeschränkt. Demokratie hat die Funktion, diejenigen Regierungen auf dem Wege der Mehrheitsabstimmung zu installieren, welche diese Rechte am besten wahren und sichern, sowie diejenigen Regierungen auf demokratischem, unblutigem und gewaltlosem Wege abzuberufen, welche diese Schutzfunktion nicht verläßlich ausüben oder gar gegen sie verstoßen. Nichts sonst. Auch demokratisch zustande gekommene Mehrheitsentscheidungen sind Kollektiventscheidungen. Die autonome Entscheidung der Person über ihr Eigentum (Leben, Körper und Früchte der Arbeit) geht jeder Kollektiventscheidung vor. Entscheidet ein Kollektiv über diese Rechte, so ist das Rechtsverletzung, und zwar auch dann, wenn beide – Individual- und Kollektiventscheidung zufällig übereinstimmen sollten, was aber selten oder nie der Fall ist. Auch ein sogenannter demokratischer Eingriff in diese persönlichen Rechte ist eine Menschenrechtsverletzung. Nicht Mitbestimmung ist das Grundelement der Freiheit und des Rechts, sondern Selbstbestimmung.

Nur Individuen können handeln, denken und entscheiden; Kollektive nicht. Ein Kollektiv ist ein Abstraktum, ein Zahlenspiel. Irgend jemand macht sich zu seinem Vertreter und entscheidet und handelt dann im Namen des Kollektivs – also im Namen eines künstlichen Phantoms. Daß sich diese sogenannten „Vertreter“ dabei auf einen – wie auch immer gearteten – „Gesellschaftsvertrag“ berufen, macht die Sache nicht besser, denn dieser Gesellschaftsvertrag existiert nicht und ist niemals von irgend jemandem unterschrieben worden. Er ist das Phantomgebilde eines Phantoms. Wenn es für ein Volk von beispielsweise achtzig Millionen Menschen einen Gesellschaftsvertrag geben würde, dann müßte er achtzig Millionen verschiedene Exemplare umfassen, weil es kaum zwei Personen geben dürfte, die sich für denselben Vertrag entscheiden würden. Und bei jeder Ankunft eines Neugeborenen – bzw. nach dessen Volljährigkeit müßte ein neues Exemplar hinzukommen. Ein akademisch verbrämter Unsinn.

Wenn mit Mehrheit und in freier und geheimer Wahl entschieden werden würde, daß alle Rothaarigen höhere Steuern zu zahlen hätten als die Blonden, Brünetten usw., dann würde jedermann sofort einsehen, daß es sich bei einer solchen demokratischen Kollektiventscheidung um himmelschreiendes Unrecht handelt. Dasselbe gilt aber auch, wenn eine demokratische Mehrheit entscheidet, daß – um nur zwei Beispiele zu nennen – alle Leute mit einem Einkommen von mehr als X einem höheren Steuersatz unterliegen sollen – oder daß die Selbständigen über ihre Altersvorsorge selbst entscheiden können, während die Lohnempfänger das nicht dürfen. Das ist demokratisch verbrämter Totalitarismus. Zu glauben, daß alles schon deshalb recht und gerecht sei, weil es auf demokratische Weise entschieden wurde, ist eine abenteuerliche Vorstellung.

Friedrich A. von Hayek hat dieses Thema der „entarteten Demokratie“ in vielen seiner Schriften behandelt. Am kürzesten lassen sich seine bedeutsamen Überlegungen mit den Sätzen darstellen, die er in einem Interviewfilm von 1979 (›*Inside the Hayek Equation*‹) formuliert hat (*Freie Übersetzung R. B.*): „Die Demokratie, die wir kennen, muß scheitern, und so viele Menschen werden enttäuscht sein, daß sie sich eventuell gemeinsam gegen die Demokratie wenden. Ursache ist aber nur ein ganz spezieller Fehler unseres demokratischen Systems. Es ist überhaupt nicht notwendig, daß

Demokratie mit einem allmächtigen Parlament gleichgesetzt wird. Die meiste Zeit der neueren Geschichte zeigt ein Ringen um die Beschränkung der Regierung. Es war eine unglückliche Entwicklung, daß die Leute glaubten, daß eine Beschränkung der Regierung hinfällig sei, wenn man die Macht den Repräsentanten der Mehrheit der Bevölkerung gegeben habe. So wurden all die langen Bemühungen um eine Beschränkung der Regierung weggespült. Die Macht wurde einer einzigen Gruppierung gegeben, die sowohl die Gesetze machen kann, die sie für ihre Zwecke wünscht, als auch regieren kann. So haben wir eine unbeschränkte Demokratie bekommen, wo die Mehrheit des gewählten Parlaments machen kann, was sie will. Und was sie will, deckt sich überhaupt nicht mit der Meinung der Mehrheit, weil der Prozeß der Mehrheitsbildung darin besteht, bestimmte Gruppen mit bestimmten Vorteilen zu bestechen. Und der gewählten Mehrheit bleibt gar nichts anderes übrig als so vorzugehen. Man kann in einer Vertreterversammlung keine Vertretermehrheit bilden, wenn man die vorhandene Macht nicht dazu benutzt, bestimmten Gruppen bestimmte Vorteile zuzuschanzen.

Diese Art von Demokratie ist schädlich und wird zusammenbrechen. Eines meiner Hauptanliegen ist es, den Menschen zu zeigen, daß Demokratie nicht diese Form annehmen muß. Wir können eine Demokratie haben, in welcher die Regierung – obwohl demokratisch geführt – unter dem Gesetz einer Körperschaft bleibt, die nicht regieren kann, sondern nur allgemeine Regeln festlegen kann. Die Macht der Regierung ist dann durch allgemeine Regeln limitiert und auf die Durchsetzung dieser allgemeinen Regeln beschränkt. Diese Regierung wird unfähig, bestimmten Gruppen bestimmte Vorteile zuzuschanzen. Um eine beschränkte Demokratie zu schaffen, müssen wir die Macht teilen zwischen einer gewählten Versammlung (die nicht über Parteilinien gewählt wird), welche generelle Regeln festlegen muß, und einer Regierungsversammlung, welche den von ersterer festgelegten Regeln unterworfen ist. Eine solche Regierung könnte nach wie vor Leistungen aller Art erbringen, aber keine Zwangsherrschaft ausüben."

Sie meinen also, alles was über die Rechtsschutzfunktion des Minimalstaates hinausgeht, sollte den freien Bürgern auf freien Märkten überlassen bleiben. Es ist aber doch zur Genüge bekannt, daß der Markt bei vielen Dingen und Problemen auch versagen kann. In allen solchen Fällen ist doch die Politik gefordert.

Es sollte an dieser Stelle nochmals betont werden, daß es sich bei Freiheit, Rechtsstaat und Marktsystem nicht um unterschiedliche Phänomene handelt. „Marktsystem“, hat *Erich Hoppmann*, der Nachfolger auf dem Freiburger Hayek-Lehrstuhl, geschrieben, „setzt nicht nur freiheitlichen Rechtsstaat voraus, sondern es ist umgekehrt zugleich auch dessen Grundlage. Rechtsstaat und Marktsystem sind insofern nur zwei Seiten einer Medaille.“ Und: „Es handelt sich nicht lediglich um die Interdependenz von zwei wechselseitig verknüpften, aber sonst autonomen Bereichen, sondern es handelt sich genauer nur um zwei Aspekte desselben Gegenstandes, nämlich Rechtsstaat und Marktsystem sind zwei Aspekte dessen, was man eine Offene Gesellschaft oder eine Gesellschaft freier Menschen nennt. Zutreffend wäre es deshalb, von einer strukturellen Identität zu sprechen.“ (Hoppmann 1990, S. 14).

Man sollte sich also hüten, von „Marktversagen“ schon dann zu reden, wenn nicht tatsächlich die Ordnung der Freiheit und des Rechts durch irgendwelche Marktgeschehnisse in Gefahr geraten, sondern wenn am Markt lediglich etwas geschieht, das der Politik nicht in den Kram paßt. Die Alternative im gesellschaftlichen Leben der Menschen lautet immer und überall: ‚Markt oder Befehl‘. Es muß sich also schon um gravierende Dinge handeln, wenn man dem Befehl den Vorzug geben will. *Friedrich A. von Hayek* hat dazu einmal warnend ausgeführt: „In einer komplexen Gesellschaft hat der Mensch keine andere Wahl, als sich entweder an die für ihn blind erscheinenden Kräfte des sozialen Prozesses anzupassen, oder den Anordnungen eines Übergeordneten zu gehorchen. Solange er nur die harte Schule des Marktes kennt, wird er vielleicht denken, daß die Leitung durch einen anderen vernünftigen Kopf besser wäre; aber wenn es zum Versuch kommt, entdeckt er bald, daß ihm der erstere immer noch wenigstens eine Wahl läßt, und daß es besser ist, die Wahl zwischen verschiedenen unangenehmen Möglichkeiten zu haben, als zu einer von ihnen gezwungen zu werden." (Hayek 1946, 1976, S. 38 f.)

Daß es sich bei der Alternative ‚Markt oder Befehl' nicht um rein theoretische Überlegungen handelt, sondern um allgegenwärtige politische Praxis, kann jedermann bei sich selbst feststellen und auch fast täglich in den Nachrichten verfolgen. Wer bereit wäre, in eine ihm besonders am Herzen liegende Beschäftigung unter dem Tariflohn einzusteigen, wird feststellen, daß dieser Wunsch vom Arbeitgeber abgelehnt werden muß, weil ihm sonst hohe Strafen drohen. Wer als Arbeitnehmer der Überzeugung ist, daß seine Altersvorsorge besser gesichert wäre, wenn er den Rentenversicherungsbeitrag in einem Immobilienfonds anlegt, wird feststellen, daß er zur Zahlung an den öffentlichen Rentenversicherungsträger ausweglos und alternativlos gezwungen ist. Und wer vom „Recht auf öffentliche Ausbildung" überzeugt ist, darf sich nicht wundern, wenn er in den Nachrichten vom Vorhaben des Gesundheitsministers hört, jeden fünften Medizinstudienplatz zu streichen.

In fast allen Fällen, bei denen die Vertreter der Parteien und organisierten Interessen von „Marktversagen" sprechen – z.B. bei der hohen Arbeitslosigkeit, handelt es sich in Wirklichkeit um Politikversagen bzw. um Folgeerscheinungen politischer Eingriffe in den Markt. Wenn ich mein Haus verkaufen will und eine Preisvorstellung von 500.000 DM habe, etliche Kaufinteressenten aber nur bereit sind, DM 400.000 zu zahlen, dann kommt das Geschäft nicht zustande. Das ist aber kein „Marktversagen". Im Gegenteil: Der Markt funktioniert bestens und zeigt entweder mir als Verkaufswilligem an, daß meine Erwartungen zu hoch liegen, oder er zeigt den Kaufinteressenten an, daß ihre Preisvorstellungen zu niedrig angesiedelt sind – oder beides. Vielleicht machen sich beide Seiten Illusionen über den Wert des Hauses. Also muß entweder eine der Parteien ihre Erwartungen korrigieren, oder beide müssen sich entgegenkommen (oder der Verkauf kommt nicht zustande). Dasselbe gilt für alle Märkte, auch für den Arbeitsmarkt.

Wenn Politiker und Gewerkschaften den Preis der Arbeit über das Nachfrageniveau der Arbeitgeber hinaustreiben – und wenn als logische Konsequenz Arbeitslosigkeit entsteht, dann ist auch das kein „Marktversagen", sondern Politik- und Funktionärsversagen, weil diese den Preis der Arbeit ins Illusorische gehievt haben. Auf das Hausbeispiel übertragen, würde das bedeuten: Ich mache mein Haus durch alle möglichen Maßnahmen so unattraktiv wie möglich, streiche es knallrot und zünde es am Ende sogar noch an, verlange aber allem zum Trotz das Doppelte dessen, was realistisch wäre. Wenn ich dann auf der Ruine sitzen bleibe, ist das kein Marktversagen, sondern Ergebnis idiotischen Verhaltens.

Nun, um solche Übertreibungen geht es ja selten. Von Marktversagen spricht man meistens im Hinblick auf öffentliche Güter, das heißt in solchen Fällen, in denen der Markt bestimmte Leistungen überhaupt nicht erbringen kann – oder schlechter als eine öffentliche Institution.

Das klingt gut und wird auch in der Theorie so gelehrt, aber solche Leistungen gibt es nicht. Der bereits zitierte *Erich Streissler*, einer der brillantesten Köpfe der Ökonomie, hat diese Tatsache einmal klipp und klar benannt, indem er schrieb: „Alle politischen Aufgaben lassen sich grundsätzlich auch marktwirtschaftlich lösen. Die äußere Sicherheit kann durch marktwirtschaftlich gekaufte Söldnerheere gesichert werden... [und] der Kauf bürokratischer Ämter ist keineswegs eine so schlechte Einrichtung... Nennen Sie mir irgendeine Staatsaufgabe, und ich nenne Ihnen eine unternehmerwirtschaftliche Lösung derselben, die in der Geschichte bereits verwirklicht wurde." (Streissler 1990)

Es ist bedauerlich, daß sogar kundige Marktwirtschaftler dem Unsinn von der besseren Bereitstellung vieler Güter und Leistungen seitens des Staates aufsitzen. Oft mischt sich dabei die ökonomische Theorie von den ‚Externen Kosten' und von der ‚Nichtausschließbarkeit' (worauf wir später zurückkommen) mit den üblichen Ansichten über die „konstitutionellen Mängel" der Marktwirtschaft. Als Beispiel möge eine neuere Kolumne aus der Feder des Journalisten *Stephan Lorz* dienen, der durchaus als ein Freund und Verteidiger des Marktes bezeichnet werden kann. Die von *Lorz* aufgeführten „Mängel" der Marktwirtschaft lassen sich in vier Sätzen zusammenfassen:

1) Die gesellschaftlichen Kosten durch den Verbrauch von Wasser und Luft tauchten in den Kalkulationen der Firmen nicht auf.
2) Der Markt richte sich nur nach den Interessen zahlungskräftiger Nachfrager; Bedürftige würden nicht berücksichtigt.
3) Ebensowenig würden die Interessen der nachfolgenden Generationen berücksichtigt.
4) Das ökonomisch rationale Verhalten (der ‚homo oeconomicus') sei ebenso ein Zerrbild der Realität wie die „vollkommene Transparenz" und die „vollkommene Konkurrenz", weshalb die ‚unsichtbare Hand' des Marktes eben doch nicht alles zum Wohle der Allgemeinheit lenken könne.

Zu 1): Diese Kosten tauchen in *keinem* Wirtschafts- oder Gesellschaftssystem in den Firmenkalkulationen auf. Das ist auch gar nicht möglich, da die Luft und das meiste Wasser – gottseidank – noch nicht von Menschen angeboten wird, sondern von der Natur. Und die Natur hat keine Preisschilder. Wenn die Menschheit aber nun auf die Idee kommt, daß Luftverschmutzung und Verbrauch oder Verunreinigung von Wasser gesellschaftliche Kosten seien, wofür durchaus vieles spricht, dann muß sie diese Idee komplettieren, indem sie dem Markt ein marktkonformes Kalkulationsinstrument zur Verfügung stellt. Und das wären beispielsweise sogenannte ‚Verschmutzungszertifikate', welche im Wettbewerb gehandelt werden könnten, wie das in den USA in einigen Bereichen bereits mit großem Erfolg (Schadstoffverringerung) geschieht. Man muß das nur wirklich wollen. Daß die Politik davor zurückschreckt, hängt damit zusammen, daß der Markt – auch hier – die angemaßte Regulierungskompetenz (=Macht) der Parteien schmälern würde. Politiker arbeiten lieber mit – weitgehend untauglichen und sogar kontraproduktiven – Verboten und Steuern.

> Verschmutzungszertifikate werden von einer Umweltbehörde an Unternehmen ausgegeben und gewähren das Recht, die Luft, den Boden oder das Wasser für eine bestimmte Zeit und bis zu einem gewissen meßbaren Höchstgrad zu verschmutzen. Ein Unternehmen, das seinen Schadstoffausstoß senkt, kann die entsprechenden Teile seiner Verschmutzungsrechte an andere Unternehmen verkaufen. Das erzeugt beim Verkäufer und beim Käufer Anreize, den Ausstoß zu senken: Beim Verkäufer wegen des meist sehr hohen Verkaufspreises seiner Rechte, und beim Käufer wegen des Wunsches, sich den Kaufpreis für die nächste Periode zu ersparen.

Außerdem gewährleistet allein schon die jedem anderen System weit überlegene Effizienz der marktwirtschaftlichen Produktionsprozesse einen sparsamen Ressourcenverbrauch. Der Vergleich der katastrophalen Umweltverschmutzung in den vormaligen Ostblockstaaten mit dem hohen Umweltstandard im Westen (trotz eines seit Jahrzehnten vielfach höheren Lebensstandards!) legt hiervon beredteres Zeugnis ab als alle Theorie.

Zu 2) (zur angeblichen Nichtberücksichtigung der Bedürftigen): Natürlich gibt es in der Marktwirtschaft auch Anbieter von Luxusgütern. Und zwar gottseidank, denn fast jedes neue Gut beginnt seinen Werdegang als Luxusgut, das sich anfänglich nur wenige Leute leisten können. Gerade dadurch aber, daß „die Reichen“ einen großen Teil der Entwicklungs- und Einführungskosten tragen (in Form anfänglich hoher Preise), können solche Güter überhaupt entwickelt und an den Markt gebracht werden – und dort allmählich zu billigen Massenwaren werden, die für alle erschwinglich sind. Vom Fahrrad über das Auto, vom Telefon über das Tonbandgerät, vom Kühlschrank über die Waschmaschine bis zum Fernseher und zum Klimagerät, haben alle Zivilisationsprodukte ihre Karriere einmal als Luxusgut für die Wenigen begonnen. Der Weg zum Alltagsartikel für die Vielen ist in der Marktwirtschaft vorgezeichnet, denn Firmen können hier nur wachsen, gedeihen und zur Großunternehmen werden, wenn sie die Massenmärkte erschließen und bedienen. Daß es immer und überall, wahrscheinlich sogar in einem irdischen Paradies – wenn es das geben könnte – Bedürftige geben wird, sollte man nicht als „Mangel" eines Systems bezeichnen, das den Anteil der Bedürftigen in der Bevölkerung in dramatischer Weise und wie kein anderes gesenkt hat und immer weiter minimiert (und noch weit mehr senken würde, wenn man es ungestört arbeiten ließe). Auch bei dem hier genannten angeblichen „Mangel" des Marktsystems handelt es sich ganz generell um die alte Crux (wie sie *Israel M. Kirzner* beschrieben hat): Viele als negativ beurteilte Erscheinungen werden IM Kapitalismus beobachtet und deshalb DEM Kapitalismus zugeschrieben, obwohl sie nicht Merkmal DER kapitalistischen Realität sind, sondern Merkmal einer JEDEN Realität.

Zu 3) (zur angeblichen Nichtberücksichtigung der nachfolgenden Generationen): Alle nicht-marktwirtschaftlichen Systeme – das haben die Verhältnisse in sämtlichen zusammengebrochenen Staaten des Ostens wohl deutlich genug belegt – haben ihre „nachfolgenden Generationen" um die Lebensleistung ihrer Eltern und Vorväter betrogen, und zwar in einem unvorstellbar großen Ausmaß. Trotz der Schufterei von Generationen konnten die Menschen im Sozialismus ihren Nachkommen nur schrottreife Betriebe, zerfallene Wohnungen und Häuser, eine zerstörte Umwelt und wertlose Sparkonten hinterlassen. Nichts als Ruinen, Armut und Trostlosigkeit. Die Marktwirtschaft hingegen hinterläßt den nachfolgenden Generationen einen riesigen, hochproduktiven Kapitalstock und einen weltgeschichtlich einzigartigen Reichtum. Und überall da, wo das künftige Überdauern dieses Reichtums durch verantwortungslose Schuldenberge in Gefahr gebracht wurde (und nach wie vor gefährdet wird), handelt es sich nicht um Schulden des privaten Produktionssektors (die auf Heller und Pfennig zurückgezahlt werden müssen), sondern um Staatsschulden und um staatliche Systeme der Turbo-Verschuldung (wie z.B. das Renten- und Pensionssystem). Auch wir sind in der Tat dabei, unsere eigene Lebensleistung und die unserer Vorfahren zu verspielen und möglicherweise restlos zu verlieren, doch hat das nichts mit Marktwirtschaft zu tun, sondern – ganz im Gegenteil – mit dem Wahnwitz einer astronomischen Staatsverschuldung für die dreiviertelsozialistischen Sozial- und Wohlfahrtssysteme, mit denen die Politiker und Funktionäre die Marktwirtschaft ausgehöhlt haben und zum Einsturz bringen werden.

zu 4) (zum ‚homo oeconomicus', zur angeblich „vollkommenen Transparenz" und „vollkommenen Konkurrenz"): Welch eine Irreführung, die wohlfunktionierende Realität der Marktwirtschaft an idealtypischen Abstraktionen und modellhaften Arbeitshypothesen aus den akademischen Studierstuben zu messen (von denen kein Ökonom jemals behauptet hat, daß sie ein exaktes Abbild der Wirklichkeit wären). Ein Beispiel aus einem anderen Bereich möge veranschaulichen, was mit der ‚Irreführung' gemeint ist: Obwohl die Menschen nur über ein unperfektes Seh-, Hör- und Reaktionsvermögen verfügen, obwohl die Verkehrsinfrastruktur niemals perfekt sein kann, obwohl die Automobile niemals eine perfekte Sicherheit bieten können, obwohl die Wetter- und Sichtverhältnisse auf den Straßen meistens nicht perfekt sind, und obwohl der Mensch keinen perfekten Schutz vor Verletzungen haben kann, kommt niemand auf die Idee, das leidlich gute Funktionieren des Straßen-, Luft- und Schienenverkehrs in Zweifel zu ziehen oder den Autofahrern die Fähigkeit zum Lenken eines Fahrzeugs abzusprechen.

Natürlich kann auch das Marktsystem niemals perfekt in einem paradiesischen oder modelltypischen Sinne sein (und das behauptet auch kein Ökonom; die Abstraktionen der nationalökonomischen Modelle vom ‚homo oeconomicus', von der ‚vollkommenen Konkurrenz' usw. verstehen sich alle nur als mehr oder weniger unvollkommene Annäherungen an eine unendlich viel komplexere und unerfaßbare Wirklichkeit). Aber das ändert nichts an der Tatsache, daß man bezüglich der Abweichungen von den idealisierten Modellen nicht von „Systemmängeln" reden sollte. Die Marktwirtschaft – auch und gerade die nicht-paradiesischen und unperfekten Märkte – haben das Wohl der Allgemeinheit in einem Ausmaß gefördert, wie keine andere Ordnung in der gesamten Weltgeschichte. Es grenzt geradezu an ein Wunder, daß die Märkte in Anbetracht der Unvollkommenheit der Menschen und der Welt in einer Art und Weise funktionieren, die es den Ökonomen überhaupt ermöglicht, wenigstens die Grundzüge der Abläufe modelltheoretisch nachzuzeichnen, um sie besser verstehen zu können.

Fazit: Sogar die Freunde des Marktes plappern allzu schnell die unsinnigen Verleumdungen aus den Parolenschmieden der Marktfeinde nach, wenngleich meist auf „moderate" Weise. So fährt auch besagter *Stefan Lorz* in seiner Kolumne mit den Sätzen fort: „... aber ein generelles Marktversagen zu postulieren und nun bei der Politik Abhilfe zu suchen, ist noch viel fragwürdiger. Warum sollten einige wenige Menschen die ihnen zugehenden Informationen besser bewerten als die Vielzahl der Marktteilnehmer?". Doch damit ist der Marktwirtschaft wenig geholfen, wenn man zuvor dem gegen sie verbreiteten Unsinn seine Referenz erwiesen hat.

Es bleibt aber bei der Tatsache, daß viele Güter und Dienste nur öffentlich angeboten werden können, weil es für private Unternehmen entweder unmöglich oder zu teuer wäre, sie anzubieten – u. a. auch wegen des Umstands, den die Ökonomen „Nichtausschließbarkeit" oder „zu hohe Ausschlußkosten" (von Trittbrettfahrern) nennen. Insofern muß man in vielen Fällen eben doch von „Marktversagen" ausgehen und die Politik zu Hilfe rufen.

Nein. Auch noch so hochtrabende Fachtermini machen aus falschen Theorien keine richtigen. Die sogenannte ›Public choice‹-Theorie hat den Ökonomen eine unglaubliche Fülle neuer Erkenntnisse und Erkenntnismöglichkeiten gebracht. Sie war und ist ein Segen und ein großer Fortschritt für die Politische Ökonomie. Was die öffentlichen Güter anbetrifft, so sah es zunächst danach aus, als würden die Instrumente der Public choice – Theorie das Marktversagen bei bestimmten Gütern und die Notwendigkeit zu deren öffentlicher Bereitstellung erhärten. Mit fortschreitender Verbesserung der neuen Denkinstrumente hat sich die Sachlage jedoch umgekehrt. Es steht inzwischen fest, daß genau das, was man ursprünglich für „rationale" Entscheidungen pro öffentliche Güter hielt, im Endeffekt zu einer Akkumulation irrationaler Entscheidungen führt. Kurz: Die Theorie vom „Marktversagen" bei gewissen Gütern und Diensten (und vom deshalb notwendigen Einspringen des öffentlichen Sektors) ist falsch.
Da es sich bei diesem Thema um hochtheoretische Argumente handelt, kann es hier nicht weiter verfolgt werden. Es soll lediglich ein ganz grober und kurzer Hinweis erfolgen: Die Bereitstellung sogenannter öffentlicher Güter – wie bspw. Straßen, Brücken, Parlamente, Gefängnisse, Abwassersysteme, militärische Verteidigung, Gerichte, auswärtige Botschaften etc. – wird mit dem Argument gerechtfertigt, der Markt müsse, wenn er sie anzubieten versuche, versagen, weil es bei den Konsumenten solcher Güter immer sogenannte „Trittbrettfahrer" geben würde, welche man nicht von der Nutzung ausschließen könne, wenn sie nicht zur Zahlung einer Nutzungsgebühr bereit seien. Wenn man bspw. eine Brückengebühr erheben würde, dann sei es nicht möglich, diejenigen Fußgänger oder Auto-, Motorrad- und Fahrradfahrer von der Überquerung der Brücke abzuhalten („auszuschließen"), welche nichts bezahlen. Und einen Brückenwächter samt Kasse aufzustellen, sei viel zu teuer im Verhältnis zu den realistischerweise zu erwartenden Gebühren. Noch gravierender sei das Problem bei großen Flächen wie bspw. bei öffentlichen Parkanlagen. Weil man nicht für jedes separate Bedürfnis der Parkbenutzer eine spezielle Gebühr erheben könne – also z.B. ein jeweils spezifisch angemessenes Entgelt für jemanden, der dort nur Ruhe finden wolle, für einen anderen, der dort die Enten füttern möchte, einen Dritten, der dort seinen Hund ausführen wolle, oder einen Vierten, der den Park nur als Wegabkürzung nutze – usw., könne man erst recht nicht erwarten, daß

die Nachfrage ihre spezifischen Bedürfnisse offenlege, wie das an den privaten Gütermärkten der Fall sei. Diese Theorie ist falsch, weil alle öffentlichen Güter an ein bestimmtes, räumlich abgrenzbares Gebiet gebunden sind. Es sind „territoriale Güter", die sich bündeln und an spezifisch zurechenbare Entgelte „anbinden" lassen, wie das bspw. bei Vergnügungsparks oder Hotel- Aufenthaltsräumen oder bei den Park- und Ruhezohnen großer Einkaufszentren der Fall ist.
(Wer sich diesbezüglich genauer informieren möchte, sei insbesondere auf folgende Literatur verwiesen: 1. *Fred Foldvary*: Public Goods and Private Communities: The Market Provision of Social Services. 2. *Anthony de Jasay*: a) Against Politics, b) Ist national rational (Schweizer Monatshefte, Heft 11, Nov. 1996). 3. *Gerard Radnitzky* u. *Hardy Bouillon*: Values and the Social Order, Vol. 1-3).

Einen schlagenden Beweis gegen die Notwendigkeit des Angebots bestimmter Güter und Dienste durch den Staat (öffentliche Güter), ja für deren Unsinnigkeit und Verschwendungsträchtigkeit lieferte Mitte der neunziger Jahre die Stadt Rostock. Unter dem Diktat leerer Kassen wurde die Wasserversorgung und Abwasserentsorgung einem privaten Unternehmen übertragen, ein Straßentunnel unter dem Fluß Warnow wurde in privater Regie errichtet und finanziert (wofür dreißig Jahre lang eine Maut erhoben werden darf), und die städtische Seehafen- Umschlagsgesellschaft wurde von einer internationalen Investorengruppe übernommen. Die Maßnahmen waren derart erfolgreich, daß der Bürgermeister der Stadt am liebsten alle übrigen kommunalen Dienste, von der Müllabfuhr bis zu den Kindergärten, privatisiert hätte. Ein anderes Beispiel für die gigantische Produktivitäts- und Effizienz-Differenz zwischen staatlichen und privaten Leistungen auf dem Sektor Infrastruktur (also bei einem angeblich „originär öffentlichen Gut") lieferte der neuseeländische Hafen Tauranga vor und nach der Privatisierung. Vorher dauerte die Beladung eines Frachters mit 27.000 Kubikmetern Holz zwölf bis dreizehn Tage, wofür 44 Arbeiter nötig waren. Nach der Privatisierung wurde die gleiche Arbeit von vier Männern in dreißig Stunden erledigt.

Der englisch ‚grand old man' der Politischen Ökonomie, *Arthur Seldon*, hat einmal eine Studie vorgelegt, in welcher er nachwies, daß alle öffentlichen Leistungen, die man – bei großzügiger Auslegung zugunsten des Staates – bei den kommunalen und zentralstaatlichen Anbietern belassen sollte, nur 15 Prozent der gesamten Staatsausgaben beanspruchen würden. Alle anderen Angebote an Gütern und Diensten wären dazu geeignet, den jeweiligen Nutznießern je nach individueller Inanspruchnahme in Rechnung gestellt werden zu können. So bspw. Schulbesuch, Arbeitsvermittlung, Bibliotheksnutzung, Museen, Kunstgalerien und Theater, Transporte mit öffentlichen Verkehrsmitteln, alle Sozialversicherungen, Renten usw. (s. Seldon 1979). Also könnte man mindestens 85% der Staatsaufgaben privatisieren und somit unendlich viel effizienter und kostengünstiger anbieten.

Die Gründe, warum die Bereitstellung angeblich „öffentlicher" Güter durch den Markt unendlich viel effizienter und billiger wäre, sind nicht nur darauf zurückzuführen, daß Unternehmer wesentlich rationeller arbeiten und organisieren als Bürokratien. Eine große Rolle spielt auch die Psychologie und die Verhaltensmuster der Menschen. Wenn man etwas direkt am Markt kauft und bezahlt, dann fragt man weniger nach als wenn man die betreffenden Güter und Dienste über Steuern bezahlen muß, weil steuerfinanzierte Leistungen den Eindruck erwecken, sie seien für jedermann kostenlos. Es gibt keine bessere Disziplinierung gegen übermäßige Ausgaben als den jeweiligen Preis zu kennen und ihn direkt zahlen zu müssen. Die direkte Zahlung (anstelle der indirekten über Steuern) hat vier entscheidende Vorteile (s. Seldon 1979):

1. kennt man den Preis und weiß, was man zu zahlen hat. Welcher Bürger kennt denn schon den Preis eines Schuljahres oder eines Krankenhausaufenthaltes, wer weiß schon, daß jeder Student den Steuerzahler 150.000 DM

pro Studienjahr kostet, oder daß jedes einzelne Theaterticket der (fast ausschließlich öffentlichen) Theater in Deutschland den Steuerzahler rund 160 DM an Zuschüssen kostet.

2. Wer einen Preis bezahlen soll, muß bewußt die Entscheidung treffen, ob die betreffende Leistung ihm das wert ist oder nicht. Bei öffentlichen Gütern hingegen greifen alle zu, denn es ist ja jeder der Dumme, der verzichtet.
3. Das Zahlen von Preisen lehrt Sorgfalt beim Wertvergleich, gewissenhaften Umgang mit Geld, und haushälterisches Denken. Die Zahlung über Steuern hingegen lehrt keine einzige dieser Tugenden.
4. Preise ermöglichen es uns, für jedes Gut oder jeden Dienst einzeln zu bezahlen. Die Steuerzahlung hingegen für tausend zusammengepackte Dinge nimmt jedem einzelnen von uns die Möglichkeit, in jedem Einzelfall entscheiden zu können, ob er mehr für das eine oder mehr für das andere, weniger für das dritte oder gar nichts für das vierte ausgeben will. Jeder Bürger weiß selber viel besser, wofür er sein Geld ausgeben will (oder nicht) als es eine staatliche Verwaltung jemals – und dazu auch noch für alle Bürger zusammengenommen – wissen kann.

Etwas anderes ist jedoch von noch viel größerer Bedeutung als die Tatsache der Verschwendung und Ineffizienz bei den öffentlichen Gütern: Auf dem Markt ist der Kunde König, und die Anbieter bemühen sich im ureigenen Interesse darum, ihn gut und höflich zu bedienen. Sobald aber der Staat ein Gut oder einen Dienst als sogenanntes ‚öffentliches Gut' anbietet, verwandelt sich der Konsument schlagartig vom König zum Bettler bzw. in einen Schmarotzer und verschwenderischen Schädling, der von vornherein dem Verdacht ausgesetzt ist, die Gemeinschaft schädigen und ausbeuten zu wollen. Jetzt befindet er sich urplötzlich in der Rolle des Bittstellers und des potentiellen Betrügers, der sich bestimmte staatliche Leistungen möglicherweise unberechtigt erschleichen will. Während der freie Markt ein Ort der friedlichen Kooperation ist, wo jeder gewinnt und niemand verliert, wandelt sich das Bild vollständig, sobald die sogenannte öffentliche Hand auftritt. Jetzt wird der Konsument – egal wieviel Steuern und Abgaben er bezahlt hat – so behandelt, als wolle er nur noch auf Kosten seiner Mitbürger leben. Man versuche nur einmal, eine Kur zur Rekonvaleszenz zu beantragen, oder bspw. einen Personenschutz bei spezieller Bedrohung durch kriminelle Elemente.

In Wirklichkeit ist die Bereitstellung öffentlicher Güter durch den Staat nichts anderes als eine Maximierung und Perfektionierung der Ausbeutung der Bürger durch die politische Kaste. *Mancur Olson* nennt die raffinierte Macht- und Ausbeutungsstrategie, die daraus besteht, immer mehr öffentliche Güter anzubieten, um hieraus die Anscheinsberechtigung zu immer höheren Steuer- und Abgabenlasten herleiten zu können, die „rationale Monopolisierung des Diebstahls". (Olson 1993) Sie ist aber noch mehr als das, nämlich auch die rationale Monopolisierung der totalen Herrschaft inmitten der Demokratie. Der Satz des Wissenschaftstheoretikers und Sozialphilosophen *Gerard Radnitzky*: „Je mehr der Markt regiert, um so weniger wichtig wird die Politik... Hierin ist ein Grund für die Ablehnung des Marktes durch die Intellektuellen [und die Politiker] zu suchen: er reduziert ihren Einfluß" (Radnitzky 1997) gilt auch umgekehrt. Im „harten" Sozialismus diktiert die politische Kaste ganz offiziell das gesamte Leben der Menschen, im weichen Sozialismus des demokratischen Sozialstaates dehnt sich das Weisungsrecht der Politik über das Leben der Menschen in dem Maße aus, wie das Angebot an öffentlichen Gütern zunimmt. Der Prozeß läuft demokratisch verbrämt ab und macht deshalb einen harmlosen Eindruck. In Wahrheit ist es knallharter Despotismus. *Immanuel Kant* hat das bereits im 19. Jahrhundert ganz klar erkannt, als er von der „väterlichen Regierung" schrieb. „Eine Regierung", so *Kant*, „die auf dem Prinzip des Wohlwollens gegen das Volk als eines Vaters gegen seine Kinder errichtet wäre, d.i. eine väterliche Regierung (imperium paternale), wo also die Untertanen als unmündige Kinder, die nicht unterscheiden können, was ihnen nützlich oder schädlich ist, sich bloß passiv zu verhalten genötigt sind, um, wie sie glücklich sein sollen, bloß vom Urteile des Staatsoberhauptes.. zu erwarten, ist der größte denkbare Despotismus." (Kant 1794)

Fazit: „Marktversagen" als Begründung für das permanent wachsende Angebot an öffentlichen Diensten – und für das damit parallel laufende unaufhörliche Wuchern des Staates – ist ein Märchen, aber ein äußerst nützliches Märchen in der Hand der politischen Märchenonkel, in Wirklichkeit also ein hochwirksames und kalkuliert eingesetztes Macht- und Herrschaftsinstrument, mit dem man einerseits alle Bürger permanent und mit wachsender Intensität abzocken kann – und sie andererseits zu Bittstellern und Almosenempfängern machen kann, die ihren politischen Wohltätern Gefolgschaft schulden.

Wenn bestimmte Güter nicht öffentlich wären, wie beispielsweise das Bildungswesen, so gäbe es gewiß viele Bürger, die sich den privat finanzierten Schul- und Hochschulbetrieb gar nicht leisten könnten. Es kann doch nicht richtig sein, daß nur die Kinder von Wohlhabenden eine gute Ausbildung genießen dürfen.

Was das Bildungswesen betrifft, hat sich unsere Vorstellungswelt geradezu auf den Kopf gestellt. Wir fragen, wer sich denn eine sogenannte bessere oder höhere Bildung leisten könnte, wenn die meisten Hochschulen private Anstalten wären. In Wirklichkeit leisten sich derzeit die meisten Bürger – unfreiwillig aber offenbar nicht allzu ungern – den Luxus, für Bildung viel mehr auszugeben als ihnen und ihren Kindern selbst an schulischer Erziehung zugute kommt. In Deutschland zahlen rund 50 Millionen Leute Steuern und Abgaben, um weniger als zwei Millionen Studierenden den Weg zu einem späteren Einkommen zu finanzieren, das über ihrem eigenen liegt.

Und sie finden das auch noch gut und gerecht, ganz so als handele es sich beim akademischen Bildungsweg um ein Recht, das wie Manna vom Himmel zu fallen hat. Das Ergebnis kann jeder Ökonomiestudent mit dem Wissensstand des ersten Semesters vorhersagen: Es kommt zur Übernachfrage und zu einem immer schlechteren Angebot. Das ist nämlich überall der Fall, wo für eine knappe Ressource ein niedriger oder gar kein Preis verlangt wird.

Allein seit 1970 hat sich die Zahl der Studenten an den deutschen Hochschulen vervierfacht. Während 1970 von jedem Jahrgang nur jeder Zehnte ein Studium aufgenommen hat, ist es inzwischen jeder Dritte. Ein Aberwitz. Auf diesem Wege sind unsere Hochschulen zu überfüllten Massenanstalten geworden, wo sich immer mehr Unqualifizierte, Arbeitsscheue und ratlose Möchtegern-Intellektuelle herumdrücken, unentschlossene Langstreckenreisende in der Wartehalle des Lebens. Und viele der beamteten Professoren auf Lebenszeit können es sich leisten, die jungen Leute mit Wissen vollzustopfen, das kaum noch irgendwo gebraucht wird. Ein akademisch ausgebildeter Betriebswirt hat heute ohne ein Anschlußstudium auf einer der renommierten privaten Business schools nur noch die Wahl zwischen dem Arbeitslosengeld und einem Job als diplomierter Nachtwächter. Und für die Heerscharen von Psychologen, Soziologen und Politologen besteht ohnehin nirgendwo ein Bedarf. In den Siebziger Jahren konnten sie es wenigstens noch vom Randalierer und Hausbesetzer zum Bundestagsmitglied bringen. Heute sind auch diese Chancen verschüttet. Arme Jugend, die mit dem Trugbild von einer scheinbar kostenlosen und scheinbar karriereträchtigen Bildung von den vielfältigen Berufsmöglichkeiten der modernen Märkte weggelockt und stattdessen in eine akademisch verbrämte Frustration geführt wird.

In Wirklichkeit werden auf diesem Irrweg Hunderttausende von jungen Menschen mit einem astronomischen Kostenaufwand um ihre Lebenschancen gebracht und ins Unglück gestürzt. Es ist eben eine Illusion, zu glauben, man könne ein ganzes Volk der höheren Bildung zuführen, und das auch noch zum Nulltarif. Beim Studentenboykott vom Dezember 1997 (gegen die geplante Einführung von Studiengebühren) wurden einige der Teilnehmer vor den Fernsehkameras nach den Beweggründen ihres Protestes gefragt. Einer von ihnen faßte die Stimmungslage zusammen, indem er sagte: „Bildung ist Investition in die Zukunft; daran darf man nicht sparen." Mein Kommentar für diesen jungen Mann wäre gewesen: Jawohl, deine Bildung ist eine Investition in deine Zukunft, und deshalb solltest *du dir* das etwas kosten lassen - oder deine Eltern, nicht aber die Steuerzahler.

Aber es zahlt sich doch letztlich für ein ganzes Land und alle seine Bürger aus, wenn es seiner Jugend eine gute Bildung und Ausbildung finanziert.

Nicht wenn das auf falschen Wegen, mit untauglichen Bildungsinhalten und unter Inkaufnahme einer im Verhältnis zum Bedarf verzerrten Aubildungsstruktur geschieht. Die Fehlinvestition in intellektuelles Kapital hat schlimmere Folgen als die Verluste, die durch die Fehlallokation von Sachkapital entstehen. Die frühere Finanzministerin von Neuseeland, *Ruth Richardson,* hat einmal verwundert festgestellt: „Wir wissen, daß der Staat als Unternehmer ein Bankrotteur ist, aber dennoch glauben die meisten Menschen, er könne hochwertige Bildungsdienste erzeugen." Und Professor *Straubhaar* hat in seiner Schrift ›Die staatliche Bildungskatastrophe‹ geschrieben: „Das staatliche Bildungswesen steckt in einer tiefen Krise. Auch hier zeigen sich die systemimmanenten Schwächen einer staatlichen Planwirtschaft überdeutlich. Zur Mündigkeit freier Menschen gibt es keine Alternative. Wer diese fundamentale Gesetzmäßigkeit mißachtet, wird durch die Realität hart bestraft – auch im Bildungswesen... Entgegen historischer Vorurteile und emotionalisierter Ideologien, vermag der Markt auch im Bildungsbereich seine Informations-, Anreiz-, Selektions-

und Ausgleichsaufgaben wahrzunehmen. Er versagt nicht. Ein freier Bildungsmarkt ist funktionsfähig. Das mag den falschen Freunden der Marktwirtschaft nicht passen. Aber immer wieder vorgetragene Gegenargumente werden nicht deshalb richtig, nur weil sie ständig wiederholt werden." (Straubhaar 1996, S.53).

Außerdem handelt es sich bei der Theorie, eine bessere und breitere Bildung produziere nationale Prosperität, um einen Mythos. Die umgekehrte Kausalität ist zutreffend. Der von Generation zu Generation steigende Wohlstand, den wir der Marktwirtschaft zu verdanken haben, hat es immer mehr Leuten und immer breiteren Bevölkerungsschichten erst ermöglicht, ihren Kindern jeweils höhere und längere Bildungswege zu eröffnen. Je mehr der Staat sich dieser Aufgabe bemächtigt, desto mehr muß er die Steuerzahler auspressen und die Marktkräfte abwürgen. Und damit werden sich längerfristig auch die Bildungschancen der gesamten Bevölkerung reduzieren und schließlich in einer Einwärtsspirale auf immer niedrigere Stufen sinken.

Sie würden also für Studiengebühren plädieren?

Nein. Nicht im bestehenden System staatlicher Hochschulen. Es waren in den sporadisch wiederkehrenden Diskussionen um das Pro und Contra von Studiengebühren einmal Tausend Mark je Student und Semester im Gespräch. Bei fast zwei Millionen Studierenden ergäbe das im Jahr rund vier Milliarden Mark. Man braucht nicht viel Phantasie, um sich auszumalen, was mit dieser Summe geschehen würde. Sie würde als willkommener Lückenfüller im Budget des Finanzministers verschwinden, und an der Qualitäts- und Quantitätsmisere der staatlichen Hochschulen würde sich so gut wie nichts ändern. Solange die Hochschulbildung ein „öffentliches Gut" bleibt, ist jede Liebesmüh vergeblich.

Es bleibt die Frage, ob Sie dafür sind, daß einem begabten jungen Menschen in einem privaten Hochschulsystem das Studium tatsächlich verwehrt bleiben soll, wenn seine Eltern nicht das Geld dazu haben.
Solche Fälle waren in früheren Zeiten schon höchst selten und wären es heute erst recht, wenn wir in einem wirklich freien Land leben würden. Vor dem Zweiten Weltkrieg sind Hochbegabte in aller Regel nicht nur von ihren Eltern und Geschwistern, sondern von der gesamten Sippe unterstützt worden, um studieren zu können. Damit kann man nach dem Familienzerfall, der durch vierzig Jahre Wohlfahrtsstaat eingetreten ist, kaum noch rechnen. Je freier aber ein Land ist - und das heißt auch, je ungeschmälerter von Steuern und Abgaben die Bürger ihr verdientes Geld behalten dürfen, desto seltener wird es vorkommen, daß Eltern ein hochbegabtes Kind aus rein finanziellen Gründen nicht studieren lassen könnten. Natürlich impliziert das Entbehrungen. Japanische Eltern z.B. sparen ein Leben lang für die Ausbildung ihrer Kinder, die Deutschen hingegen mit Vorliebe für ihren Sommer-und Winterurlaub. Auch wären auf einem freien Arbeitsmarkt genügend Gelegenheiten für Studenten geboten, ihr Budget durch Gelegenheitsarbeiten aufzubessern. Im hochgerühmten Sozialstaat hingegen haben die rot-grünen Sozialbeglücker nichts besseres zu tun als auch die letzten kleinen Freiräume, welche die 630-Mark-Jobs geboten haben, mit Gesetzen und Abgaben zu vermauern.

Des weiteren kann man in den USA mit ihrer Vielzahl privater Universitäten beobachten, daß mehr als ein Dutzend große und finanzkräftige Stiftungen geradezu auf der Jagd nach Hochbegabten jungen Leuten sind, um deren Studium zu finanzieren. Natürlich wird dann Leistung verlangt und der zügige Studienfortgang auch kontrolliert. Insgesamt bleibt es dabei: Auch die Bildung und Ausbildung kann effizient, qualitativ hochwertig, bedarfsgerecht und kostengünstig nur auf freien Märkten angeboten werden. Mit der scheinbaren Beglückung durch staatliche und gebührenfreie Universitäten und Hochschulen tut man der Jugend eines Landes nichts Gutes, sondern fügt ihnen und ihrer Zukunft im Endeffekt schweren Schaden zu.

Es gibt doch viele menschliche Bedürfnisse, die vom Markt einfach nicht bedient werden können, weil sie jenseits des Marktes liegen. Das kann man auch des öfteren von kirchlicher Seite hören.

Das ist zwar vollkommen richtig, taugt aber in keiner Weise als Kritik am Markt. Daß die Marktwirtschaft alles kann, hat noch nie jemand behauptet, der seines Verstandes mächtig war. Der Einwand, die Marktwirtschaft könne viele Bedürfnisse nicht bedienen, ist genauso sinnlos wie wenn man am Sozialsystem eines Ameisenhaufens kritisieren würde, daß es nicht in der Lage sei, Lokomotiven zu bauen. Natürlich kann der Markt unendlich viel nicht. Er kann weder tiefe Liebe produzieren noch Freundschaft, weder die Familie ersetzen noch die elterliche Sorge für die Kinder, weder eine Symphonie komponieren noch ein Bild malen. Kein Wirtschafts- oder Gesellschaftssystem kann das. Das ist auch nicht seine Aufgabe. Aber der Markt kann durch seine menschlichen, rechtlichen und materiellen Freiräume sehr wohl mithelfen, daß die Welt jenseits des Marktes es leichter hat, sich überhaupt entfalten zu können. Unzählige Dinge nichtmaterieller Art, wie beispielsweise die heutzutage selbstverständliche Liebesheirat, sind erst dadurch möglich geworden, daß wir vermittels der einzigartigen Produktivität des Kapitalismus nicht mehr den unbarmherzigen Zwängen der schieren Existenzsicherung unterliegen. Und wer es trotzdem nicht lassen kann, dem Markt vorzuwerfen, daß er viele emotionale, metaphysische und seelisch-menschliche Bedürfnisse nicht bedienen könne, dem sei gesagt, daß diese Bedürfnisse noch viel weniger von Funktionären und Parteipolitikern bedient werden können. Und sie – die Politik, die Parteien und Funktionäre und deren zwingende Befehle –

sind ja, wie schon mehrfach betont, die einzige Alternative zu Markt und Freiheit.

Was die Kirchen angeht, die sich oft und gern der besagten Kritik anschließen, so sollten sich ihre theologischen Experten einmal mit dem Gedanken befassen, daß es sich bei der Theorie des „Marktversagens“ letztlich um die Soft-Version eines eschatologischen Aberglaubens handelt. Es sei daran erinnert, daß der nationalsozialistischen und kommunistisch-realsozialistischen Ideologie eine Art Endzeit-Glauben gemeinsam war. Die einen glaubten an einen „letzten menschheitserlösenden Kampf“ gegen das Weltjudentum, die anderen an einen „letzten menschheitserlösenden Kampf“ gegen die Weltbourgeoisie. Der gemeinsame tiefenpsychologisch verankerte Nenner dieser teuflischen Totalitarismen war der Anti-Kapitalismus, die atavistische Furcht vor der Technisierung und der arbeitsteiligen Anonymisierung der modernen Zivilisation. Nach dem weltweiten Bankrott der beiden (eng verwandten) Ideologien lebt ihr gemeinsamer Urgrund in der Soft-Verpackung der Marktfeindschaft weiter, scheinheilig verpackt in den harmlos klingenden Mythos vom Marktversagen. Denn letztlich besagt dieser Vorwurf, daß der Markt nicht in der Lage sei, die Menschheit zu erlösen, und daß es hierzu eines bestimmten genialischen und gesinnungsethisch großartigen politischen Entwurfs bedürfe. Daß man dem solcherart „versagenden“ Markt mit dem Ausbau des Sozialstaats – also mit der heutzutage fast geheiligten Gewaltinstitution des sozialpolitischen Machbarkeitsglaubens – entgegentreten müsse, ist eine ersatzreligiöse und politisierte Form christlicher Erlösungslehre, also eine zutiefst antichristliche Blasphemie. Es ist mir unbegreiflich, daß die Herren in den theologischen Seminaren das noch nicht gemerkt haben.

Zumindest bei der Ökologie kann man aber nicht alles dem Markt überlassen. Die Menschen – und gerade die kapitalistischen Konzerne – beuten die Umwelt rücksichtslos aus, wenn

Staat und Politik nicht mit scharfen Kontrollen und Vorschriften dagegenhalten.
Auch das ist – halten zu Gnaden, daß ich schon wieder und immer noch widerspreche – ein Irrtum, ja sogar gleich wieder ein ganzer Stapel voller Irrtümer. Zunächst sollte man eine Art Güterabwägung vornehmen. *Jonathan H. Adler*, Direktor für Umweltforschung am ‚Competitive Enterprise Institute' in Washington, hat dazu einmal folgende Überlegung angestellt: Daß die Aktivitäten der Menschheit einen Einfluß auf die Atmosphäre ausüben, ist eine Tatsache. Aber die hieraus resultierenden Veränderungen sind so gering, daß sie keine teuere oder entwicklungsbehindernde Politik rechtfertigen. Wenn die Veränderungen überhaupt etwas anzeigen, dann daß die beste Politik wahrscheinlich darin besteht, nichts zu tun. Wir müssen aufpassen, so *Adler*, denn ‚Reichtum' heißt auch ‚Gesundheit'; das können wir besonders im Vergleich der reichen Länder mit den Entwicklungsländern beobachten. Und eine überzogene Umweltpolitik kann in ökonomische Stagnation münden. Bezüglich der Ökologie zuviel zu tun, kann schlimmere Folgen haben, als zuwenig zu tun. Der sicherste Weg wäre jedenfalls – auch bezüglich des sogenannten Treibhauseffektes – nicht *mehr* Staatseingriffe vorzunehmen, sondern weniger. Technischer Fortschritt und wirtschaftliches Wachstum auf freien Märkten sind die besten Mittel, bei der Energienutzung und bei der Entwicklung unschädlicher Energiequellen zu größerer Effizienz zu gelangen. (s. Adler 1998)

Daß dem so ist, konnte man in der bisherigen Entwicklung schon vielfach bestätigt sehen. Die Kupferdrähte wurden durch Fiberglaskabel ersetzt – nicht wegen der Aktivität von Umweltpolitikern, sondern weil der Markt Anreize für Innovationen schafft. Und Petroleum hat das Walöl schon lange vor der Gründung von Greenpeace ersetzt, weil die Überfischung der Walbestände zu einem Preisanstieg des Walöls geführt hatte, der wiederum die Suche nach billigeren und besseren Alternativen angeregt hat. Und die im Vergleich zu den Kohle- und

Braunkohlekraftwerken relativ „sauberen“ Kernreaktoren sind nicht durch die Aktivitäten der Öko-Politiker errichtet worden, sondern gegen sie. Und ohne staatliche Intervention werden auch sie eines Tages durch weniger gefährliche Kernfusions- oder Wasserstoffanlagen ersetzt werden. Kurz: Vor den unabsehbaren Launen und Fanatismen einer Politik gegen die sogenannte Klimakatastrophe sollten wir uns viel mehr fürchten als vor einer eventuellen atmosphärischen Erwärmung selbst.

Daraus ist auch unmittelbar zu ersehen, daß es der Partei der Grünen nicht wirklich um die Umwelt geht, sonst würden sie nicht mit Zähnen und Klauen gegen die Kernkraft kämpfen. Die Grünen sind in Wirklichkeit blümchengetarnte Sozialisten, zutiefst modernitäts-, zivilisations- und individualismus-feindlich. Sie haben das Zwei-Welten-Theorem von *Hayeks* nicht begriffen – und wollen es auch nicht begreifen. Ihr Ideal ist die Hordenorganisation der Steinzeit-Gesellschaft. Deswegen ist der Kapitalismus als Inbegriff der modernen Zivilisation ihr Todfeind. Außerdem ist das Thema Umwelt ein phantastisches Machtvehikel, *das* quasireligiöse Machtvehikel par excellence in der modernen Zeit, in der die friedliche Macht der Konsumenten die gewalttätige politische Macht zu entthronen droht. Und nach dem Zusammenbruch der sozialistischen Utopien ist die Ökologie erst recht die letzte verbliebene Utopie, die sie für ihre Zwecke einsetzen können.

Der Heiligenschein, in den die Grünen ihre Herrschaftsstrategie einhüllen können, macht das Phänomen ‚Grün-Alternativ‘ regelrecht überlebensgefährlich für das Menschengeschlecht. Der weltweite Energiebedarf wird in den kommenden Jahrzehnten – schon wegen des rapiden Bevölkerungswachstums in den Schwellenländern – explosionsartig steigen. Die Umweltprobleme durch fossile Energieträger können dadurch in der Tat problematisch werden, wenn auch nicht im Westen, sondern in der übrigen Welt. Eine Begrenzung des Wachstums der Kohlendioxid-Emissionen kann aber nur mit mehr Kernenergie gelingen – und zwar mit modernsten und sicheren Anlagen westlicher Bauart. Außerdem kann die Entwicklung neuer großtechnologischer Ersatzenergien (Kernfusion, Wasserstoff o.ä.) nur auf dem technischen und finanziellen Fundament der existierenden Großtechnologien gelingen, vor allem also auf der know how-Grundlage einer sich fortentwickelnden Reaktorindustrie. Wenn sich außer der deutschen noch mehr realitätsentrückte Regierungen der westlichen Welt für den sogenannten ‚Ausstieg' entscheiden, kann das zur tödlichen Bedrohung der modernen Zivilisation werden. Aber genau das ist gewollt von den grünen Erben der roten Weltzerstörer, jedenfalls von den Strategen an den Schalthebeln der Macht, die wissen, daß es um ganz andere Dinge geht, als um Kröten, Lurche und Singdrosseln.

Die enge Verwandtschaft zwischen Grün und Rot zeigt sich auch jenseits aller Theorie an ganz realen Fakten. So beispielsweise daran, daß die Parteiriegen der Grünen, die jeden sterbenden Baum in der Bundesrepublik beweinen, niemals ein Wort über die unermeßlichen Umweltzerstörungen verloren haben, die der Sozialismus im Osten unseres Landes und überhaupt im gesamten vormaligen Ostblock angerichtet hat. Auch ist von den Castor-Hysterikern kein Sterbenswörtchen zu hören über die wirklich akute Gefahr durch kontaminierten Metallschrott aus der vormaligen UdSSR, der in ganz Westeuropa unerkannt unterwegs ist. Dabei geht bei der Internationalen Atomenergiebehörde mit Sitz in Österreich fast jede Woche ein Bericht über die Entdeckung entsprechenden Materials ein. Nach Einschätzung der Behörde gibt es allein in der Ukraine bis zu einhunderttausend Mülldeponien mit radioaktiven Metallresten, die von den modernen Managern der alten Seilschaften überall in Westeuropa verhökert werden. Aber Schlechtes über die sozialistischen Brüder kommt natürlich keinem grün-roten Bruder über die Lippen.

Sie haben das ‚Zwei-Welten-Theorem' von Hayeks erwähnt. Was ist darunter zu verstehen?

Man muß unterscheiden zwischen der theologischen und der humanethologischen Zwei-Welten-Theorie. *Friedrich A. von Hayek* hat sich natürlich nur mit letzterer befaßt. Sie besagt, in Kurzform gebracht: Einige hunderttausend Jahre lang, nämlich während seiner Vor- und Frühgeschichte, lebte das Menschengeschlecht in kleinen urzeitlichen Horden von Jägern und Sammlern, in Sippen- und Stammesgemeinschaften, in denen jeder jeden kannte. Es galten dort hierarchische Rangordnungen und Regeln des gemeinschaftlichen Verhaltens, wie wir sie teilweise von Tierpopulationen kennen und auch bei den uns nächstverwandten Primaten noch im einen oder anderen Detail beobachten können. Dazu gehörte auch, schon aus Gründen des Überlebens, das Teilen der Jagd- und Sammelbeute. Diese Verhaltensmuster sind tief in unsere Instinkte und unser genetisches und stammesgeschichtliches Erbe eingeprägt.

Die Menschen der vormodernen Zeit lebten also in der einen Welt der engen, überschaubaren face-to-face-Gemeinschaft. Der moderne Mensch hingegen ist gezwungen, in zwei Welten zu leben: Zum einen im kleinen Kreis der Familie und Freunde (und vielleicht noch der Sippe), wo sich jene urzeitlichen Verhaltensmuster noch in mehr oder weniger strenger Form leben lassen und auch sinnvoll und nützlich sind; und zum anderen in der großen, anonymen und arbeitsteiligen Gesellschaft, in welcher völlig andere Regeln und Verhaltensweisen gelten – und auch notwendig sind. Dieses Leben in zwei Welten, wovon letztere menschheitsgeschichtlich nur einen winzig kleinen Zeitraum umfaßt, bereitet uns große Schwierigkeiten. (Der Humanethologe und Verhaltensforscher Eibl-Eibesfeldt hat hierüber umfangreiche und bahnbrechende Arbeiten verfaßt).

Als besonders verhängnisvoll erweisen sich hierbei unsere atavistischen Neigungen, die Regeln der kleinen, „warmen" Welt auf die große, „kalte" Welt der Großgesellschaft übertragen zu wollen. Dieser biologisch tief verwurzelte Steinzeit-Instinkt ist wohl der hauptsächliche Urquell für den aller Erfahrung und aller Vernunft widersprechenden und geradezu unausrottbaren Hang unserer Spezies zu sozialistischen Gesellschaftsmodellen. Das entscheidende und verhängnisvolle an diesen Sehnsüchten und den entsprechenden politischen Versuchen besteht in der Tatsache, daß jede der beiden Welten unabwendbar zerstört wird, sobald man die Verhaltensregeln der jeweils anderen auf sie anwendet. *Von Hay-*

ek führt dazu aus: „Unsere Schwierigkeit besteht zum Teil darin, daß wir unser Leben, unsere Gedanken und Gefühle unentwegt anpassen müssen, um gleichzeitig in verschiedenen Arten von Ordnungen und nach verschiedenen Regeln leben zu können. Wollten wir die unveränderten, uneingeschränkten Regeln des Mikrokosmos (d. h. die Regeln der kleinen Horde oder Gruppe oder beispielsweise unserer Familien) auf den Makrokosmos (die Zivilisation im großen) anwenden, wie unsere Instinkte und Gefühle es uns oft wünschen lassen, so würden wir ihn zerstören. Würden wir aber umgekehrt immer die Regeln der erweiterten Ordnung auf unsere kleineren Gruppierungen anwenden, so würden wir diese zermalmen. Wir müssen also lernen, gleichzeitig in zwei Welten zu leben." (Hayek 1988, 1996, S. 15).

Zurück zur Ökologie: Die ökologische Steuerreform ist doch wirklich ein sinnvoller Vorstoß. Kann damit doch gleichzeitig der Energieverbrauch gedrosselt und der Faktor Arbeit entlastet werden.

Was sich ‚ökologische Steuerreform' nennt, ist in Wahrheit nur ein neuer Abzocker-Trick, ein vulgärökonomischer Budenzauber. Ökologische Lenkungseffekte können damit nicht erreicht werden, weil in der steuerlichen Bemessungsgrundlage kein Bezug zu den jeweiligen Schadstoffemissionen hergestellt wurde. Im Gegenteil: Mit den Ausnahme- und Befreiungsregelungen für besonders energieintensive Branchen (die aus Gründen des internationalen Wettbewerbs natürlich notwendig sind), stellt man das ökologische Verursacherprinzip auf den Kopf. Und um den Standortwettbewerb als letztes Hindernis gegen uferlose Steuerbelastung auszuschalten, strebt man eine „europäische Harmonisierung" der Steuerarten und Steuersätze an. Dann kann die „Ökosteuer" endlich im großen Stil das werden, was sie konzeptionell und in Wahrheit sein soll, nämlich die blanke fiskalische Abkassiererei. Außerdem: Wenn die Höherbelastung umweltschädlicher Energie tatsächlich im (angeblich) beabsichtigten Sinn wirken würde, dann müßte der Steuerertrag hieraus alsbald gegen Null schrumpfen. Damit wäre es dann auch mit der „Entlastung der Arbeit“ wieder vorbei. Außerdem sind energieintensive Betriebe oft besonders produktiv – und somit besonders beschäftigungsfördernd. Also sollte man zur „Entlastung der Arbeit“ die Energiekosten eher senken als erhöhen. Des weiteren werden Betriebe mit einer zu hohen Energiekostenbelastung aus Deutschland abwandern. Die „Entlastung der Arbeit“ wird dann unversehens zur „Entlassung der Arbeit“. Das Umbau-Patentrezept ist also nichts als fauler Zauber. Eine Entlastung des Faktors Arbeit kann nur vermittels echten Entlastungen von Abgaben und von Lohnzusatz- und Lohnnebenkosten geschehen. Subventionierung aus dem Fiskalertrag anderer Lasten ist keine Entlastung, sondern eine weitere Belastung um drei Ecken herum.

Was würden Sie denn vorschlagen, um die Umwelt zu schonen und unseren Planeten lebenswert zu erhalten, auch für die künftigen Generationen?

Vor allem drei Dinge:

1. den Sozialstaat so weit zurückzuführen als das überhaupt nach so langer Zeit seines zerstörerischen Wirkens noch möglich ist. Er benötigt für seine Finanzierung ein viel zu hohes wirtschaftliches Wachstum, das wiederum für die natürliche Umwelt nicht ohne Folgen bleiben kann. Normales wirtschaftliches Wachstum führt in der Marktwirtschaft tendenziell zu umweltschonenderen Entwicklungen, übertrieben gepuschtes Wachstum zu vermehrten Umweltbelastungen. Das ist nicht nur meine Meinung. Darauf hat auch *Carl-Christian von Weizsäcker* schon eindringlich hingewiesen. (s. Weizsäcker 1997) Außerdem verwandelt der Sozialstaat mit seinen Regelwerken, welche zum Konsum ohne Produktion und ohne Leistung berechtigen, die Menschen in Parasiten und Drohnen. Der Wohlfahrtsstaat verführt zu Verhaltensweisen, welche die Überlebensstrategie des schonenden Umgangs mit Ressourcen in sein Gegenteil verkehren. Die Ausbeuter leben immer besser, und die produktiven Bürger, denen man ständig

neue Sonderlasten aufbürdet, leben immer schlechter. Je großzügiger sich der umverteilende Staat gebärdet, desto größer wird die Zahl der Leute mit parasitärem Verhalten. Die immer geringer werdende Zahl der Leistungseliten muß immer höhere Renditen erwirtschaften, um die immer weiter wachsende Zahl der Schmarotzer mitschleppen zu können. Und irgendwann kippt das ganze System in eine Abwärtsspirale. Auch das kann nicht ohne Folgen auf die natürlichen Ressourcen bleiben.

2. Die Sanierung des Geldsystems. Die seit Jahrzehnten laufende gigantische Liquiditäts- und Verschuldungsmaschinerie des Staates täuscht einen Reichtum (auf Pump) vor, der um den bitteren und hohen Preis künftiger Verarmung „vorfinanziert“ wird. Dieser gepumpte und getürkte Reichtum führt zu einer Ressourcenverschwendung, wie sie keine noch so wild boomende Marktwirtschaft bewerkstelligen könnte. Die Ursache hierfür liegt im staatlichen Papiergeld. Das staatliche Beliebigkeitsgeld ist der größte Umweltverschmutzer der Weltgeschichte. Deshalb wäre der beste und wirksamste Umweltschutz die Rückkehr zum einzig soliden und privaten Geld, nämlich zur Goldwährung – oder wenigstens zu einem System konkurrierenden Privatgeldes, wie es *Friedrich A. von Hayek* vorgeschlagen hat.

3. Die Wiederherstellung sicherer Eigentumsrechte. Vom Wissenschafts- und Erkenntnistheoretiker *Hans Albert* stammt der Satz: „Viele Fälle angeblichen Versagens des Marktmechanismus [hängen] in Wirklichkeit damit zusammen..., daß die Eigentumsrechte an knappen Gütern nicht in einer Weise definiert waren, die einen funktionierenden Marktmechanismus hätte zustande bringen können.“ (Albert 1978, S. 161). Das ist eine wissenschaftlich nüchterne Feststellung, hinter der die Weisheit ganzer Bibliotheken voller einschlägiger Literatur steckt, die jedoch leider niemand mehr liest, schon gar nicht mehr die Studenten der modernen mathematisierten Rucki-zucki-Ökonomie. Was aber auch diese

Studenten wenigstens noch gehört haben, ist die sogenannte ›tragedy of the commons‹ – oder, profaner benannt, das Problem des Gemeineigentums.

Die ‚Tragödie des Gemeineigentums' besteht darin, daß Güter, die sich in gemeinsamem oder öffentlichem Eigentum befinden, rücksichtslos übernutzt und ausgebeutet werden, so daß am Ende niemand mehr etwas davon hat. Musterbeispiel dafür ist die gemeinschaftliche Stammesweide vieler afrikanischer Dörfer. Jeder Dorfbewohner oder Stammesangehörige versucht, seine Ziegen so oft und so lange als irgend möglich darauf weiden zu lassen, bevor die Ziegen seiner Nachbarn die Gräser abfressen. Alle zusammen nutzen die Grasflächen so intensiv und rücksichtslos, daß am Ende auch die Wurzeln ausgerissen sind und das Weideland versteppt. Auch die verantwortungslose und irrwitzige Überfischung der Meere hat ihre Ursache letztlich darin, daß das Meer allen und somit niemandem gehört. Man überlege einmal, wie sich die Dinge gestalten würden, wenn beispielsweise die Nordsee – eventuell auf dem Wege eines langfristigen Pachtvertrages – der Firma gleichen Namens gehören würde. (Natürlich nicht die Oberfläche des Meeres, welche – wie auch die Luft – für alle Menschen frei zugänglich bleiben muß). Ein privates Unternehmen würde sich jedenfalls mit jeder Art von Raubbau die Grundlagen des eigenen Geschäfts entziehen.

Ein neueres Beispiel zur Veranschaulichung dessen, was gemeint ist: Jedermann weiß, daß die Tierwelt in den – allen und niemandem gehörenden – Savannen Afrikas rücksichtslos bejagt und ausgerottet wird; weniger von europäischen Jägern als von der armen einheimischen Bevölkerung selbst. Strenge Kontrollen und staatliche Aufsicht kann das Problem allenfalls auf kleineren Flächen und auch da nur teilweise einschränken. Die eigentliche und einzig wirksame Lösung kann nur in der Privatisierung der Landflächen liegen. So hat bspw. der deutsche Arzt *August Juchli* 1970 eine 37.000 Hektar große Farm in einem Trockengebiet Namibias erworben. In dem für Landwirtschaft ungeeigneten Gebiet hat er in 25jähriger Arbeit ein Paradies für Leoparden, Geparde, Steinböcke, Warzenschweine, Springhasen, Giraffen, Oryx-Antilopen, Kudus und Bergzebras geschaffen und bewahrt. *Juchlis ›Tsaobis Leopard Native Park‹* ist heute ein Musterbeispiel für den „sanften" naturbewahrenden Tourismus. Wäre das Gebiet nicht in Privateigentum gelangt, wären die meisten der dort lebenden Tiere längst von einheimischen (und zum Teil auch ausländischen) Jägern und Wilderern ausgerottet worden.

Fazit zu unserem Punkt 3. bei den wirksamsten Methoden zum Schutz der Umwelt und des Planeten Erde – und zugleich auch zur Sicherung der Lebensqualität und Überlebensfähigkeit einer wachsenden Menschheit: Je weniger Gemeineigentum (was ohnehin ein unsinniger Begriff ist, denn was allen gehört, gehört niemandem) und je sicherer die persönlichen Eigentumsrechte – auch und vor allem vor staatlichen Eingriffen, desto sicherer auch die Umwelt und unser Lebensraum Erde vor Übernutzung, verschwenderischer Ausbeutung und Zerstörung. Womit wir wieder beim Kapitalismus angelangt wären.

Wollen Sie allen Ernstes behaupten, der Kapitalismus und seine strengen Eigentumsrechte seien die beste Form der Ökologie?

Ja. Nicht ‚allen Ernstes', sondern mit großem Ernst. Man schaue sich nur einmal an, was auf dem Gebiet geschieht, auf dem der Staat und sein sozialistisches Regulierungswerk (noch) kaum einen Zugriff hat: auf dem Sektor der modernen Kommunikationstechnologie. (Gottseidank mußte der Staat unter dem Druck des internationalen Wettbewerbs auch sein Postmonopol aufweichen, sonst wäre Deutschland heute noch in der kommunikationstechnologischen Steinzeit angesiedelt). Man kann sich kaum eine Vorstellung davon machen, was diese Entwicklung heute schon – und erst recht in Zukunft – an natürlichen Ressourcen einspart und schont. Millionen von

Tonnen Papier werden täglich nicht mehr produziert und verbraucht, Millionen von Reisekilometern werden überflüssig, und eine unabsehbare Millionenzahl täglicher Such- und Informationsvorgänge, die sonst Energie und Ressourcen verschlungen hätten, finden nun per Mausklick an den Bildschirmen statt.

Der Zusammenhang zwischen Ökologie und Ökonomie ist eigentlich ganz einfach: Wenn der heutige Wohlstand der Menschheit gehalten und künftig noch gesteigert werden soll – was dringend erforderlich ist, weil nur auf diese Weise die Bevölkerungsexplosion in der Zweiten und Dritten Welt ein Ende finden wird -, so muß der Verbrauch an natürlichen Ressourcen durch den Aufbau anderer Kapitalarten aufgefangen und abgelöst werden. Dabei ist der Ersatz der natürlichen Ressourcen durch andere, neue und „intelligentere" Kapitalarten (wozu auch das sog. „Humankapital" gehört) nur dann möglich, wenn die Sparneigung der heute lebenden Menschen hoch bleibt. Sparen aber ist nur dann attraktiv, wenn der Ertrag der Ersparnisse und der mit ihnen finanzierten Investitionen langfristig hoch bleibt. Mit den hohen Steuern, den Abgabenkaskaden und Regulierungsnetzen des Sozialstaates und seiner kleptokratischen Funktionärskader sind langfristig attraktive Erträge des Spar- und Investivkapitals bestimmt nicht zu haben.

Wie beim „Sozialen", so verhält es sich auch bei der Ökologie: Kapitalismus und Minimierung des Staates sind die besten Garanten des Sozialen und des Ökologischen. All zu oft wird das sogar von Ökonomen nicht mit der genügenden Klarheit gesehen, und so mancher aus der Gilde muß sich von einem hellsichtigeren Philosophen beschämen lassen. Sie mögen sich die Sätze von *Hermann Lübbe* in ihr Seminarbuch schreiben: „Das sozialistische System war [und ist, R. B.] schon aus seinen ordnungspolitischen Prämissen heraus unfähig, unsere naturalen Lebensbedingungen der ökonomischen Rationalität zu unterwerfen. Wenn man das so formuliert..., dann halten das manche Intellektuelle in Deutschland für blanken Zynismus. Wie es sich in Wahrheit verhält – das zu erkennen würde gegebenenfalls *Aristoteles*-Lektüre genügen. ‚Ökonomisch' ist ja wörtlich mit ‚haushälterisch' zu übersetzen, und haushälterisch sollte der Umgang mit knappen Gütern sein. Die Ökonomisierung schonungsbedürftiger Lebensumstände ist nichts anderes als die institutionelle Art, sie in ihrer Knappheit erfahrbar zu machen. Einzig in einer marktwirtschaftlichen Ordnung ist das nach unseren Erfahrungen effektiv möglich. Es ist destruktiver Moralismus, statt dessen die Welt direkt aus dem Impuls guter Gesinnung verbessern zu wollen." (Lübbe 1996)

Soziale Ungerechtigkeit und Unmoral des Marktes

Die Marktwirtschaft oder der Kapitalismus mag eine Reichtumsmaschine sein, die auch die Armut immer mehr beseitigt und den Anteil armer Leute an der Bevölkerung immer kleiner werden läßt. Aber trotzdem beziehen einige oder viele Menschen in diesem System Einkommen und Gewinne, die ihre produktiven Leistungen weit übersteigen, während andere sich zu Tode schuften und trotzdem auf keinen grünen Zweig kommen. Auch die Bedürftigen, die aufgrund eines unverschuldeten Schicksals – z.B. Krankheit oder Behinderung – wenig oder nichts leisten können, werden viel zu wenig berücksichtigt. Die marktwirtschaftliche Ordnung ist also sozial ungerecht und in vieler Hinsicht auch unmoralisch.

Mit den Vokabelpaaren ‚gerecht – ungerecht' und ‚moralisch – unmoralisch' wird seit Jahrzehnten sprachlich und begrifflich Schindluder getrieben. Man kann es sich deshalb nicht ersparen, weit auszuholen und zunächst die Begriffe zu klären. Fangen wir mit der Gerechtigkeit an: Diesseits des Himmels, also hier auf der Erde, müssen wir uns davor hüten, eine Art göttliche Allgerechtigkeit anstreben zu wollen. Das können wir nicht, schon weil dazu Allwissenheit erforderlich wäre. Nicht ohne Grund stehen in der Bibel an vielen Stellen die göttliche (nur Gott bekannte) Wahrheit und die göttliche Gerechtigkeit als Synonyme. Doch schon wenn es um die Gerechtigkeit Gottes gegenüber den Menschen geht, sind wir mit unserem Latein am Ende. Die Vorstellung davon, was das sein könnte, entzieht sich unserem Verständnis vollständig.

Wieso wird der fromme und gerechte *Hiob* mit tausend Übeln geschlagen? Wir wissen es nicht. Und wir haben auch keinen Anspruch auf solches Wissen. Eine der wortgewaltigsten Zornesausbrüche Gottes im Alten Testament erfolgt genau auf diese Frage Hiobs: ‚Warum ich, der ich doch nie gegen Deine Gesetze verstoßen habe?' In der ‚Rede aus den Wettern' schleudert der Herr ihm daraufhin entgegen: „Wo warst du, als ich die Erde gründete?... Wer hat die Tore des Meeres verschlossen?... Hast du in deinem Leben je den Morgen herbeibefohlen, dem Frühröt seinen Platz gezeigt?... Kannst du die Bänder des Siebengestirns knüpfen, oder die Fesseln des Orion lösen?" Ins Profane übertragen, heißt das: Was maßest du Wurm dir an, mit mir diskutieren zu wollen, was gerecht oder ungerecht ist!

Wir müssen uns also mit der „kleinen", der irdischen Gerechtigkeit begnügen. Und bei ihr sollten wir zwei verschiedene Dimensionen unterscheiden: Zum einen das gerechte Verhalten in der überschaubaren Welt unseres Privatbereiches, in welcher wir viel über die handelnden Personen und die Umstände und Beweggründe ihres Handelns wissen; und zum anderen das gerechte Verhalten in der großen, anonymen Welt der Gesellschaft, wo wir von den in ihr handelnden Menschen und deren Lebensumständen so gut wie nichts wissen. Für beide Bereiche hat wohl schon *Cicero* alles notwendige gesagt mit seinen Sätzen: „Gerechtigkeit verpflichtet.. erstens dazu, daß man niemandem schadet, es sei denn, daß man durch ein Unrecht herausgefordert ist, und zweitens, daß man Gemeingut als Gemeingut, Privatbesitz jedoch als persönliches Eigentum behandelt." (*Von den Pflichten, VII, 20*). In derselben Schrift warnt *Cicero* auch davor, die Gerechtigkeit in Staat und Gesellschaft mit irgendwelchen Begriffen der Nützlichkeit in Verbindung zu bringen, weil diejenige Gerechtigkeit, die man aus Nützlichkeitserwägungen heraus aufstelle, von eben diesen Nützlichkeitsaspekten wieder zerstört werde. „Unter dem Schein des Nutzens", so seine Erkenntnis, „begeht man im Staatsleben am öftesten Fehler."

Die von *Karl Marx* – und ganz generell von allen Sozialisten geforderte Ergebnisgerechtigkeit: ‚Jeder nach seinen Fähigkeiten und jedem nach seinen Bedürfnissen' kann es allenfalls innerhalb der Familie und in kleinen und engen Gemeinschaften geben – und auch da nur näherungsweise und für wenige Teilbereiche des Lebens. In einer sozio-ökonomischen und politischen Großordnung von einer solchen Ergebnisgerechtigkeit auch nur andeutungsweise zu träumen, ist Illusionismus. Jenseits der urzeitlichen Horde und der kleinen Stammesgesellschaft der menschheitsgeschichtlichen Frühzeit kann es in der großen, anonymen und arbeitsteiligen Gesellschaft nur eine einzige realistische Art der Gerechtigkeit geben – und das ist die Regelgerechtigkeit, am besten und kürzesten ausgedrückt durch den Satz: „Gleiche Spielregeln für alle." Deshalb hat die wichtigste Forderung des Klassischen Liberalismus schon immer gelautet: ‚Gleichheit aller Menschen vor dem Recht.' Diese Form der Gleichheit ist zugleich die einzige, die – ohne selbstwidersprüchlich zu sein – von Menschen errichtet werden kann, also ohne daß damit zugleich gegen die wichtigsten und elementarsten Prinzipien des Rechts und der Gerechtigkeit verstoßen werden müßte.

Aber die Spielregeln sind doch schon dann ungleich, wenn einer der Spieler zu schwach ist, um mitspielen zu können.

Nein; das ist Sprachverwirrung. Greifen wir nochmal auf unser Fußballbeispiel zurück. Man stelle sich ein Spiel vor, bei dem für jeden Spieler andere Regeln gelten würden, je nach Körpergröße, Ausdauer, Alter, Ausbildungszeit, Erfahrung, Herkunft usw. Das Ergebnis eines solchen „Spiels" wäre Chaos und Streit. Am Ende würden sich die Spieler gegenseitig beschuldigen und verprügeln – und wahrscheinlich würden alle zusammen noch den Schiedsrichter erschlagen. Ja, das Spiel könnte überhaupt nicht stattfinden, weil nach jeder Ballberührung ein Einspruch zu erwarten wäre, der zunächst in langwierigen Gerichtsverhandlungen geklärt und entschieden werden müßte. Die Tatsache, daß es sich bei den Spielern stets um ungleiche Menschen mit ungleichen Lebenshintergründen handelt, macht nicht die Spielregeln „ungleich“, sondern gibt dem Spiel erst einen Sinn. Nur wenn Ungleiche nach gleichen Regeln spielen, kann es überhaupt ein Spiel geben. Alles andere wäre bestenfalls ein befohlener oder mechanischer Ablauf, bei dem das Ergebnis vorgegeben wäre und von vornherein feststehen würde. Und weil dann irgend jemand das Ergebnis eines jeden Spiels festlegen müßte, wäre das ganze Spektakel nichts als ein Aneinanderreihen von Willkürakten.

Allen Formen des Sozialismus geht es in Wahrheit auch gar nicht um Recht und Gerechtigkeit, sondern um möglichst gleiche Verteilung der Güter. Daß diese Gleichverteilung nur bei Vergewaltigung oder Beseitigung des Rechts und nur auf höchst ungerechte Weise zustande kommen kann, gilt dabei als unerheblich. Wenn man jedoch gleiche Verteilung als ‚Gerechtigkeit‘ definiert, ist alles weitere Nachdenken über das Wesen des Rechts und der Gerechtigkeit ebenso überflüssig wie die mehrtausendjährige Bemühung des Menschengeschlechts um die Erkenntnis dessen, was recht und gerecht – und was unrecht und ungerecht ist. *Gerard Radnitzky* sagt es sarkastisch: „Derjenige, der die egalitaristische Forderung nach Gleichheit der Lebensumstände akzeptiert hat, bewertet die nivellierenden Maßnahmen als Forderungen der ‚Gerechtigkeit‘... So betrachtet, waren die kommunistischen Unrechts- und Terrorsysteme des vormaligen Ostblocks allesamt ein Hort der ‚realexistierenden Gerechtigkeit‘.“ (Radnitzky 1996)

Für die Gerechtigkeit der Verteilung der Güter oder der Ergebnisse des Güterproduktionsprozesses gilt selbstverständlich dasselbe wie für jedes andere Objekt des Rechts und der Gerechtigkeit. *Wolfram Engels* hat das wie folgt auf den Punkt gebracht: „Unter dem Gesichtspunkt der Ethik kann überhaupt nur eine Verteilungspolitik nach allgemeinen Regeln auch gerecht sein. Man mag sich über den Inhalt solcher allgemeinen Regeln streiten. Eine willkürliche Verteilungspolitik kann niemals als gerecht akzeptiert werden." (Engels 1995, S. 78) Noch kürzer definiert *Gerd Habermann* den für alle gesellschaftlichen Vorgänge (inklusive der Güter- und Einkommensströme) einzig zulässigen Gerechtigkeitsbegriff als „Gemeinsame Regeln und die Gegenseitigkeit des Marktes." (Habermann 1998)

Nochmal: Außerhalb der überschaubaren Kleingruppe (Familie, Freunde etc.) kann es im gesellschaftlichen Leben nur die Regelgerechtigkeit (gleiche Spielregeln für alle) geben, niemals eine Ergebnisgerechtigkeit. Das liegt nicht nur daran, daß niemand für alle verbindlich feststellen kann, was eine gerechte Verteilung wäre – und daß sich auch unter den Gesellschaftsmitgliedern niemals ein Einvernehmen darüber herstellen ließe; auch liegt es nicht nur daran, daß die Menschen die zu verteilenden Güter ganz unterschiedlich bewerten und somit auch ganz unterschiedliche Vorstellungen von einer gerechten Verteilung haben, sondern noch mehr liegt die Unmöglichkeit einer Ergebnisgerechtigkeit daran, daß es völlig ausgeschlossen ist, alle notwendigen Daten der unzähligen und endlosen Leistungsprozesse zu kennen. Wenn wir das Wort ‚Verteilung' hören, stellen wir uns einen Güterberg vor, der bereits vorhanden ist und nun verteilt wird. In Wirklichkeit müssen aber diese Güter erst hergestellt und durch Leistungen erbracht werden, und dieser Herstellungs- und Leistungsprozeß *ist bereits* wesentlicher Bestandteil der Verteilungsvorgänge. Sogar ein allwissender Computer, der die Abermilliardenfülle sämtlicher täglich im Wirtschaftsprozeß anfallenden Daten ermitteln, speichern und verarbeiten könnte, wäre dazu immer erst im Nachhinein in der Lage, wenn die Vorgänge – die nicht nur Produktions- sondern auch Verteilungsvorgänge sind – abgeschlossen wären. Und abgeschlossen sind sie niemals, weil sie alle ineinandergreifen und miteinander vernetzt sind.

Das einzige System, das hier wenigstens näherungsweise so etwas wie Gerechtigkeit walten lassen kann, ist das anonyme Verteilungssystem des Marktes, auf dem alle Menschen gemeinsam – als Verbraucher, Sparer und Leistungserbringer – und ohne Ansehen der Person darüber befinden, was den einzelnen Teilnehmern an diesem dynamischen Prozeß als Äquivalent für ihre Leistung zufließen soll. Wenn es überhaupt in der Sphäre der Güterverteilung so etwas wie ein Maß für Gerechtigkeit geben kann, dann ist es der Grad an Freiwilligkeit der Vereinbarungen und Tauschakte, die den besagten Prozeß ausmachen. Und das Kriterium der Freiwilligkeit ist nirgendwo so weitgehend verwirklicht wie auf freien, unbehinderten Märkten.

Letztlich entlohnt der Markt alle Menschen nach Knappheitskriterien, also nach Maßgabe ihres jeweiligen Beitrags zur Überwindung der Knappheit. Und weil die Beseitigung oder Verringerung von Knappheit das Motiv und das Ziel fast aller menschlichen Arbeit ist, kann man das Verteilungsgeschehen des Marktes nach der Maßgabe relativer Knappheitsüberwindung durchaus als so etwas wie das gerechteste aller (einer Gesellschaft überhaupt zur Wahl stehenden) Verteilungsprinzipien ansehen. Das gilt jedoch nur – ich muß es wegen seiner Bedeutung wiederholen -, wenn die Märkte frei und unbehindert sind. Sobald irgendeine Art von Politik oder von politischer Macht irgendwelche Marktteilnehmer oder Teile der Marktkräfte behindert und irgendwelche anderen begünstigt, geht dieser neutrale und annähernd „gerechte" (weil von niemandem willkürlich beeinflußte) Charakter des Verteilungsprozesses verloren und macht einer zunehmend ungerechten Verteilung Platz. So wird z.B. hinsichtlich des gewaltigen Gefälles zwischen den Armen und den Reichen in Südamerika immer wieder von „Kapitalismus" gesprochen. Aber das ist dummes Gerede. Die polit-ökonomische Filzokratie dieser Länder war vom Kapitalismus fast so weit entfernt wie der Sozialismus (dem sie auch in seinen seltsamsten Formen, wie bspw. dem Peronismus, lange genug verfallen waren.) Daß sich die dortigen Verhältnisse – auch im Zuge der Globalisierung – in jüngerer Zeit deutlich – in Richtung ‚mehr Marktwirtschaft' – geändert haben, ändert nichts an den vorausgegangenen Mißständen.

Nun, Knappheit hin oder her; es ist doch so, daß wer bei dem Spiel nach gleichen Regeln viel hat, auch viel gewinnt, und wer wenig hat, wenig oder nichts gewinnt.

Das kann so sein; es kann aber auch anders und sogar umgekehrt sein. Wer viel hat, kann im dynamischen und wettbewerblichen Marktprozeß auch viel verlieren, und wer nichts hat, kann auch viel gewinnen. Es gibt im Markt keinen sicheren Gewinn. Alles ist offen. Viele der reichsten Männer der Welt haben mit nichts begonnen, und noch mehr Reiche enden arm wie die Kirchenmäuse. Der Direktor eines großen Arbeitsamtes, der dort unter anderem auch dem sogenannten Massenentlassungsausschuß vorsaß, hat mir einmal – kurz vor seiner Pensionierung und nach einem erfahrungsreichen Leben – gesagt: „Die einzigen wirklich echten und schlimmen Sozialfälle, die mir in meiner Laufbahn begegnet sind, waren allesamt gescheiterte Unternehmer." Wie in jedem Spiel, das nach gleichen Regeln – aber notwendigerweise mit ungleichen Spielern ablaufen muß, so hängen auch die Ergebnisse des großen Leistungsspiels der Marktwirtschaft nicht ausschließlich von den Fähigkeiten und Anstrengungen der Teilnehmer ab; auch Glück und Pech sowie viele Unwägbarkeiten des Lebens sind mit involviert und können letztlich spielentscheidend sein.

Das Argument, wer viel habe, werde viel gewinnen, zielt auf die sogenannte ‚Startgerechtigkeit', die es aber ebenfalls nicht geben kann. *Herbert Giersch* hat dazu einmal die richtigen Worte gefunden: „Ergebnisgleichheit ist vom Wettbewerb nicht zu erwarten. Stünde schon vorher fest, daß es keine Sieger und Verlierer gibt, würde sich niemand im Wettbewerb engagieren. Der Verfall wäre programmiert... Noch nicht einmal Startgerechtigkeit kann es geben. Dazu sind die Menschen zu unterschiedlich, die Wünsche und Erziehungsleistungen der Eltern in der Tradition der Familie zu wichtig... Im übrigen müssen junge Menschen wissen, daß Staat und Markt nicht ausgleichen können, was die Welt im allgemeinen so ungerecht macht. Wer den Himmel auf Erden verlangt, wird die Erde – oder den Staat – zur Hölle machen, wie es ähnlich schon *Hölderlin* ausgedrückt hat. Und das Gutgemeinte ist in dieser zweitbesten Welt oft das genaue Gegenteil des Guten." (Giersch 1992) Ein anderer Ausdruck für die sogenannte ‚Startgerechtigkeit' ist die ‚Chancengleichheit'. Leider fallen auch viele Liberale und stringent freiheitlich denkende Zeitgenossen auf diesen Bluff herein, der mit sprachlicher Ungenauigkeit zusammenhängt. Was der waschechte Freiheitsfreund fordern muß, ist nicht Chancengleichheit, sondern Chancenfreiheit.

Was ist dann überhaupt gemeint, wenn von der „Sozialen Gerechtigkeit" die Rede ist, die doch jedermann seit Jahren und Jahrzehnten im Munde führt? Der Markt kann sie doch bestimmt nicht herstellen.

Nein, das kann er in der Tat nicht, weil es diese ominöse „soziale Gerechtigkeit" nicht gibt. Es handelt sich bei ihr um eine reine Täuschungsformel, um ein Trugwort ohne jeden Inhalt. Sie ist sogar eine Perversion des Gerechtigkeitsbegriffes. Wer sie in seiner Rede führt, versteht entweder zu wenig von Recht und Gerechtigkeit – oder aber, was häufiger der Fall ist, er will die Zuhörer bewußt in die Irre führen. Bei der „sozialen Gerechtigkeit" handelt es sich nicht etwa um eine Unterart oder spezielle Form der Gerechtigkeit. Wenn sie überhaupt irgend etwas ist, dann das Gegenteil von Gerechtigkeit, also nacktes Unrecht. Was ist denn der konkrete Inhalt der Forderungen nach „sozialer Gerechtigkeit"? Den einen, die höhere Einkommen und Vermögen haben, soll unter Androhung oder

Anwendung von Gewalt (nämlich über Steuern) etwas weggenommen – und den anderen, die niedrigere Einkommen und Vermögen haben, gegeben werden. Damit wird unterstellt, alle Einkommen und Vermögen der Bürger seien Kollektiveigentum, über welches das Gewaltmonopol Staat oder die sogenannte ‚demokratische Mehrheit' beliebig verfügen könne. Das ist die Umkehrung und das Gegenteil des Gerechtigkeitsbegriffs. Und zwar in jeder Hinsicht. Eine solche Vorstellung von „Gerechtigkeit" verletzt nicht nur den methodischen Inhalt des Terminus (gleiche Regeln für alle), sondern auch den Kern seines rechtlichen Gehalts, der – wie bereits gesagt – in der Unverletzlichkeit des Eigentums (Körper, Leben, Früchte der Arbeit) einer jeden Person besteht.

„Soziale Gerechtigkeit" heißt im Klartext immer und ausschließlich: Den einen mit staatlichem Zwang und hoheitlicher Gewalt etwas von ihrem redlich erworbenen Eigentum wegnehmen – und das Geraubte anderen geben, die behaupten oder denen man eingeredet hat, darauf einen Anspruch zu haben. Dieser Anspruch stützt sich auf nichts als auf den Begriff der „sozialen Gerechtigkeit", der – im Gegensatz zum adjektivlosen Gerechtigkeitsbegriff – eine Leerformel darstellt, die weder quantitativ noch qualitativ bestimmt werden kann. Wer diesen Ausdruck in seinen Sprachgebrauch aufnimmt, braucht sich über ‚Werte', ‚Moral', ‚Ethik' oder ‚Tugenden' nicht mehr zu unterhalten, weil alle diese Termini zu Lügenbegriffen werden, sobald sie mit dem General-Lügenbegriff „Soziale Gerechtigkeit" in Berührung kommen.

Wie atemberaubend weit die Perversion des Gerechtigkeitsbegriffs in den Staaten des sogenannten Freien Westens gediehen ist, kann man an der feierlichen Gloriole erkennen, mit der das 1971 erschienene Buch ›A Theory of Justice‹ von *John Rawls* seither umrankt wurde. Weder haben unsere Philosophen und Staatstheoretiker – und schon gar nicht die Politiker – die zutiefst totalitären Grundzüge erkannt, die diesem Werk immanent sind, noch haben die Theologen den abgründigatheistischen Charakter dieses intellektuellen Blendwerks bemerkt. Als einer der wenigen messerscharfen Denker unserer Zeit hat der Wissenschaftstheoretiker *Gerard Radnitzky* schon vor fast zwei Jahrzehnten darauf hingewiesen, daß der totale und geradezu kosmisch-hypertrophe Egalitarismus, der sich im *Rawls*'schen Gerechtigkeitsbegriff verbirgt, eine Art „Konkursmasse der Theodizee" darstellt, eine säkularisierte Version der christlichen Kompensationsidee. Das als hochmoralisch erscheinende Gesellschaftsmodell von *Rawls* paßt in Wahrheit nur zur Horrorvision einer Gesellschaft von genetisch geklonten Massenhumunkuli. (s. Radnitzky 1982)

Aber es gibt doch nicht nur die Eigentumsrechte, sondern auch bestimmte andere Rechte, wie z.B. das Recht auf Arbeit, auf Bildung, auf Wohnung usw., und diese Rechte sind Bestandteil der sozialen Gerechtigkeit.

Nein, bei alledem handelt es sich nicht um ‚Recht'. Leider ist auch hier die deutsche Sprache unscharf. Im Englischen nennt man solche angeblichen „Rechte" entitlements, also Ansprüche. Es handelt sich dabei um Ansprüche, welche von den Parteien und Politikern bestimmten Personengruppen zugeschanzt werden, um sie als Wähler zu gewinnen. Diese Ansprüche können am Markt nur durchgesetzt werden, wenn man zugleich originäre Rechte verletzt. So muß z. B. das Eigentumsrecht und die Vertragsfreiheit eingeschränkt oder in Teilbereichen abgeschafft werden, damit man bestimmten Bürgern unter Zwang die Mittel entziehen kann, mit welchen solche ‚Ansprüche' finanziert werden, und damit diese beraubten Bürger ihre originären Rechte nicht mehr durchsetzen und schützen können. Ein Recht auf Arbeit, Bildung usw. gibt es in der Tat, aber in einem dem üblichen Wortgebrauch entge-gengesetzten Sinn. Das unverletzliche Eigentumsrecht der Person hat nämlich selbstverständlich auch zum Inhalt, daß beispielsweise jeder Mensch selbst und in eigener, unbehinderter Autonomie entscheiden kann, was, wann, wo, wie lange und zu welchem Preis er arbeiten will. Genau das wird ihm heute durch Gesetze und Kartellvereinbarungen (Tarife) verwehrt. Es hat also im Namen der „sozialen Gerechtigkeit" eine vollständige Begriffsverwirrung und eine perverse Umkehrung rechtlicher Standards stattgefunden.

Es führt kein Weg an der Alternative vorbei: Entweder Gerechtigkeit – oder Ungerechtigkeit unter dem Schwindeletikett „soziale Gerechtigkeit". Anders gesagt: Entweder unantastbare – und für alle Menschen gleichermaßen gültige – persönliche Rechte (= Freiheit) oder beliebig manipulierbare Sonderrechte und Sonderpflichten für verschiedene Menschengruppen (= Unfreiheit). Es gibt nur ein Entweder-Oder, kein Sowohl-als-auch! Gerechtigkeit erfordert die Herrschaft des Rechts, für das Individuum ebenso wie für die Gesellschaft. Und das heißt methodisch: einfache und für alle gleiche Regeln des rechten und gerechten Verhaltens, und inhaltlich: Schutz der Person und ihres Eigentums. „Soziale Gerechtigkeit" hingegen ist ein Begriff, der beliebig definiert und interpretiert werden kann, heute so und morgen anders, von einer Partei auf die eine Weise und von einer anderen Partei auf die andere Weise. Es ist ein leerer Ausdruck, der von den politischen Akteuren willkürlich in den Dienst des Machtgewinns gestellt werden kann. Er dient immer der Bevorzugung einer oder mehrerer Gruppen der Bevölkerung und geht immer zugleich zu Lasten einer oder mehrerer anderer Gruppen; letztlich dient er der Anscheinslegitimation der Politik für Eingriffe in die persönlichen Rechte der Bürger.

Friedrich A. von Hayek hat deshalb fast sein ganzes Gelehrtenleben lang gegen diesen Lügenbegriff gekämpft. Einige Beispiele aus seinen Schriften mögen belegen, wie eindringlich er sich dem Thema gewidmet hat: „Mehr als zehn Jahre lang habe ich mich intensiv damit befaßt, den Sinn des Begriffs ‚soziale Gerechtigkeit' herauszufinden. Der Versuch ist gescheitert; oder besser gesagt, ich bin zu dem Schluß gelangt, daß für eine Gesellschaft freier Menschen dieses Wort überhaupt keinen

Sinn hat." (S. 23) „Die völlige Inhaltslosigkeit des Begriffs ‚soziale Gerechtigkeit' zeigt [sich] an den Tatsachen, daß es keine Übereinstimmung darüber gibt, was soziale Gerechtigkeit im Einzelfall erfordert; daß ferner keine Kriterien bekannt sind, nach denen entschieden werden könnte, wer recht hat, wenn die Leute verschiedener Ansicht sind..." (S. 24) „Der Grund dafür, daß die meisten Leute weiterhin fest an eine soziale Gerechtigkeit glauben, auch wenn sie entdeckt haben, daß sie nicht wissen, was sie bedeutet, liegt darin, daß sie meinen, es müsse etwas an dieser Phrase sein, wenn fast alle an sie glauben." (S. 25) (Hayek 1977, 1992).

An anderer Stelle schreibt *Hayek*: „Das Schlagwort ‚soziale Gerechtigkeit' [ist] keineswegs, wie die meisten Leute wahrscheinlich empfinden, ein unschuldiger Ausdruck guten Willens gegenüber den weniger Glücklichen... Wenn die politische Diskussion redlich werden soll, ist es notwendig, daß die Leute erkennen, daß der Ausdruck intellektuell anrüchig ist, ein Kennzeichen der Demagogie oder des billigen Journalismus, den zu benutzen verantwortlich Denkende sich schämen sollten, weil sein Gebrauch, sobald die Leerheit dieses Ausdrucks erkannt ist, unredlich ist... Ich habe immer stärker das Gefühl, daß der größte Dienst, den ich meinen Mitmenschen noch erweisen kann, der wäre, wenn ich die Redner und Schriftsteller unter ihnen dazu bringen könnte, sich gründlich zu schämen, jemals wieder den Ausdruck ‚soziale Gerechtigkeit' zu benutzen." (Hayek 1981, Bd. 2, S. 134)

Wenn schon nicht das Recht und die Gerechtigkeit, dann müßte doch wenigstens unser Gefühl für Fairneß dafür sorgen, daß wir einen gewissen Ausgleich beim Spiel des Marktes anstreben.

Ungleiche Einkommen und Vermögen sind in einer freien Gesellschaft das Ergebnis des Marktprozesses, Ergebnis des freien Spiels der Teilnehmer. Ergebnisse aber können nicht „unfair" sein, solange a) die Regeln des Spiels, das zu diesen Ergebnissen führt, für alle Spielteilnehmer gleich sind, und solange b) die Regeln und die Spieler das Erfordernis des Verbots von Zwang und Gewalt erfüllen. Kommen wir nochmal zurück auf das Fußballbeispiel: Wenn beispielsweise in der laufenden Fußballsaison die Münchner Löwen dreimal so oft gewonnen hätten wie der Karlsruher SC, dann wäre dieses Ergebnis nicht „unfair" gewesen. Unfair hätten nur die Spielregeln sein können, wenn also für die beiden Mannschaften unterschiedliche Regeln gegolten hätten. (Und natürlich wären auch solche Ergebnisse unfair gewesen, die aufgrund nicht-geahndeter Regelverstöße zustandegekommen wären).

Man stelle sich einmal vor, der Deutsche Fußballverband würde vorschreiben, am Ende der Spielsaison müßten alle deutschen Fußballclubs in etwa die gleiche – „sozial gerechte" – Zahl an Siegen und Niederlagen aufweisen. Was dann aus den vorher für alle gleichen Regeln werden würde, wie die einzelnen Spiele aussehen würden, welche Funktionärsheere sich – mit dicken Aktenordnern voller ständig veränderter Fall-zu-Fall-"Regeln" – auf den Fußballfeldern herumtreiben würden, welcher Haß und Streit zwischen den Vereinen, den Spielern, den Verbänden und zwischen sämtlichen Zuschauern und Fußballfreunden in ganz Deutschland ausbrechen würde, kann man sich wohl nur in abstrusen Alpträumen ausmalen. Genau das aber geschieht im großen Spiel der Marktwirtschaft alltäglich und tausendfach, indem die politischen Akteure und Verbandsfürsten die unterschiedlichsten Regeln für alle möglichen Bevölkerungsgruppen (entsprechend im Beispiel den Spielern und Vereinen) und für alle nur denkbaren Einzelfälle (entsprechend im Beispiel den Spielen) vorschreiben – und das auch noch unter Anwendung von Zwang und unter Androhung von Gewalt, damit am Ende ihre Vorstellungen oder Versprechungen von „sozial gerechten" oder „fairen" Ergebnissen herauskommen mögen. DAS ist unfair und ungerecht, DAS ist unmoralisch und spielverderbend, DAS ist nicht friedlicher und fairer Wettbewerb, sondern Kampf, Gewalt und Krieg mit mehr als unfairen Mitteln. Fazit: Nicht die Ergebnisse der Spiele müssen ‚fair' sein, sondern das Spiel und seine Regeln selbst.

O.K. Vielleicht ist ‚Fairneß' das falsche Wort; aber es sollte doch uns allen ein ethisches oder moralisches Anliegen sein, sowie eine Frage des Gewissens, die materiellen Ungleichheiten zwischen den Bürgern nicht allzu groß werden zu lassen und statt dessen einen gewissen Ausgleich anzustreben.

Zunächst einmal muß man festhalten: Für Ungleichheit, die nicht mit Zwang oder Unrecht herbeigeführt wurde – also nicht durch Schädigung oder Beraubung anderer, besteht weder ein ökonomischer noch ein ethischer Rechtfertigungszwang. Such is life. Nichts in der Natur ist gleich. Kein Grashalm ist wie der andere. Nichts auf der Erde und nichts im gesamten Kosmos ist irgend etwas anderem gleich; alles und jedes unterscheidet sich von allen und jedem anderen. Erst recht trifft das auf die Menschen zu. Gleichheit im Sinne von Nichtverschiedenheit wäre der sofortige Tod allen Lebens, das sofortige Ende der gesamten Schöpfung. Sogar zwei geklonte Menschen würden zwar äußerlich gleich aussehen, wären aber dennoch ganz und gar verschieden, denn sie würden unterschiedlich denken, fühlen und handeln, würden verschiedene Erfahrungen machen, sich mit unterschiedlichen Partnern zusammentun, unterschiedliche Bücher lesen, unterschiedliche Leute treffen und in verschiedenen Lebensumständen groß werden. Sie wären zwar genetisch gleich, würden sich aber unterschiedlich entwickeln, denn alles Leben lebt von Unterschieden. ‚Gleich sein' gibt es nicht auf der Welt, allenfalls ‚gleich machen' als wahnhafter menschlicher Versuch, bei welchem man – mit wenig Erfolg – Zwang und Gewalt anwenden muß. Zwang und Gewalt aber sind unmoralisch. Deshalb ist Freiheit – und mit ihr die Ungleichheit als Wesenselement der Freiheit – ein moralisches Prinzip, das sich auf die Natur und ganz besonders auf die Natur des Menschen gründet. Die Freiheit ist, wie *Murray N. Rothbard* und sein Nachfolger auf dem Rothbard-Lehrstuhl, *Hans-Hermann Hoppe*, überzeugend belegt haben, ein Prinzip der Gerechtigkeit. Und Unfreiheit ist unmoralisch, weil sie auf dem Prinzip aggressiver Gewalt in den menschlichen Beziehungen basiert. (s. Hoppe 1998)

Zwischen Freiheit und Gleichheit besteht eine scheinbar paradoxe Beziehung: Wenn man die Menschen und ihre materiellen Lebensumstände „gleicher" machen will, muß man sie notgedrungen ungleich behandeln. Damit aber verletzt man das vor dem Recht und der Gerechtigkeit einzig zulässige Gebot der Gleichbehandlung aller Menschen. Das Gebot der Freiheit hingegen ist die rechtliche Gleichbehandlung des notwendigerweise immer Ungleichen. Das scheinbare Paradoxon löst sich jedoch auf, sobald man erkennt, daß für die Gleichbehandlung allgemeingültige und objektiv definierbare Regeln aufgestellt werden können, niemals aber allgemeingültige und objektive Regeln für das Gleichsein in einer Welt mit unterschiedlichen Menschen. Das hat auch Folgen für das Beurteilungskriterium ‚Moral'.

In einer Gesellschaft, die sie nicht (oder noch nicht) diktatorisch regieren können, müssen sich die Politiker für jede Art der von ihnen erzwungenen Umverteilung eine an hohen ethischen Werten ausgerichtete Legitimation besorgen. Ethik, Moral und Gerechtigkeit verwehren sich jedoch, wenn man sie – wie ausgeführt – richtig definiert, als Legitimationsargumente für gewaltsame Eigentumseingriffe. Also muß man die Leute mit falschen Begriffen wie „soziale Gerechtigkeit" hinters Licht führen und ihnen den Neid als eine (angeblich zulässige) Form der moralischen Entrüstung schmackhaft machen. Auch mit dem feinen Barometer des Gewissens werden die politischen Umverteiler auf raffinierte Weise fertig. Man muß dem Volk nur unablässig ein schlechtes Gewissen einreden. Wer Arbeit hat, soll ein schlechtes Gewissen haben, weil es Arbeitslose gibt; wer zu essen hat, soll ein schlechtes Gewissen haben, weil es überall in der Welt Hunger gibt; wer in Frieden lebt, soll ein schlechtes Gewissen haben, weil anderswo Krieg herrscht; wer körperlich und geistig gesund ist, soll ein schlechtes Gewissen haben, weil es Behinderte gibt; wer in intakten familiären Verhältnissen lebt, soll ein schlechtes Gewissen haben, weil andere in einem zerrütteten Umfeld leben, usw. Ein ganz besonders schlechtes Gewissen sollen die sogenannten „Besserverdiener" haben, obwohl sie weder an den Miseren schuld sind noch daran etwas ändern können.

Das wahre Motiv der politischen Kaste, das hinter ihrer permanenten Beschwörung des Welten-Elends steckt, lautet: „Schaut nur hin, Ihr Wähler, was überall geschieht, wenn wir nicht eingreifen und alles zum Besseren wenden. Nur wenn Ihr uns und unsere Partei mit der Macht ausstattet, auf die Einkommen und Vermögen der Reichen zuzugreifen, und nur wenn Ihr alle bereit seid, Euer Scherflein auch selber beizutragen, und nur wenn Ihr bereit seid, uns auch ordentlich ‚machen' zu lassen, kann all die Not und Drangsal auf der Erde und in unserem Land gewendet werden." In Wirklichkeit werden die beklagten Miseren – die echten wie die unechten – durch das Umverteilungs- und Abzockergeschäft der Politik regelmäßig verschlimmert, oft sogar erst hervorgerufen. Und was noch schlimmer ist: der wahre Gewissensimpuls der Menschen, der sie schon immer und überall zu nachbarlicher Hilfe bewegt hat, wird hierdurch erstickt. Was also ist nun wirklich eine Frage des Gewissens: die Tatsache der Ungleichheit der Menschen und ihrer materiellen Verhältnisse – oder die Methoden, wie man mit dieser Ungleichheit sein politisches Lügen- und Machtgeschäft betreibt?!

Es gibt doch aber so etwas wie Moral oder wie Ethik, die sich über die natürlichen Zwänge von Wirtschaft und Gesellschaft hinwegsetzen müssen.

Vorweg: Unrecht kann niemals moralisch sein. Des weiteren: Gewisse natürliche Unabwendbarkeiten des Lebens stehen der Moral nicht entgegen, sondern sind sogar deren Ursprung.

(Anmerkung: Zwischen Ethik und Moral sollte man eigentlich streng unterscheiden. Da sich die Unterschiede jedoch umgangssprachlich verwischt haben, werde ich diese Unterscheidung hier nicht vornehmen oder herausheben).

Moral als notwendiges und dauerhaft stabilisierendes Element einer jeden Gesellschaft kann es ohne die natürlichen ökonomischen Zwänge des Lebens nicht geben. Im Schlaraffenland wäre das Phänomen ‚Moral' unbekannt. Hierfür nur zwei einfache Beispiele:

Jeder Vater und jede Mutter kennt das Phänomen, daß weder gute noch böse Worte, keine Bitte und keine Gemahnung an die Kinder viel ausrichten können gegen deren teuere Unsitten, unablässig und ausgedehnt zu telefonieren, überall das Licht brennen zu lassen, Waschbecken, Duschen und Toiletten nicht regelmäßig sauber zu halten, usw. Diese Art von Ordnung, Anstand, Sauberkeit, Disziplin, haushälterischem Verhalten und gegenseitiger Rücksichtnahme kehrt erst dann ein, wenn die Kinder eine eigene Wohnung haben und für alle verursachten Kosten und Schäden selber aufkommen müssen. Oder erinnern wir uns an die Zeit, als die Einkaufswagen der Supermärkte noch keine Münzverriegelung hatten. Alle Hinweisschilder und Lautsprecherappelle der Marktleitung, die leeren Wagen doch bitte an ihren Standort zurückzubringen, blieben weitgehend ohne Erfolg. Nur wenige Kunden brachten die Blechkarren in die Reihe zurück, die meisten ließen sie als lästige Verkehrshindernisse wild verstreut auf den Parkplätzen stehen, wo sie von eigens dafür angestellten Ordnern unablässig aufgesammelt und zusammengeschoben werden mußten. In dem Moment aber, als man die Wagen mit einem Markstück aus der Reihe lösen mußte, änderte sich das Bild schlagartig. Mit und wegen einer einzigen Mark war der gesamte Spuk vorbei. Kein einziger Einkaufswagen steht seither mehr in der Gegend herum. Was keinem noch so dringlichen Appell an Ordnungsliebe, Gefahrenvermeidung, Rücksichtnahme auf die übrigen Kunden etc. gelungen war, das gelang mit dem ökonomischen Druck von nur einer D-Mark schlagartig und gründlich. Nun mag man einwenden, Ordentlichkeit, Rücksichtnahme, Disziplin und Nichtgefährdung anderer sei nicht gleich „die Moral", aber es sind zumindest Bestandteile moralischen Verhaltens, und so wie die „kleine Moral" des Alltagslebens funktioniert, so funktionieren auch die Gesetze der „großen Moral", die Regeln der Gerechtigkeit und der Menschenwürde.

Genau deshalb ist der Sozial- und Wohlfahrtsstaat – wie jede Art des Sozialismus – nicht nur als ein effizienzzerstörerisches System zu sehen, sondern auch als moralzerstörendes. Die angebliche „Ethik" des erzwungenen Teilens – und das damit einhergehende Abkoppeln der Einkommenserzielung von vorausgegangener Leistung – wirkt, auf ein Gesellschaftssystem oktroyiert, wie ein Bombenkrieg. Sie zerstört die materiellen Werte der Menschen und – eher noch mehr – auch ihre ideellen und moralischen Werthaltungen. Jede Art von Politik, die über die Sicherung der Eigentumsrechte (im weiteren Sinne) hinausgeht, also den Rahmen der Ordnungspolitik verläßt, kann nur zwei Wege einschlagen: Entweder den Weg der erzwingenden Umverteilung, oder den Weg der regulierenden Intervention. In aller Regel beschreitet sie beide Wege. Und beide haben die Zerstörung eines wichtigen Prinzips zur Folge: Sie schwächen oder zerreißen das Band, das allen Handlungen und Entscheidungen der Menschen in Wirtschaft und Gesellschaft zugrunde liegt, nämlich das Band zwischen individuellem Beitrag und persönlichem Nutzen, zwischen Aufwand (Leistung) und Ertrag – oder zwischen mangelnder Leistung und Verlust.

Mit dem Zerreißen dieses Bandes wird das Handeln von seinen materiellen und von seinen moralischen Folgen getrennt. Das heißt, der Handelnde muß die persönliche Verantwortung für sein jeweiliges Handeln nur noch eingeschränkt oder gar nicht mehr tragen. Und mit der Verantwortung oder der Verantwortlichkeit wird zugleich die Quelle aller Moral verschüttet. Ein Beispiel: Wenn von den Beschäftigten und Steuerzahlern Abgaben erpreßt und auf Arbeitslose oder Bedürftige aller Art übertragen werden, so müssen die auf diese Weise Begünstigten die Folgen ihrer Nichtleistung auch dann nicht tragen, wenn die Nichtleistung selbstverschuldet oder gar böswilliger Natur war – oder wenn sie in „besseren Zeiten" jegliche Vorsorge fahrlässig unterlassen haben. Und zwar bleibt ihnen sowohl das Tragen der materiellen oder finanziellen Konsequenzen erspart als auch das Tragen moralischer Konsequenzen, wie bspw. die Verachtung der Nachbarn oder die Vorwürfe der Familie. Sie brauchen sich auch nicht „schlecht" oder verantwortlich zu fühlen, weil ihr Verhalten weder für sie selber noch für ihre Angehörigen schwerwiegende Auswirkungen hat.

Ein anderes Beispiel: Wer im Sozialstaat nicht hilfsbereit oder nicht freigiebig ist, braucht weder ein schlechtes Gewissen zu haben noch einen Sympathieverlust bei seinen Bekannten und Freunden zu befürchten, denn für jedermann gilt, bewußt oder unbewußt, der Satz: ‚Warum soll ich meinem Nachbarn helfen, wenn es doch den Sozialstaat gibt, der mich schließlich schon teuer genug zu stehen kommt ?!' Moral braucht also im Umverteilungsstaat nicht mehr stattzufinden. Sie wird hier weder generiert noch eingeübt, weder gestützt noch positiv oder negativ sanktioniert. Statt dessen wird sie überflüssig, lächerlich, „altmodisch" und zu einem Zeichen für Dummheit (weil man ja, außer lästigen Pflichten und Kosten, „nichts davon hat"). Auf einem solchen Friedhof der Alltagsmoral oder der Alltagstugenden kann sich natürlich auch das nicht bilden und erhalten, was man die „höheren ethischen Werte" nennt, wie bspw. religiöse Überzeugungen, Treue, Ehrlichkeit oder Herzensgüte.

Das Ergebnis der Staatswirtschaften und der halb-, dreiviertel- oder gänzlich sozialistischen Gesellschaftsexperimente des 20. Jahrhunderts war nicht nur ein unvorstellbar großer Verlust an materiellen Werten, sondern auch eine unvorstellbar große Erosion an moralischen und ethischen Werten. Das ganze destruktive Spektakel wird heutzutage mit dem Schwindeletikett „Solidarität“ oder „Solidargemeinschaft“ versehen, obwohl es erzwungene Solidarität niemals geben kann, weil Solidarität und Zwang sich gegenseitig ausschließen. Solidarisch verhalten kann man sich nur entweder freiwillig oder gar nicht. Der Zerstörungsprozeß hat längst auch die christlichen Kirchen erfaßt. *Meinrad von Ow* hat zurecht darauf hingewiesen, daß man die Begriffe Christliche Nächstenliebe, Barmherzigkeit und Fürsorge auf den 62 Seiten des im Jahr 1996/97 zur Diskussion gestellten ‚Impulspapiers‘ der beiden Kirchen (›Zur wirtschaftlichen und sozialen Lage in Deutschland‹) vergeblich sucht. In dem Papier heißen die neuen „Tugenden“: Solidarität, Geschwisterlichkeit und Humanität. „Besonders das Wort Solidarität“, so *von Ow*, „das an die von den Nazis ständig beschworene nationale Solidarität und die Solidarität der Arbeiterklasse der Marxisten erinnert, hat nicht nur bei wohlmeinenden Laien sondern auch bei manchen Bischöfen Hochkonjunktur. Dabei unterscheidet sich Solidarität von der christlichen Nächstenliebe dadurch, daß sie nicht nur einschließt, sondern auch ausschließt.“ (von Ow 1996)

Weil dort, wo wahre Werte verschwinden, falsche „Werte“ einziehen, kann es nicht verwundern, daß sich das ethische Vakuum der teilsozialisierten Gesellschaften in den Sozial- und Wohlfahrtsstaaten mit pathologischen Formen von Gesinnungsethik und Moralhypertrophie der Intellektuellen füllt. Diese geistig-seelische Erkrankung grassiert besonders vehement seit der 68er Bewegung. *Arnold Gehlen* hat den Vorgang meisterlich beschrieben: „Gerade weil die entscheidenden ethischen Probleme unlösbar sind, weil sie aus dem Widerstreit der letzten Instanzen im Herzen entstehen, den heute niemand mehr auszutragen gewillt scheint, werden sie in den Gesinnungsraum vorverlegt, dort absolut gesetzt und damit zugleich entleert. Parallel mit der Hypertrophie des humanitär-eudaimonistischen Ethos verfallen die Sitten und nimmt die innersoziale Gereiztheit zu." (Gehlen 1969, S. 154)

Unter der Flagge der „Solidarität" ist also Kollektivmoral angesagt, die es in Wahrheit genauso wenig geben kann wie Kollektiveigentum oder wie einen kollektiven Willen, ein kollektives Denken oder Fühlen. Zwar ist bei den komplizierten ethischen Fragen der modernen Biologie und Medizin auch eine gewisse kollektiv verordnete Selbstbeschränkung vonnöten, aber diese sollte sich, wie der Schweizer Freiheitsdenker *Robert Nef* das trefflich formuliert hat, „stets dem ethischen und politischen Test der dauerhaften und lückenlosen Individualisierbarkeit stellen, sonst bleibt sie pharisäische Heuchelei und führt als Selbstbetrug zu einer generellen Legitimitäts- und Vollzugskrise." (Nef 1998, S. 1)

Um es zusammenzufassen: Ethik und Moral, sowie auch Tugend, stehen in einem ganz engen Verhältnis zu Freiheit und Eigentum, ja sie bedingen einander in unverzichtbarer und notwendiger Weise. Deshalb treten auch kollektivistische Hyper- und Scheinmoral immer gemeinsam mit Markt- und Eigentumsfeindschaft auf – oder anders gesagt: mit Feindschaft gegen die Freiheit und gegen die Marktwirtschaft (oder den Kapitalismus). Was die Sphäre der Ökonomie mit der Sphäre der Ethik verbindet, ist der Begriff des Privateigentums. „In der Ökonomie wissen wir", so *Hans-Hermann Hoppe* in einem Interview, „daß man Verfügungsmacht über gewisse Dinge haben muß, um handeln zu können. In der Ethik müssen wir eine Rechtfertigung für die Tatsache finden, daß jemand Ressourcen hält, damit er handeln kann. Das Privateigentum ist das Verbindungsglied zwischen diesen beiden Theoriebereichen." (Hoppe 1998a, S. 3)

Den Markt als Schlachtfeld der Selbstsucht zu sehen, ist also eine bösartige Karikatur der spontanen Kooperationsordnung des Marktprozesses. Alle Klassisch-Liberalen haben die Marktwirtschaft (auch) als ein moralisches Ideal gesehen, als ein Erziehungssystem für die Alltagsmoral freier Menschen.

Dabei darf man das Wort ‚Alltagsmoral' nicht gering schätzen oder als abwertenden Ausdruck betrachten. Ethik ohne die persönlichen Tugenden des ganz alltäglichen Lebens kann es genausowenig geben wie eine tapfere Armee ohne mutige Soldaten. Wenn Lehrer, Professoren, Fernsehmoderatoren und Parteiführer bei den Diskussionen über Abtreibung, Euthanasie, Gentechnik, Organtransplantation, Kindesmißbrauch, Kriminalität, Drogensucht etc. eine „kollektive Ethik" einfordern, ohne die Notwendigkeit persönlicher Tugenden und der privaten Moral (wie Anstand, Ehrlichkeit, Ehrenhaftigkeit, Disziplin, Eigenverantwortlichkeit etc.) zu betonen, dann bauen sie Luftschlösser, denn das Gebäude der Ethik läßt sich nur mit den vielen einzelnen Backsteinen der persönlichen Tugenden errichten.

Natürlich darf man nicht in den Fehler verfallen, die Marktwirtschaft selbst als „moralisch" oder „unmoralisch" zu bezeichnen. Eine Ordnung ist, obwohl in der Realität mit Leben erfüllt, doch ein Abstraktum und kann als solches nicht moralisch sein. Man kann nur die Frage stellen, ob die in dieser Ordnung handelnden Menschen (wegen der dort richtig oder falsch gesetzten Anreize) eher dazu tendieren, sich moralisch oder unmoralisch zu verhalten. Daß die Marktwirtschaft weitaus mehr und weitaus eher Anreize zu moralischem als zu unmoralischem Verhalten setzt, ergibt sich aus der Tatsache, daß die Märkte Institutionen der vielseitigen Beziehungen und der notwendigen Kooperation sind, sowie aus der Tatsache, daß zwischen Privateigentum und persönlicher Verantwortung eine unlösbare spiegelbildliche Verbindung besteht. Eigentum ist sogar, wie *Rothbard* und *Hoppe* überzeugend belegt haben, die eigentliche und originäre Quelle allen moralischen Verhaltens.

Kommt dabei für Christen nicht Gott als Quelle der menschlichen Ethik zu kurz?

Ja und nein. Die Frage stellt sich anders. Am besten hört man dazu einen Agnostiker, der nicht an Gott und Religion als

Quelle der menschlichen Moral geglaubt hat, nämlich *Henry Hazlitt*, und der trotzdem schrieb: „Der Glaube an einen allwissenden und allrichtenden Gott [bleibt] eine ungeheure Kraft für das ethische Verhalten. Es besteht kein Zweifel, daß ein Zerfall des religiösen Glaubens tendenziell zur Entfesselung des Lasters und der Immoralität führt. Genau das ist in unserer Generation geschehen. Es ist jedoch nicht Aufgabe des Moralphilosophen, die Wahrheit des religiösen Glaubens zu verkünden oder den Versuch zu unternehmen, diesen zu bewahren. Seine Aufgabe ist vielmehr, auf dem rationalen Urgrund aller Moral zu bestehen und deutlich zu machen, daß sie keiner übernatürlichen Annahme bedarf; und das heißt auch, zu zeigen, daß die moralischen Regeln solche Verhaltensregeln sind (oder sein sollten), die am ehesten geeignet sind, die menschliche Zusammenarbeit, das menschliche Glück und Wohlergehen in unserem diesseitigen Leben zu verbessern." (Hazlitt 1964, S. 353)

Einen etwas anderen Standpunkt nimmt der spanische Klassisch-Liberale *Jesús Huerta de Soto* ein, der betont: „Religion... ist das wichtigste Medium, das uns einen Sinn für unsere Verpflichtung vermittelt, Zusagen zu halten und das Eigentum anderer zu respektieren." (de Soto 1997) Doch braucht man sich nicht in den Fallstricken der Metaphysik und der Theologie zu verfangen, um den notwendigen Zwillingscharakter von Privateigentum und Moral zu erkennen. Es genügt beispielsweise auch der Satz von *James Baldwin*: „Freiheit ist eine notwendige Bedingung für Moral, und privates Eigentum ist die notwendige Bedingung für Freiheit." (Baldwin 1998). Oder auch der Satz von *Stephan Blankertz*: „Es gibt nur *ein* Recht, das Freiwilligkeit konstituiert: das Eigentumsrecht." (Blankertz 1998, S. 131) Womit man durch die wechselseitige Bedingtheit von Moral und Freiwilligkeit wiederum beim Zwillingsverhältnis von Privateigentum und Moral landet.

Sogar mit den Vertretern einer ‚autonomen Moral' wie bspw. *Henry Hazlitt*, komme ich als Christ nicht in Schwierigkeiten, denn wenn ich der Überzeugung bin, daß der Geist und der Verstand – in der Sprache der Ökonomie ausgedrückt: die ratio – und mit ihr auch die Freiheit ein Geschenk Gottes an den Menschen ist, dann kann es mir ziemlich egal sein, ob sich Ethik oder Moral auf eben diese ratio gründen lassen oder auf die göttliche Direkteinsenkung einer gewissen ethischen Konstanten in das Menschengeschlecht.

Um also auf die Ausgangsfrage zurückzukommen: Ethik und /oder Moral müssen sich nicht über die natürlichen Unabwendbarkeiten einer freien Gesellschaft „hinwegsetzen", sondern sie entstammen diesen Unabwendbarkeiten, und sie dienen dazu, mit diesen Zwängen und Nöten auf friedliche und anständige Weise zurechtzukommen. Die natürlichen Knappheiten und Nöte der Welt dienen andererseits dazu, die Menschen zu lehren, daß sie durch Kooperation, Hilfsbereitschaft und moralisches Verhalten die Schwierigkeiten der Welt viel besser überwinden können als durch die rücksichtslose Verfolgung ihrer Ziele. Ethik und Moral können sich nicht in einen esoterischen Raum über der Realität begeben, sondern müssen an und in der Realität wachsen.

Aber gerade Sie als Christ sollten doch die Ethik des Teilens hoch halten und auch aus religiösen Gründen für die Armen eintreten.

Wer bis jetzt noch nicht gemerkt hat, daß es bei allem, was ich gesagt habe, viel mehr um die Interessen der Armen als um die Interessen der Reichen ging, hat entweder nicht aufmerksam zugehört (gelesen) oder wollte bestimmte Dinge nicht wahrnehmen. Es ist richtig, daß ich die christlichen Gebote sehr ernst nehme. Diese decken sich jedoch keinesfalls immer mit den kirchlichen Erlassen, und schon gar nicht mit den meisten Parolen der Politpfaffen, die eher dem Brevier des Zeitgeistes entstammen als der Bibel. Das fängt damit an, daß im Neuen Testament nichts von einer „Ethik des Teilens" zu finden ist, sondern ausschließlich eine „Ethik des Gebens" angemahnt wird. Und ‚geben' – das kann man nicht nachdrücklich genug unterstreichen – ist immer ein freiwilliger Vorgang! Der amerikanische Freiheitsdenker *Jeffrey Tucker* hat einmal darauf aufmerksam gemacht, daß die meisten Sozialisten nicht ohne Grund gegen die Institution des Schenkens – z.B. zum Weihnachtsfest – sind. Im Geschenk findet sich eine stringente Begründung des persönlichen Eigentums und der kapitalistischen Eigentümerökonomie. Um geben zu können, müssen wir zuerst etwas im Eigentum haben. „Kollektiveigentum", das in Wirklichkeit gar kein Eigentum ist, kann und darf niemand verschenken. Kollektiveigentum bedeutet das Ende allen Schenkens und Gebens. (s. Tucker 1997)

‚Geben' ist nicht nur nicht dasselbe wie ‚teilen', sondern beide sind sogar Gegensätze. ‚Teilen' beruht auf der Idee, daß es a) entweder kein persönliches Eigentum gibt, oder daß es b) keines geben sollte. ‚Geben' aber beruht ebensosehr auf dem Phänomen des persönlichen Eigentums wie das Selber-Behalten. Die Bibel spricht ausschließlich vom Geben, nicht vom Teilen. So finden wir dort beispielsweise die Sätze: „Geben ist seliger denn nehmen" (Apostelgeschichte 20,35); „Gebet, so wird euch gegeben" (Lukas 6,38); „Einen fröhlichen Geber hat Gott lieb" (2. Korintherbrief 9,7); „Wenn du nun Almosen gibst, sollst du es nicht vor dir ausposaunen lassen..." (Matthäus 6,2). Wo das Wort ‚teilen' in der Bibel überhaupt einmal fällt, da steht es im Zusammenhang mit einem Erbgang, wie in Lukas 15,12: „Und der jüngere von ihnen sprach zu dem Vater: Gib mir, Vater, das Erbteil, das mir zusteht. Und er teilte Hab und Gut unter sie." Und der berühmte ‚barmherzige Samariter' hat nicht deshalb Eingang ins Gleichnis gefunden, weil er unter Zwang sein Eigentum mit dem von Wegelagerern niedergeschlagenen Opfer geteilt hätte, sondern weil er von diesem seinem Eigentum freiwillig etwas gegeben hat, nämlich Öl und Wein, Verbandsstoff und Geld für den Herbergswirt, bei dem der Wundgeschlagene übernachten konnte. Irgendein sarkastischer Zeitgenosse hat einmal gesagt: „Der barmherzige Samariter hat etwas von seinem Geld abgegeben, um zu helfen, aber er hat bestimmt nicht seine Kreditkarte hinterlassen, von welcher der Bedürftige sein Leben lang hätte abbuchen lassen können." Jedenfalls steht fest: Hätte dem barmherzigen Samariter ein Vorgesetzter befohlen, das alles zu tun, so hätte diese Figur gewiß keine biblische Berühmtheit erlangt.

Mit diesem freiwilligen Geben hat das verschwenderische Gießkannenprinzip des Sozial- und Wohlfahrtsstaates, der die Mittel für seine machtpolitischen Umverteilungsorgien mit Zwang und Gewalt und unter Androhung von Strafe, Gericht, Polizei und Gefängnis aus den Bürgern herauspreßt, überhaupt nichts gemein. Und deshalb haben Sozial- und Wohlfahrtsstaat auch nicht das geringste mit der Ethik des Gebens und Schenkens zu tun – und auch nichts mit dem christlichen Glauben und den christlichen Geboten. Da es unter den Theologen selten oder nie einen Ökonomen gibt, haben die Herren das leider noch nicht gemerkt. (In den USA sieht das gottlob anders aus. Einige Theologen zählen dort zu den führenden Köpfen der Klassisch Liberalen und der Libertarians. In Europa ist mir als einzige Ausnahme der bescheidene Schweizer Pfarrer *Peter Ruch* als ein Mann bekannt, der zugleich Gottesdiener und kundiger Freiheitsdenker und stringenter Marktwirtschaftler ist).

Wenn Sie sich als Christen bekennen, zugleich aber das Privateigentum nicht nur als unantastbar, sondern sogar als Quelle des Rechts, der Gerechtigkeit und der Moral ansehen, dann besteht da eben doch ein Widerspruch, weil die Bibel eindeutig eigentumsfeindlich, also antikapitalistisch ist. Die meisten Sozialisten mögen zwar die Bibel nicht, sehen deren Aussagen aber eindeutig auf ihrer Seite und als Bestätigung ihrer Theorien.

Die Eigentumsfeindlichkeit der Bibel ist ein übles Gerücht, das sich um so penetranter am Leben hält als die Kirchendiener selbst diesen Unsinn nachplappern. Die beiden Schlüsselbegriffe des Liberalismus, die als zwei Seiten derselben Sache zusammengehören, sind ‚Eigentum' und ‚Vertrag'. Nehmen wir uns unter diesem Aspekt einmal die Zehn Gebote – oder jedenfalls den überwiegenden Teil dieser Gebote vor:

Das 6. Gebot ‚Du sollst nicht töten' ist das in Verbotsform gefaßte Spiegelbild des *John Locke*'schen ‚Unveräußerlichen Rechts auf Leben'. Es ist die komprimierte Form eines weitergefaßten Sinngehalts, nämlich des Verbots, jemanden zu verletzen, jemandem Gewalt anzutun oder ungerechtem Zwang auszusetzen – sei es durch Individuen, durch Gruppen oder durch das Kollektiv.

Das 7. Gebot ‚Du sollst nicht ehebrechen' gemahnt daran (wie auch das neunte), daß Verträge gehalten werden müssen. „Die historische Verknüpfung zwischen dem biblischen Gedanken bindender Versprechen und der westlichen Idee bindender Verträge", schreibt *Gary North*, „ist offensichtlich genug." (North 1975, 1992)

Das 8. Gebot ‚Du sollst nicht stehlen' spiegelt das Recht auf unantastbares Privateigentum. Es verbietet – in breiterer Ausführung – alles, was unseren eigenen materiellen Besitz (oder den unserer Nachbarn) in irgendeiner Weise beeinträchtigen würde. Dieser Schluß ist zwingend, denn etwas, das niemandem gehört, kann auch nicht gestohlen werden.

Das 9. Gebot verbietet das Lügen. Die Grundidee des freien Marktes impliziert die Annahme, daß die am freien Tausch beteiligten Partner sich nicht gegenseitig betrügen. Das, was der Liberalismus ‚Harmonie der Interessen' in einer freien Ordnung nennt, hängt wesentlich von der freiwilligen Befolgung dieses Gebotes ab.

Das 10. Gebot ‚Du sollst nicht begehren...' bedeutet, daß es bereits eine schwere Verfehlung ist, darüber nachzudenken, wie man anderen etwas wegnehmen könnte. Das Gebot komprimiert die Gebote 6 bis 9 und gibt ihnen ein zusätzliches Gewicht im Sinne der Unantastbarkeit der Person und ihres Eigentums. Dieses Neidverbot gilt natürlich nicht nur für den Einzelnen, sondern auch für Gruppen oder Regierungen.

Das ‚no harm'-Prinzip des strikten Liberalismus finden wir schließlich in einer nochmaligen Komprimierung aller zehn Gebote (außer dem ersten), nämlich im zweiten Gebot: ‚Du sollst deinen Nächsten lieben wie dich selbst.' Viele Anfeindungen hätte sich dieses Gebot erspart, hätten die Übersetzer der Urschrift statt der ‚Liebe' das Wort ‚Achtung' gewählt. Welcher Liberale oder Libertäre würde nicht den Inhalt des Gebots unterschreiben, daß man dem Nachbarn helfen soll (persönlich helfen soll), wenn er in Not gerät, sowie – auch und vor allem -, daß man ihn achten soll wie man sich selbst achtet. Die ›goldene Regel‹ des Liberalismus lautet ja, populär ausgedrückt: „Was du nicht willst daß man dir's tut, das füg auch keinem andern zu."

Auch das 5. Gebot ‚Du sollst Vater und Mutter ehren' ist der Aufmerksamkeit eines jeden ernsthaften Freiheitsdenkers wert, denn es impliziert, daß die Familie (und nicht das Kollektiv!) die grundlegende soziale und ökonomische Einheit der Gesellschaft sein muß. Während der gesamten Menschheitsgeschichte war die Familie die einzig taugliche Wohlfahrtseinrichtung. Sie war es, die ihre kranken und bedürftigen Mitglieder versorgt, die Kinder erzogen und die Alten gepflegt hat – und die in Zeiten der Not zusammengehalten hat. Eine freie Gesellschaft kann nur eine Gesellschaft mit starken Familieneinheiten sein, die für sich selber sorgen und das Leben ihrer Mitglieder in eigener Verantwortung gestalten.

Aus alledem wird ersichtlich, daß dem Wesen und Inhalt der christlichen Grundprinzipien auf der Ebene gesellschaftlicher Ordnung nur die freie Marktwirtschaft entsprechen und genügen kann. Nicht ohne Grund konnten und können wir überall auf dem Globus feststellen, daß ihr Widersacher – der Sozialismus – immer und überall, wo er sich auf dem Globus manifestiert,

- ein System der Lüge ist (gegen das 9. Gebot),
- ein System der Heuchelei ist, das angeblich den Profit verachtet, ihn aber nur den Individuen entreißen und dem

Staat – sprich den Funktionärskasten – zuschanzen will,

- ein System des Todes ist (gegen das 6. Gebot), dem das Ziel der utopischen Idealgesellschaft jedes Mittel heiligt – auch das Opfer beliebig vieler Menschenleben;
- ein System des Vertragsbruches ist (gegen das 7. Gebot), das es sich – wie die ehemalige Sowjetunion – sogar als Ruhm anrechnet, von zahllosen Verträgen keinen einzigen jemals nicht gebrochen zu haben,
- ein System des Diebstahls ist (gegen das 9. Gebot), dessen ganze Existenz auf dem Prinzip beruht: Stehlen, berauben, enteignen,
- ein System des Neides ist (gegen das 10. Gebot), das den Neid institutionalisiert und zur klassenkämpferischen Staatsdoktrin erhebt,
- ein System der Nächstenverachtung ist (gegen das 2. Gebot), in welchem der einzelne nichts gilt und wo sich die edelsten Gefühle der Menschen auf das Kollektiv und seine „geliebten Führer“ konzentrieren sollen,
- ein System der Familienzerstörung ist (gegen das 5. Gebot), dem die intakte Familie ein Greuel ist und stets als Brutstätte der bürgerlichen Moral und als Hort des Widerstandes gilt, der mit seinem Autonomie-Denken der Vergötzung des Kollektivs widersteht.

Nichts also ist falscher als die – leider auch in liberalen Kreisen oft zu hörende – Behauptung, die Bibel sei eine Art Anleitung zum Sozialismus. In Wirklichkeit ist der Appell zur persönlichen (individuellen!) Mildtätigkeit und zur freiwillig gebenden Barmherzigkeit das krasse Gegenteil zur erzwungenen und anonymen Umverteilungsmaschinerie des Sozialismus (inklusive des Samtpfotensozialismus in Form des Sozialstaates). Solange die Menschheit auf der Erde wandelt, hat es immer Arme und Elende unter den Menschen gegeben – und es wird sie immer geben. Daß ihnen freiwillig und von Person zu Person (als dem „Nächsten“) geholfen werden sollte, wird wohl kein

Liberaler – auch kein Radikalliberaler und auch kein Anarchokapitalist von sich weisen. Genau das aber besagen die Worte Jesu unablässig: Das persönliche Mitleid zählt, die individuelle Hilfe, die freiwillige Karitas. Und das ist das Gegenteil von Umverteilungsstaat, von Sozialismus und von politischem Sozialkleptokratismus. Genau das, die freiwillige und persönliche Karitas, ist nämlich die einzig mögliche liberale Alternative zum zwingenden, freiheitsvernichtenden, anonymen und uferlosen Wohlfahrts-Kollektivismus. Daß dies von den Funktionärskasten der großen Kirchen und von den neupharisäischen Politpfaffen des sozialdemokratischen Jahrhunderts völlig anders gesehen wird, daran ist nicht die Bibel schuld, sondern die Sozialpathologie der Neuzeit, der zutiefst christentumsfeindliche Götzenkult um das Goldene Kalb des Sozialen und Kollektiven.

Außerdem: Nirgendwo in der Heiligen Schrift steht irgend etwas davon geschrieben, daß keinem etwas oder allen alles gehören sollte. Im Gegenteil! Das Eigentum wird in doppelter Weise ('nicht stehlen' und ‚nicht begehren) durch strenges göttliches Gebot geschützt. Kein real existierender Staat der Erde und keine geschriebene Verfassung der Menschheitsgeschichte hat jemals einen derart absoluten, unbezweifelbaren und stringenten Eigentumsschutz deklaratorisch niedergelegt.

Wenn die christlichen Kirchen glauben, sie könnten auf Dauer mit der Schizophrenie überleben, einerseits für den Sozial- und Umverteilungsstaat einzutreten und andererseits die christlich-abendländische Werte- und Glaubenswelt bewahren zu wollen, dann werden sie und ihre Lehren langsam aber sicher von der geistigen und gesellschaftlichen Bildfläche Europas verschwinden. Wenn man die christlichen Fundamentalprinzipien – wie Unantastbarkeit des Eigentums, Gewaltlosigkeit, Freiwilligkeit des karitativen Handelns, und hohe Wertschätzung der individuellen Person (wegen der Einzigartigkeit der individuellen Seele) – aufgibt und sie dem kollektivistischen und zwingenden Umverteilungsstaat ausliefert, dann hebt sich dieser Widerspruch auf, indem er zu Null wird. Und Null heißt in diesem Fall Gleichgültigkeit. Daß die Bevölkerung – und insbesondere die Jugend – sich zunehmend gleichgültig gegenüber den beiden christlichen Kirchen verhält, ist gewiß keine Neuigkeit mehr. Wer sich darüber wundert, hat noch nicht gemerkt, daß die Botschaft der Kirchen kaum noch von der Programmatik der Linksparteien zu unterscheiden ist. Als fünfte oder sechste sozialdemokratische Partei Deutschlands aber ist Kirche in der Tat überflüssig. Und mit ihrer Verbeugung vor dem sozialsozialistischen Zeitgeist begehet sie, um es in biblischer Metaphorik auszudrücken, den vierten Verrat des Petrus.

Der Sozialismus andererseits *muß* der Religion feindlich gesinnt sein, denn er beansprucht selber den Status einer Religion, und zwar der angeblich einzig wahren Religion. Besonders feindlich muß der Sozialismus der christlichen Religion gegenüberstehen, denn sein Grundgedanke ist die innerweltliche Selbsterlösung des Menschen; und damit ist er die radikale Antipode zur christlichen Lehre der außerweltlichen Erlösung durch Gott. Diejenigen Kirchenfunktionäre, die den Sozialismus – oder zumindest den Weichspüler-Sozialismus des Sozialstaates unterstützen, betreiben in Wahrheit das Geschäft der politischen Götzenpriester. Sie stimmen ein in den anmaßenden und blasphemischen Kultgesang menschlicher Selbsterlösung und gesellschaftlicher Heilserwartungen. Und das ist eben gleichbedeutend mit der Abkehr von der Heils- und Erlösungslehre des christlichen Glaubens. Wenn es in Deutschland eine gesellschaftlich aktive Gruppierung gibt, die das Christentum besonders wirksam zerstört, dann sind es die Herren in den schwarzen Talaren selber.

Der Sozialismus ist, wir sollten das endlich begriffen haben, keine humanitäre Idee, sondern eine theorie-implizite Massenmord-Theorie, eine uralte und teuflische Mischung aus romantischem Utopismus und illusionär-überheblichem Hyperrationalismus bezüglich der „Machbarkeit" des Menschen und seiner Welt. Seine quasi-religiöse Dynamik muß notgedrungen alles aus dem Weg räumen, was seinem paradiesischen Ziel entgegensteht. Seine „weiche" Form, der Sozialsozialismus und Umverteilungsstaat, betreibt diese Aufräumarbeiten nur mit weniger harten Bandagen als der „harte" Sozialismus, gewissermaßen mit angezogener Handbremse, indem er sich gegenüber seinen Untertanen (zunächst) auf die Massenentrechtlichung und den Massenzwang beschränkt. Wer diese reißende Bestie stoppen will, indem er auf sie aufspringt und als Parasit auf ihr mitreitet, der ist von allen guten Geistern verlassen, auch vom Geist des wahren Christentums.

Nehmen Sie – gerade auch als Christ – den Eigentumsgedanken nicht zu wichtig, und hat dieser materielle Aspekt nicht einen zu großen Stellenwert in Ihrem Denken?

Man sollte beim Eigentumsbegriff eine scharfe Unterscheidung vornehmen: Persönlich sollte ein Christenmensch den materiellen Dingen und Reichtümern dieser Welt nicht zu sehr anhängen. Keinesfalls sollte er sie für sich persönlich – also im Sinne des ‚selber haben wollens' – höher oder auch nur gleich hoch schätzen wie seinen Glaubensreichtum und die hohen menschlichen und christlichen Werte wie die Liebe, das Erbarmen und die Vergebung. Spätestens wenn wir sterben, empfinden wir das mit großer Eindringlichkeit. Schon vor vielen Jahren habe ich in meinem Buch ›*Kreide für den Wolf*‹ den Leitspruch zitiert, den ein reicher Mann am Ende seines Lebens in den First seines Hauses hat eingravieren lassen: ›Wir sind so fremde Gäste, und bauen hier so feste; und wo wir sollen ewig sein, da bringen wir so wenig ein‹. Auch ist das übermäßige Ansammeln materieller Dinge tiefenpsychologisch eine Verdrängung des Todes, wie uns *Christa Meves* gelehrt hat.

Das ist aber keinesfalls ein Argument zur Schwächung der Eigentumsrechte. Auch nicht aus christlicher Sicht. Im Gegenteil! Ein Christenmensch sollte um so weniger geneigt sein, sich fremdes Eigentum auf ungerechte oder „sündige" Weise anzueignen. Außerdem steht das private Eigentum und sein Schutz, wie mehrfach ausgeführt, in einem ganz stringenten Zusammenhang mit den Phänomenen Freiheit, Gerechtigkeit, Frieden und Moral, die eine überragende und unverzichtbare Bedeutung für ein lebenswertes und würdiges Leben der Menschen haben. Auch den Fortschritt und die Zivilisation darf der Christ nicht gering schätzen; sind sie doch Bestandteil des göttlichen Auftrags an den Menschen, sich die Erde untertan zu machen und an der Schöpfung mitgestaltend teilzunehmen. Der liberale Freiheitsdenker und Marktwirtschaftler einerseits, und der gläubige Christ andererseits (die natürlich auch ein- und dieselbe Person sein können, ja meines Erachtens sogar sein sollten) mögen dem Privateigentum eine unterschiedliche Qualität hinsichtlich der eigenen Besitztümer beimessen, in der Sache selbst aber, in der Frage der Unantastbarkeit des Eigentums und seiner konstitutiven und existentiellen Bedeutung für Recht, Gerechtigkeit, Freiheit und Frieden müssen sie sich, wenn sie die Gesetze der Logik nicht verletzen wollen, völlig einig sein. Der Liberale sieht das Eigentum ja nicht als Selbstzweck. Ziel des Liberalismus war und ist die persönliche Freiheit (mit all ihren Begleitbedingungen wie Gerechtigkeit und Frieden) – und das Mittel hierzu, das einzig taugliche Mittel, ist das Privateigentum.

Man kann es in diesem Zusammenhang nur als tragisch bezeichnen, daß der große klassisch-liberale Gelehrte des 19. Jahrhunderts, *Lord Acton*, der zugleich tief religiös und einer der bedeutendsten Theologiekundigen war, in Deutschland so gut wie unbekannt geblieben ist (obwohl Deutschland seine zweite Heimat war und er sich hier sogar begraben ließ). Zum stringenten Zusammenhang zwischen der persönlichen Freiheit und der christlichen Religion hat er hunderte von Sentenzen hinterlassen. Hier sei nur eine als Beispiel ausgeführt: „Die christliche Vorstellung vom Gewissen fordert zwingend ein entsprechendes Ausmaß an persönlicher Freiheit... Wir sind verpflichtet, die Sphäre, in welcher wir allein der Stimme des

Gewissens folgen können, bis zum Äußersten auszuweiten und sie vor jedem Eingriff zu bewahren – ohne Rücksicht auf jede andere Erwägung. Die Kirche darf keine Regierungsform dulden, in welcher dieses Recht nicht beachtet wird. Sie ist der unversöhnliche Feind des Staatsdespotismus, welchen Namen oder welche Form dieser auch annehmen mag und mit welchen Mitteln auch immer er ausgeübt wird." (Acton 1859, 1988) Was, fragt man sich, würde der gute Lord wohl zum heutigen Tanz der Kirchen auf den Kirmesböden des Zeitgeistes sagen?!

Ist im Liberalismus oder im Kapitalismus oder in der Marktwirtschaft also „jeder seines Glückes Schmied"?

Ja. Gerade auch deshalb müssen die Menschen frei sein, damit ein jeder für dieses Schmieden die größtmöglichen Chancen hat. Für die Sinnerfüllung und Würde des menschlichen Lebens ist es sogar wichtiger, freiwillig ins persönliche Unglück laufen zu dürfen als ein befohlenes Glück – was auch immer das sein mag – „genießen" zu müssen. Der Kontrapunkt dazu, also das Gegenstück zur individuellen ‚Freiheit zum Glück' (und zum Unglück), findet sich im Leitspruch des bolschewistischen Straflagers auf den Solowetzkij-Inseln im Norden Rußlands, die durch *Alexander Solchenizyn* als ›*Archipel Gulag*‹ in die Geschichte eingingen. Getreu dem sozialistisch-kommunistischen Geist und dem kollektivistischen Glücksbegriff lautet dieser Leitspruch: „Mit unserer eisernen Hand werden wir die Menschen zu ihrem Glück zwingen."

Was ist, kurz und präzise gesagt, ein Liberaler?

Ein Liberaler ist ein Mensch, der davon überzeugt ist, daß er seine eigenen Interessen (und die seiner Kinder) besser kennt als Politiker, Bürokraten und Funktionäre – oder gar „das Kollektiv" oder eine „demokratische Mehrheit".

Was ist für Sie die beste und schönste Definition des Begriffes oder der Idee der Freiheit?

Es gibt viele gute Definitionen. Deshalb wäre es ein wenig vermessen, eine davon als „beste“ auszuwählen. Aber die in meinen Augen schönste kann ich Ihnen nennen: In dem großartigen Film ›White Nights‹ (Nacht der Entscheidung) tanzt der amerikanische (russisch-stämmige) Ballettänzer *Mikhail Baryshnikov* vor einem leeren Theatersaal das Thema ‚Freiheit‘ nach der Musik eines russischen Freiheitssängers. Ich bin sonst kein Anhänger des Balletts – und schon gar nicht des männlichen Ballettanzes. Dennoch: Das ist die schönste Definition von Freiheit, die ich jemals gehört und gesehen habe.

Noch eine letzte, eher persönlich-intime Frage: Ist die Freiheit das wichtigste in Ihrem Leben?

Es gibt ein Gedicht des großen ungarischen Freiheitsdichters *Sándor Petöfi*. Es lautet auf deutsch: „Freiheit und Liebe sind all mein Streben. Für meine Liebe könnt’ ich das Leben, doch für die Freiheit die Liebe selbst geben.“ Während der meisten Zeit meines Lebens war ich der unreflektierten Überzeugung, daß dies auch meine Empfindung sei. Seit jedoch meine über alles geliebte Frau gestorben ist, sehe ich diese Rangfolge anders, ja sogar umgekehrt: Noch unendlich viel wichtiger als die Freiheit ist die Liebe. Doch da man mit der Liebe zur Freiheit keine Untreue begeht, wird die Freiheit immer meine einzige und größte „Geliebte“ bleiben.

Bibliographie

Acton 1859, 1988: Lord Acton: Selected Writings, Liberty Classics: Indianapolis 1998, Vol. III, S. 29.

Adler 1998: Jonathan H. Adler: Global Worming – Hot Problem or Hot Air?, in: The Freeman, April 1998, S. 231-36.

Albert 1978: Hans Albert: Traktat über Rationale Praxis, Mohr: Tübingen 1978.

Baldwin 1998: James Baldwin: Property and the Moral Life, in: The Freeman, March 1998, S. 84-87.

Bastiat 1849, 1992: Harmonies économique. Deutscher Wiederabdruck in Auszügen: Detmar Doering (Hrsg.): Kleines Lexikon über den Liberalismus, Comdok: Sankt Augustin 1992.

Becker 1997, 1998: Gary S. Becker und Guity Mashat Becker: Die Ökonomik des Alltags, Mohr Siebeck: Tübingen 1998.

Blankertz 1998: Stefan Blankertz: Kommunismus und Eigentum im Anarchismus, in: eigentümlich frei, Nr. 4, 1998, S. 129-133.

Boaz 1997: Competition and Cooperation, in: The Freeman, Sept. 1997. S. 529-31.

Böhm 1960: Franz Böhm: Der Rechtsstaat und der soziale Wohlfahrtsstaat, in: E. J. Mestmäcker (Hrsg.): Franz Böhm: Reden und Schriften, C. F. Müller, Karlsruhe 1960.

Boudreaux 1998: Donald J. Boudreaux: Why Honorable People Avoid Politics, in: The Freeman, Oct. 1998.

Engels 1995: Wolfram Engels: Umrisse einer neuen Gesellschaftsordnung, in: Detmar Doering und Fritz Fliszar (Hrsg.): Freiheit, die unbequeme Idee, DVA: Stuttgart 1995, S. 57-98.

Eucken 1932, 1997: Walter Eucken: Staatliche Strukturwandlungen und die Krise des Kapitalismus, in: Weltwirtschaftliches Archiv, Bd. XXXVI, 1932 II, S. 297-321. Wiederabdruck in: Ordo, Bd. 48, 1997, S. 5-24.

Gehlen 1969, 1981: Arnold Gehlen: Moral und Hypermoral, Akademische Verlagsanstalt Athenaion: Wiesbaden 1969, 4. Aufl. 1981.

Giersch 1986: Herbert Giersch: Die Ethik der Wirtschaftsfreiheit, in: Roland Vaubel und Hans D. Barbier: Handbuch Marktwirtschaft, Neske: Pfullingen 1986, S. 12-22.

1992: Wettbewerb im Zwielicht, in: Frankfurter Allgemeine Zeitung vom 19. Dez. 1992.

1998: Arbeitslosigkeit in Deutschland: Was geht sie uns an?, Mohr Siebeck: Tübingen 1998.

Groth / Schäfer 1999: Klaus J. Groth und Joachim Schäfer: Eingetrichtert, Universitas: München 1999.

Habermann 1998: Gerd Habermann: Klassisch-Liberal oder Anarcho-Libertär?, in: eigentümlich frei, Nr. 1, 1998, S. 6 f.

Hayek 1946, 1976: Friedrich A. von Hayek: Wahrer und falscher Individualismus, Dublin und Oxford 1946. Wiederabdruck in: derselbe: Individualismus und wirtschaftliche Ordnung, Neugebauer: Salzburg 1976, S. 9-48.

1949, 1998: The Intellectuals and Socialism, IEA: London 1998.

1972, 1978: A Tiger by the Tail – The Keynesian legacy of inflation, IEA: London 1978.

1977, 1992: Drei Vorlesungen über Demokratie, Gerechtigkeit und Sozialismus, Mohr Siebeck: Tübingen 1977. Auszüge daraus in: Detmar Doering (Hrsg.): Kleines Lesebuch über den Liberalismus, Comdok: Sankt Augustin 1992.

1981: Recht, Gesetzgebung und Freiheit, 3 Bde., moderne industrie: Landsberg am Lech 1981.

1988, 1996: Die verhängnisvolle Anmaßung, Mohr Siebeck: Tübingen 1996.

Hoppe 1998: Hans-Hermann Hoppe: Introduction to: Murray N. Roth bard: The Ethics of Liberty, New York University Press: New York and London 1998, S. xi-xliii.

1998a: The Private Property Order, in: Austrian Economics – Newsletter, Spring 1998.

Hoppmann 1990: Erich Hoppmann: Moral und Marktsystem, in: Ordo, Bd. 41, 1990, S. 3-26.

Jasay 1997: Anthony de Jasay: Against Politics, Routledge: London and New York 1997.

Jennings 1998: Marianne M. Jennings: The Real Generation Gap, in: Hillsdale College – Imprimis, Vol. 27, No. 8, August 1998.

Jouvenel 1954: Bertrand de Jouvenel: The Treatment of Capitalism by Intellectuals, in: F. A. Hayek (ed.): Capitalism and the Historians, Routledge & Kegan Paul: London 1954.

Kant 1794: Immanuel Kant: Über den Gemeinspruch: Das mag in der Theorie richtig sein, taugt aber nicht für die Praxis.

Kirsch 1981: Guy Kirsch: Den ‚homo oeconomicus' menschlicher machen, in: Frankfurter Allgemeine Zeitung vom 10. Jan. 1981.

Kirzner: Israel M. Kirzner: The Nature and Significance of Economic Education, in: The Freeman, Oct. 1998, S. 582-86.

Kromka 1997: Franz Kromka: Angstmacher Wissenschaftlicher Fortschritt, in: Schweizer Monatshefte, Heft 7/8, 1997, S. 23-27.

Kuran 1997: Timur Kuran: Leben in Lüge, Mohr Siebeck: Tübingen 1997.

Leef 1996: George C. Leef: The Virtues of Competition, in: The Freeman, July 1996, S. 513-16.
Lübbe 1996: Hermann Lübbe: Der politische Geist und die politische Realität, in: Die politische Meinung, Nr. 317, April 1996, S. 79-88.
Mathews 1997: Don Mathews: The Free Market: Lifting All Boats, in: The Freeman, April 1997, S. 192-94.
Mariotti 1998: Steve Mariotti: Solving the Problem of Poverty, in: Hillsdale College – Imprimis, Nov. 1998.
Mises 1949, 1963: Ludwig von Mises: Human Action, Third Revised Edition, Contemporary Books: Chicago 1963.
1958: Liberty and Property, Vortrag von 1958. Wiederabdruck als ‚President's Essay' der Heritage Foundation von 1998.
o. J.: Vom Wert der besseren Ideen, Poller: Stuttgart, o. J.
Mundorf 1996: Hans Mundorf: Die kapitalistische Wirtschaft befindet sich nicht in der Krise, in: Handelsblatt vom 24. Jan. 1996.
Nef 1998: Robert Nef: Ethik der individuellen und kollektiven Selbstbeschränkung, in: Schweizer Monatshefte, Nr. 3, 1998.
North 1975, 1992: Gary North: The Yoke of Cooperative Service, in: Charcedon Report Nr. 123, Nov. 1995. Zitiert nach: Charles Dykes: Is There a Moral Basis for Capitalism?, in: Mark W. Hendrickson (ed.): The Morality of Capitalism, F.E.E.; Irvington-on-Hudson, New York 1992, S. 108-16.
Olson 1993: Mancur Olson: Dictatorship, Democracy, and Development, in: American Political Science Review, Vol. 87, No. 3, Sept. 1993, S. 567-76.
Ortega 1930: Ortega y Gasset: Der Aufstand der Massen, 1930, deutsch: 1931, neuere Ausgabe: DVA: Stuttgart 1993.
Ow 1996: Meinrad von Ow: Eine neue Sprachkultur für die christliche Botschaft, in: Criticón Nr. 152, IV, 1996, S. 174 f.
Radnitzky: 1982: Gerard Radnitzky: Das Verhältnis von individuellen Freiheitsrechten und Sozialrechten, in: Lothar Bossle und Gerard Radnitzky (Hrsg.): Die Selbstgefährdung der offenen Gesellschaft, Naumann: Würzburg 1982, S. 63-125.
1995: G. R. und Hardy Bouillon (eds.): Values and the Social Order, Vol. I-III, Avebury: Aldershot 1995.
1996: Zeitgenössische Gerechtigkeitstheorien unter die logische Lupe genommen, in: Aufklärung und Kritik, Schriftenreihe der Thomas-Dehler-Stiftung, Heft Sept./Okt. 1996.
1997: Erst die Idee, dann die Tat: Mehr Markt, mehr Freiheit, mehr Leistung, in: Epoche III, 1997, S. 30 f.
Read 1998: Leonard E. Read: On That Day Began Lies, in: The Freeman, May 1998, S. 263-71.
1998a: Economics: A Branch of Moral Philosophy, in: The Freeman, June 1998, S. 338-41.
Revel 1988, 1990: Jean-Francois Revel: Die Herrschaft der Lüge, Paul Zsolnay: Darmstadt 1990.

Rockwell 1997: Llewellyn H. Rockwell, Jr.: Up From Polylogism, in: The Free Market, Vol. 15, No. 9, Nov. 1997, S. 4-6.
Rohrmoser 1986: Günther Rohrmoser: Christliche Dekadenz, in: Mitteilungen der Gesellschaft für Kulturwissenschaft: Bietigheim, Juli 1986, S. 9-22.
Rojas 1999: Mauricio Rojas: Millennium Doom – Fallacies about the End of Work, Profile Books: London 1999.
Rothbard 1963, 1990: Murray N. Rothbard: What Has Government Done to Our Money?, Praxeology Press: Auburn, Alabama, 3rd. edition 1990.
Schneider 1997: Wolf Schneider: Wenn wir vor Armut schlottern, in: NZZ-Folio ‚Die Schöpfung' vom Dezember 1997, S. 73.
Siebert 1997: Horst Siebert: Zehn Punkte für die Wirtschaftspolitik, in: Handelsblatt vom 4. Juli 1997.
Smith 1776, 1789: Adam Smith: An Inquiry into the Nature and Causes of the Wealth of Nations, London [1776] 1789. (Neuere deutsche Ausgaben bei D.H. Beck: München).
Soto 1997: Jesús Huerta de Soto: Interview mit dem ‚Austrian Economics Newsletter', Summer 1997.
Staudt 1997: Erich Staudt: Kommentar im ‚Handelsblatt' vom 9. Okt. 1997.
Straubhaar 1996: Thomas Straubhaar: Die staatliche Bidlungskatastrophe, Schriftenreihe ‚Ideen der Freiheit' des Liberalen Instituts der Friedrich-Naumann-Stiftung, Bonn 1996.
Streissler 1990: Erich Streissler: Sind Markt und Demokratie Zwillinge? in: Die Welt vom 31. März 1990.
Tucker 1997: Jeffrey Tucker: Is Christmas Inefficient?, in: The Free Market, Vol. 15, No. 12, Dec. 1997.
Walters 1993: Sir Allan Walters: Am EWS-Kollaps sind nicht die Spekulanten schuld. Interview in: Finanz und Wirtschaft vom 25. Aug. 1993.
Weede 1990: Erich Weede: Wirtschaft, Staat und Gesellschaft. Zur Soziologie der kapitalistischen Marktwirtschaft und der Demokratie, Mohr Siebeck: Tübingen 1990
1992: Mensch und Gesellschaft. Soziologie aus der Perspektive des methodologischen Individualismus, Mohr Siebeck: Tübingen 1992.
Weizsäcker 1997: Carl-Christian von Weizsäcker: VortragSozialstaat und soziales Kapital in Deutschland' vom 24. Jan. 1997 in Tutzing.

Namensregister

Geld, Gold und Gottspieler

Am Vorabend der nächsten Weltwirtschaftskrise

von Roland Baader

gebunden mit Schutzumschlag, € 29,90, ISBN 3-935197-30-6

Taschenbuch, € 18,90, ISBN 3-935197-42-X

Roland Baader hatte vor mehr als 10 Jahren prognostiziert, dass der Sozialstaat nicht zu halten ist, heute belegt er, dass das Staatsmonopol Geld die Industrieländer in die schwerste Wirtschaftskrise führen wird. Das falsche Geld als Ursache der rasanten Staatsverschuldung und damit Ursache einer nicht mehr zu bewältigenden Krise wird von den wenigsten Ökonomen erkannt. Baader belegt, es ist nicht der freie Markt der versagt, sondern das falsche, weil staatliche Geld, das den Wirtschaftskreislauf vergiftet. Es handelt sich in Wahrheit um ein aus dem Nichts geschaffenes Geld. „Es werde Geld", so als ob der Mensch Gott spielen wolle. Es wird verkannt, dass auch ein Tauschmittel einen realen Wert besitzen muss, um es vor der beliebigen Vermehrbarkeit zu schützen.

Baader bleibt nicht bei dem Kollaps stehen, sondern er zeigt Wege auf, wie – obwohl es 5 Minuten vor 12 ist – Lösungen gefunden werden können. Wer dieses Buch gelesen hat, wird ein neues Verständnis der zentralen ökonomischen Zusammenhänge finden. Die einfache und markante Sprache erleichtert es auch dem Nichtfachmann die Zusammenhänge zu begreifen.

Fauler Zauber

Schein und Wirklichkeit des Sozialstaates

von Roland Baader

292 Seiten, € 24,54, ISBN 3-930039-59-1

Das soziale Netz reißt und steuert in den Offenbarungseid. Die sich jagenden „Reformen" sind nur Tünche über die schwärenden Wunden falscher Systeme. Wachsende Arbeitslosigkeit, ausufernde Staatsverschuldung, steigende Kriminalität, Politikverdrossenheit und Niedergang des Standorts Deutschland – alles das sind nicht vorübergehende Auswüchse, sondern logisch-unerbittliche Folgen der deutschen Sozial-Pathologie. Die Sozialpolitik heilt nicht den gesellschaftlichen, ökonomischen und ethischen Niedergang, sondern umgekehrt: Das tabuisierte Heiligtum „Sozialstaat" führt in den finanziellen, moralischen und gesellschaftlichen Bankrott. Als ersatzreligiöser Götzenkult zerstört er sogar die christlichen Fundamente der abendländischen Zivilisation.

Die Enkel des Perikles

Liberale Positionen zu Sozialstaat und Gesellschaft

Autorengemeinschaft. Herausgegeben von Roland Baader

280 Seiten, € 15,24
ISBN 3-930039-33-8

„Wir halten das Glück für die Frucht der Freiheit und die Freiheit für die Frucht der Tapferkeit" (Perikles).

Mut zur Freiheit ist heute gefragt. Deshalb trägt dieses Buch diesen etwas provozierenden Titel. Die Autoren stellen liebgewordene Klischees des Zeitgeistes mutig in Frage. Der Leser soll in die Lage versetzt werden, sich selbst über so entscheidende Fragen, wie Gerechtigkeit, Eigentum usw. eine Meinung zu bilden.

Wider die Wohlfahrtsdiktatur

Zehn liberale Stimmen

Autorengemeinschaft. Herausgegeben von Roland Baader

256 Seiten, € 15,24
ISBN 3-930039-33-8

Die geistige Tradition des klassischen und des stringenten Liberalismus wird in den USA, zum Teil aber auch in Großbritannien, wesentlich stärker gepflegt als im geistigen Stammland des Sozialimus, in Deutschland, und im übrigen Kontinentaleuropa. Inzwischen ist es wohl längst kein Geheimnis mehr, dass die hohen sozialen Ansprüche die Leistungsfähigkeit unseres Staates überzogen haben.

Mehr noch: Das immer engmaschigere Netz der Umverteilung schränken freiheitliche und damit unternehmerische Dynamik ein.

Diesem brennenden Thema widmen sich in diesen Buch zehn Autoren, deren bekannteste sicherlich der tschechische Premierminister Dr. Václav Klaus und der amerikanische Wissenschaftler und bedeutendste liberale Sozialphilosoph der Gegenwart, Anthony de Jasay sind.

Verlag Dr. Ingo Resch

Maria-Eich-Straße 77 · D-82166 Gräfelfing · Tel. 089/8 54 65-0
Fax 089/8 54 65-11

Roland Baader, Diplom-Volkswirt, Jahrgang 1940, ist klassisch-liberaler Nationalökonom und Sozialphilosoph und der bekannteste populärwissenschaftliche Freiheitsdenker der Gegenwart im deutschsprachigen Raum.

Mit bislang zehn herausragenden Büchern, 20 Buchbeiträgen, rund 200 Zeitschriftenartikeln und unzähligen Vorträgen ist es ihm gelungen, die hierzulande seit langem verschütteten Ideen des Klassischen Liberalismus und des (neueren, aber auf dem alten Kontinent ebenfalls weitgehend unbekannt gebliebenen) angelsächsischen ‚Libertarianism' auf allgemeinverständliche Weise in die „Freiheitsdiaspora Deutschland" hineinzutragen.

Baader ist Mitglied der international hochrenommierten Mont Pelerin Society, sowie der Friedrich A. von Hayek-Gesellschaft.